区域学习中心建设的上城探索

郑一峰　李敏　编著

中国出版集团
现代出版社

序　言

　　自从夸美纽斯提倡并组织实施班级授课制以来,课堂的形式虽然有着不同程度的微调,但是从本质上讲并没有太大的变化:教师在讲台上宣讲,学生听课、记笔记,根据课程表决定学习内容,依据铃声决定教学的开始与终止。进入21世纪以来,虽然社会环境不断地变化,但是现有的许多教室基本上还是按照19世纪末、20世纪初的架构建造、安排和配置。作为世界范围内关注的领域,包括教育、媒体技术、建筑设计等多个学科和领域的研究者和实践者,都希望通过各自的努力,面向未来的要求变革现有的课堂。杭州市上城区的区域学习中心建设,可以说是其中非常有意思的实践探索。

　　一直以来,学生所处的学习环境,包括布局、位置、空间的分配以及各种器具和设施的应用从理论上讲存在各种可能性,可以使一些学习行为更容易发生,但是人们总是想当然地认为现有的安排是理所当然的。传统学校或者课堂的结构背后其实有许多预设,例如:学习只发生在课堂;学习只发生在固定时间;学习是个人行为;无论什么时间、地点,课堂上总是发生类似的事情;教室总有前后左右;学习需要封闭的空间,要排除一切干扰;教室是有弹性的,可填充更多的椅子和桌子;课堂中的学生都是同质的,他们都年轻、灵活,并且没有残疾等等。然而,近来人类学习行为的研究、认知科学的发展以及学生的人口统计数据的变化,使得这些原先被认为不证自明的预设发生了变化。

　　首先,无论是从心理还是生理的视角,空间环境都能够对人类的学习活动产生影响。环境心理学从空间的心理安慰、空间激励和鼓舞人心的效果等方面对该问题进行了探索;教育物理环境角度的研究则关注光、温度以及物理距离的疏密对学习的影响。许多研究表明,学校的空间传达非语言的信息——欢迎或排斥、尊重或不敬等,甚至比语言信息更有效果,空间环境可以在很大程度影响知识的创造、传播和应用。

其次,学习理论的新进展对于教育教学的范式产生了显著的影响。教学关心的重心从让学习者接收知识转向如何让学习者主动建构知识,学习理论更加重视学习者的参与度,学习与已有的图式衔接以及创造新的图式。环境要提供经验、刺激感官、鼓励信息交流,提供练习、反馈和应用与迁移的机会,以最大限度地支持不同类型的学习。

最后,α世代远不同于传统的学生。现今许多类型的学生是传统课堂所没有遇到过的,他/她们完全出生于21世纪,不知道一个没有社交网络的社会是怎么样的,有着自己的人际接触习惯,不按传统牌理出牌,这使得学习要更加强调社会互动,为学生创造社会交流和学习体验的环境。不仅如此,为了夺回那些在新媒体环境下长大,使用移动通信工具和社交软件的学生的注意力,在改变课堂的格局使其更加丰富多彩的同时,同样也需要让新技术更多地融入学习空间。

教学思想及活动与学习环境之间有着密切的联系。作为一种文化载体,学习环境承载着特定的学习文化,其演变过程必然受到社会、经济、文化等诸多因素的影响。伴随着社会的进步、经济环境的变化、教育范式的转变以及新技术的出现,越来越多的研究者开始推动学习环境的创新和试验。然而,学习空间的设计缺少科学依据,许多内容依赖于20世纪六、七十年代制定的标准等等。在这些探索的过程中,一线教育实践者的努力往往会被忽略和轻视。

2018年年中,我应上城区教育学院之邀,作为咨询专家见证了区域学习中心项目的论证、规划、实施和评估的整个过程,与项目组以及22个区域中心的老师们共同经历了探索初期的迷茫困惑、快速发展的欢欣鼓舞、疫情期间的停滞不前以及总结阶段的深度反思。通过几年的不懈努力,该项目逐步清晰了学习中心的定位及价值追求、学习中心的基本框架及建设路径,完善了基于学习中心的课程体系及共享机制,构建了线上线下相结合的学习空间,同时也为推进了区域教育的变革和发展。具体的成果体现在以下几个方面：

1. 系统的建设方案。整个项目在实施的不同环节都进行了系统性的规划，包括学习中心的定位、学习中心的建设要求、学习中心的运作机制、学习中心的申报实施、区级层面的学习中心的管理、学习中心的共享与推广机制等等。

2. 学习中心的环境建设。围绕不同学习中心的学习需求，对学习中心的空间结构安排、空间的物理架构以及技术配备进行了重构，将虚拟空间与实际空间进行了整合。

3. 学习中心的课程建设。包括学习中心课程定位、课程开发模式、课程资源建设、课程管理、课程评价以及课程推广。初步构建了一个具有上城区区域特色，符合学习中心特点的课程开发与共享模式。

4. 学习中心的学习模式探索。基于前沿的学习理论，将学习中心课程的学习与学校特色建设、核心素养培养、综合实践能力相结合，构建了具有地域特色的围绕学习中心的学习模式。

5. 教师能力提升。在课程中心建构过程中，全面提升各学习中心教师的教育理念以及课程开发、资源建设、学习评价的能力，并在此过程中强化他们的教研意识，为未来学习中心的可持续性发展提供支撑。

需要额外说明的是，目前各地都在因地制宜制定各自的课后服务方案。我国教育发展不均衡，区域层面制定课后服务方案，需要充分调动区域内学校、社区、博物馆、企业、科研机构的力量共同参与。上城区的区域学习中心，充分体现区域自己的特点（在相对狭小的区域内集中大量的优质教育资源），由教育局整体规划，建立长期、系统的配套机制，充分利用不同学校的特色，在20多个学校和机构建立面向全区的学习中心，在固定日期的三点半以及周末向整个区域的学生提供诸如人文艺术、科学创造、社会参与等不同类型的活动。因此，学习中心同样是一个优秀的课后服务的示范案例。

随着智能时代的到来，学习环境的变革再次成为教育关注的焦点。今天的大多数教室仍然遵循100多年前的结构，教育界不断提倡的许多理念并没有学习环境的建设中付诸实践。越来越多的未来学习、未来课堂、未来学校的研究与实践，希望能够解决目前存在的理论与实践、形式与功能的不一致。上城区域学习中心这类面向未来学习的实践探索，正是试图要消弭这种不一致。作为现有学校或课堂的继承者，未来的课堂（或学习中心）将在多大程度上受到现有结构影响，这种变革具有多大的连续性，这将影响对于未来的学习形态。不同领域的研究者和实践者需要一起努力，共同构建更美好的未来教育！

是为序！

陈向东

2021年8月1日

陈向东，教育技术学教授，华东师范大学教育学部副主任，中国人工智能学会智能教育技术专业委员会主任。主要从事计算机支持的协作学习、新型学习空间、信息技术教学法、新媒体阅读、技术支持下的教师教育等方面的研究，近来的研究聚焦于教育领域的循证实践、共享调节学习理论及其技术支持框架。

目　录

第一章
绪　论

　　为了能够对未来学习中心架构的形成做出有益的思考,从历史的维度探讨现代学校架构的形成及其与社会文化变迁的关系是十分有必要的。今天的学校并不是横空出世和一成不变的,它在时间和空间上的形态共筑成一个庞大的连续体:从人类文明的起源到当下发展阶段,学校的宏观形态及细微构成一直处于变迁过程中,不断地受着当时社会、经济和文化的影响驱动。因此,不去理解现状的形成和变迁过程而试图设计全新的未来,是一种短视行为,许多闭门造车的努力最后却变成了对过去的模仿,它不可避免地导致"重复发明轮子"。为此,本章节试图通过历史回溯对学校到未来学校发展建立全面理解,并强调时代的变迁是如何沉淀在现有的学校结构中,成为我们当前生活的重要环境构成。

第一节 审视：从学校到学习中心

在漫长的历史长河中，人类见证了社会面貌及生活与生产方式的一次又一次的结构性变革。然而，经历过人类文明进程与科技发展的磨砺后，当前的学校形态无论是理念、意涵还是环境配置，似乎仍停滞于19世纪末的典型架构。不同时期下的学校尽管在教育理念和受众上均有所差异，但它作为支持经济发展与社会活力永不枯竭的重要场所，社会各界对其在形态上的变革和走向保持着热切关注。其中，活跃在教育、媒体技术、建筑设计等多个学科的研究者与实践者，都基于各自的研究视角进行过大量案例设计与分析，以期根据21世纪的教育需求对现有学校形态的转型进行有益的探索。随着学习科学理论以及新型教育技术在实践应用中日渐成熟，研究者对教育中的角色、学习场所、学习资源以及教与学形式等方面的重构开展了深入的探讨，这些研究成果都将传统学校指向新的发展形态，即学习中心。

一、学校形态的发展历程

学校的生成受生产力发展水平和政治经济制度的制约，而在后续的演进过程中同样反映了这两者对教育自身发展的要求，并延续至今。现代学校是基于对教育管理体制的深刻认识，进行创新和变革而产生与发展的，认识并理解古今中外各类学校，有利于通过借鉴相关的经验和教训，来实现现代学校的自我完善。本章节将基于陈向东教授等人的文献梳理着重介绍学校形态发展阶段[①]。

---

① 陈向东，高山，蒋中望。现代教室结构的形成及其对未来课堂的启示[J].现代教育技术，2012,22(02)：16-20.

(一)古代西方教室

苏美尔人是两河流域的早期居民,他们创造了人类历史上最早的文字与文明。通过考古工作发现,他们于3000年前就建立了学校的早期形态(见图1-1)。在20世纪30年代,法国考古学家安德烈·帕罗特在两河流域上游

图1-1　苏美尔教室遗址图

的名城马里发掘出建于约公元前3500年的学校——泥板书屋。泥板书屋的环境与现代学校环境有着惊人的相似。该学校紧靠王宫,由一条通道和一大一小两间教室构成。其中大教室中配置了四排石凳,可同时对大约45人进行授课;小教室共三排石凳,可容纳约20人。在教室内还发现了大量的泥板书,它们被认为是支持早期人类习作的"教科书"和"作业本"(见图1-2)。此外,教室内还摆放着放置湿黏土的容器,用于翻新泥板书的内容。考古学

图1-2　苏美尔人的泥板书

家推断,这所学校在当时的主要功能是培养服务于王室的书吏。在如此固定不变的环境中,教师的教学方式自然是以灌输型为主,且具有很强的针对性;所教授的课程包括语言、计算与读写等,并实施类似当今学校的走读制。所面向的学生来自富裕家庭,并且以男性为主。无独有偶,从已发掘的壁画和浮雕中可知,同时期的古埃及也出现了固定的教学场所。古埃及学校通常在寺庙附近,其组织形式与苏美尔人的教室相似,并且职能上都是服务于上层阶级。

在古雅典时期,城邦内实施民主政治,一位雅典公民需要在一生中扮演不同的社会角色来满足政治生态需要。因此,当时的雅典教育强调人的均衡发展,雅典青年(事实上,只是雅典公民的子弟)接受包括文法、弦琴到体操的全面教育,并针对这些学科分别设立了不同学校使公民能够接受教育(文字学校、弦琴学校、角力学校)。在均衡发展教育理念的推动下,这一时期的学校采用松散、自由的组织形式,其学习空间强调人与人之间以一种平等、面对面的方式进行沟通和交流,这种组织形式也为古罗马的教育发展奠定了重要基础(见图1-3)。

图1-3　古罗马教学情境

在中世纪,基督教成为西欧封建社会的支柱,为了巩固教会的势力范围,其机构逐步垄断教育并建立教会学校,为基督教服务。作为教堂附属设施的教室,其组织形式具有浓郁的宗教气息:庄严的大厅,高大的讲台,长条的桌椅。这种教室组织形式带有明显的教会印迹(见图1-4,Laurentius de

Voltolina 14世纪的画作）。在人员分配上，通常主持学校的修道士做校长，进行教材撰写和实施管理职务；修道士或其他神职人员作为教师，主要对学生以口头形式进行授课（包括文法、修辞、逻辑等"七艺"），或履行唱诗班主领和督导等职务。

图1-4　中世纪的课堂

在欧洲的文艺复兴运动时期，资产阶级思想家推动"人文主义"教育思潮的发展，他们反对神性至上，注重个人的全面发展，强调自由、平等以及个性解放。作为人文主义教育代表人物的维多里诺，于1423年在孟都亚建立了一所宫廷学校——"快乐之家"，进行最早的人文主义教育实践。维多里诺认为，身处大自然的怀抱中，时时感受自然美的熏陶，是从事教育的首要条件。为保证适度的光照和空气的流通，维多里诺将教室设计得格外宽敞，购置了简单、大方、合用的家具和教学设备，挑选了色泽绚丽、五彩缤纷的儿童游戏壁画装饰墙面。"快乐之家"的教室，一改中世纪的沉闷氛围，是人文主义教育理念的具体体现。维多里诺在22年的任教生涯中招收的大多数是贵族子弟，其中也包括少数得到认可的贫寒家庭中的天才儿童。他要求教师教授的课程包括古希腊与古罗马文学、历史、哲学、算术、几何、天文学、音乐和体育等。较为遗憾的是，由于他的教育理念是通过实践所反映，未曾以论述的形式进行解析，因此缺失了对其教育纲领的深入性描述。

第一章　绪　论

(二)19世纪时期现代教室的形成

到了19世纪,随着西方国家教育管理机构的设立和相关法令、法案的公布,现代学制体系开始逐渐形成,学校以一种崭新的面貌呈现在世人面前。至此,我们可以很明显看出学校的特征始终与社会形态高度匹配,现代学制的建立正是在工业革命中孕育而成,通过普及教育以满足社会生产力的新需求。

在这一时期,初等教育开始向公民普及,中、高等教育改革也在轰轰烈烈地进行中。整体上,各国的教育改革在传统继承与创新探索的基础上开展。而在当时的校园环境中,反映出的是一幅教育的"生机勃勃的风俗画",一个典型的特征是,教室开始成为一个实施课堂纪律的系统,它将混乱的、无序的或是危险的学习团体转变为保持着多样性同时又遵守秩序的人群。

但在此之前,学校的氛围在大多数情况下都不尽如人意。学生们会在教室里随意地走来走去,教师会有选择地看着一个或一小群学生,而其他学生就无人照看,严重影响了教育的均衡发展。尤其在偏远地区,教室与其说是学校的一部分,不如说是指导学生基本技能的私人房间,这种问题在当时的英国尤其明显。在英国教育委员会1856年发表的学校计划中,推崇一种开放空间的学校,上百名学生集中在一个宽敞的房间里,只有一名督导老师,这就是"混合"学校(见图1-5)。这种学校的提出是为了确保"导生制"的有效贯彻。这一环境借助于帘幕,房间可以被划分为几个隔间,在隔间中年纪大些的、成绩优秀的学生作为助手先被传授教学内容,再负责转教其他学生。这种模式无疑很节省时间,用最少的资源实现同时教育上百名学生。

根据法国哲学家米歇尔·福柯的观点,这一学校结构的建立来源于另一种建筑结构的理念。杰里米·班瑟姆于1787年构想出他著名的圆形监狱,并于1821年在本顿维尔完成了圆形监狱的建立。他的目的是要创造一种可以一览无余的空间结构,可以站在一个中心点上观察建筑物的不同区域。福柯强调,班瑟姆明确表示这个圆形监狱的设计是针对任何机构应用的,特别是学校。老师站在中央点上监督大量学生的想法在上述"混合"学校中得到充分体现。

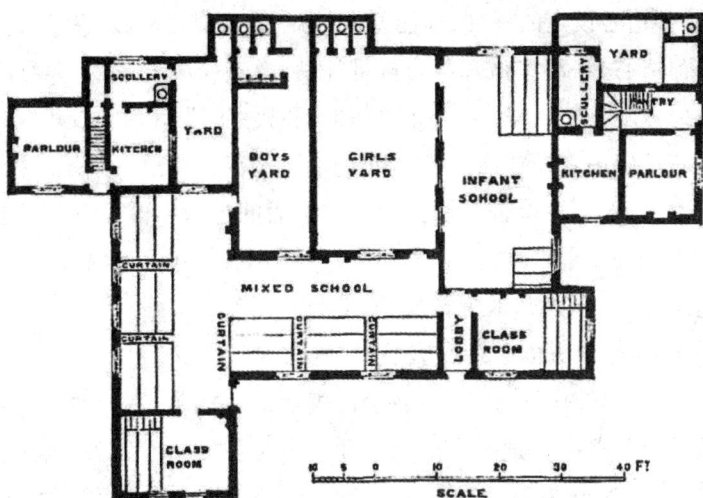

图1-5　英国教育委员会1856年发表的学校计划

　　除此之外，德国教室采用了另一种创新性的空间安排方式，在当时对整个欧洲都具有影响力。在社会功能上，19世纪德国教室的空间设计已开始强调秩序。作为最小的建筑单元，教室反映了教育体系成为当时最大的训练系统所需具备的结构、机制、秩序和行为方式。这是现代教育空间布局的起点，100多年后，虽然已经有了许多其他类型的空间布局方式，但大多数教室仍然采用类似的结构——蜂窝状的布局，便于控制和管理全体学生的固定的、严格排列成行的桌椅布局。在过去的传统结构中，一位学生跟着老师学习几分钟，团体的其他成员则闲散无事，无人照料。而在这个环境中，中心的结构机制就是等级制，它起到了调节和分类的作用，使教师讲授的辐射面扩大，因此取代了传统的结构。

　　与此同时，学生的个人空间规模的概念第一次被提起并制定了相应标准。例如在当时德国的小学里，慕尼黑的学生每人在教室中有1平方米的活动范围，而普鲁士则至少是1.5平方米，通常是3平方米。普鲁士的教室有一个标准化的平面图：根据空气的消耗量，高度为3.2米，而每位学生有0.8米的工作空间。这种对空间的测量实际上代表着对个体行为的规范，体现了一种世俗的标准和对个性的控制。另外，学生不是随意被安排在教室中，而是根据一些精心设定的标准,如能力、行为或勤奋程度而做出决定,空间安排的准确性通过各种测试和报告进行评估,教室变成了一个"学习机器"。此外,桌椅等设施是用来约束学生身体的,和教室的设计与学校建筑的规划一样,不考虑使用者的意愿。老师和学生们一样,也受这个系统的控制,空间秩序为其规定了一个固定的位置。课桌后的老师不再在教室里走来走去,不再对个别的学生讲话,很少根据个人的需要安排上课内容,学生的活动变为安静地坐着,顺从地听着老师的讲解。

(三)20世纪初进步主义教育对教室的改革

19世纪的学校作风与当时的社会面貌是相匹配的。在当时的社会体制下,学校被塑造成一个讲究服从、操练和纪律的地方,一个有着清楚的指示、清楚的形式和清楚的结构的地方;只顾灌输式地教育学生,而不去重视学生的个性。到了20世纪初,一些在19世纪被认为是不证自明的知识和观念受到了质疑与冲击,许多领域出现了范式的变化,传统的教育理念与教学模式也受到挑战。过去的学生被要求履行纪律、听话和被动忍受,而当时兴起的进步主义教育则要求学生成为主动的学习者,能够进行自我指导。为了实现这一目标,孩子的想象力、创造力、情感和独立行动的能力应成为教育活动的核心,而这样的教育理念与19世纪刚性结构的教室明显不符。进入20世纪后,虽然19世纪后期的校舍和课堂仍然是主要架构,但是为了适合当时新的时代特点,欧美教育界在20世纪头几十年试图进行多元化的尝试,对校舍和教室的结构进行变革。进步主义教育较为激进的观念触动了传统的学校和教室架构,认为课堂应该适应儿童的个性化需求,而不是迫使个人适应刚性结构。至于校舍而言,教育理论开始与建筑协同勾画出理想的蓝图,从以下几个方面进行变革与尝试。

首先,建筑师和教育工作者力图摆脱19世纪流行的多层楼面、气势恢宏,适合于效率和权利要求的建筑结构。学校大楼不应只适合于教师,也要让学生觉得舒适,同时功能符合新的教学理念。这需要修改过去由一系列沿着无尽的走廊、特点相同的房间单调串接的结构。其次,由于当时存在着一个严重的社会问题——儿童的健康状况令人震惊,出于改善儿童健康的考虑,传统的学校也开始整合露天的概念元素,确保教室提供足够的通风,教室光线和新鲜空气。教室不再像一个忽视个体需要的兵营式的结构,有一些教室甚至是独立建筑物,可以完全打开,至少一方是一个滑动玻璃墙。甚至有的教室采用这样的设计:不同的面都可打开,花园位于每个教室旁边。最后,教室的室内环境同样也按照以学习者为中心的教学范式设计。很多教室的形状是正方形,提供更多的自由放置的桌子和椅子,并且可以转化分割成不同的部分,以适合不同的教学形式。家具不再固定在地面,取而代之的是可以在整个教室移动的桌椅,容易根据需要调整。所有这些措施都清新简单,以一个简单而明确的方式,将教育理念转化成建筑的形式。

一个典型的案例是位于加利福尼亚的克洛那大道学校。这是一所公立小学,体现了设计者的思想,即"好的建筑是优质教育的基础"。该建筑作品表现出与自然、风景相结合的特点,尤其是通过玻璃的运用,将室外引入室内,将室内带入室外(图1-6为1935年建造,摄于1953年)。

图1-6 加利福尼亚克洛那大道学校

克洛那大道学校的设计很新颖,其中五个教室和两个幼儿房间呈水平排列,并通过有顶的人行通道相连接,而将这个L形的建筑物与景观相结合的方式也很具有创新性。设计者对现代材料做了创新性的运用,特别是钢铁与厚玻璃板。玻璃作为象征性的材料语言——光线、真相和透明,每个特征都标志着新的教育。该建筑物西面的一片玻璃窗与东面较小的、天窗形的窗户相结合,提供了双侧向的照明与空气流通,允许新鲜空气进入室内,无论学生与教师在教室的哪个角落,都能为他们提供良好的自然光线。大的窗户可以用布篷来遮阳,或者打开让室内获得最大效果的日光。

这种全新的空间安排,鼓励一种探索与发现的文化。在一种积极的学习环境中,通过教育及生活设施的精心安排,支持不同的工作模式,这与传统教室的单一功能是不同的。工作环境内外的多样性和灵活性是通过仔细选择分量轻、可以移动、符合学生身材的木料家具实现的。这些家具与固定的桌椅不同,可以轻易地改装,以支持不同的工作模式。将椅子做半圆形排列,面对着黑板,就表示要召开会议、展开讨论或开始辩论;将高凳子放置在西窗边就表示要展示、构建和实验;桌子和椅子被安排在教室的中心表示个体单独工作与安静学习;而椅子的桌子两两相对则象征着合作。

通过移动的玻璃门,每个教室都可以接触到大自然。户内与户外的连接体现出设计者力图让一个越来越工业化的世界有点人情味。撤去墙壁和大门的设计,在实际操作和象征意义上都体现了自然的交流与沟通。此后的许多年里,许多校舍的建造借鉴了该案例,即注重学生个人卫生、新鲜空气、阳光、休息和娱乐。当椅子跨越内外的门槛,按民主的圆形排列时,就表明在自然和文化之间有一种流动,而孩子们的工作就是自然的一部分。

学校的革命性转变是人类历史发展的必然。刘燕楠曾指出,在人类教育的历史上,教育活动的环境空间发生过三次质的改变:其一是原始社会的氏族长者引领青年一代在生活中沿袭经验,教育以"大自然"为空间,用"日出日落"规定作息的时间。此时的教育,无论是在空间还是在时间上,都是相对自由的,它随生活的进程而发生、发展和变化。其二是近代学校教育的产生和班级组织形式的出现,教育的原始空间由"大自然"压缩到一个圈定的范围——教室,并在限定的时间内完成一系列教育及教学的任务。其三是当前正在发生和发展着的以数字革命为代表的"赛博空间"的生成,它将打破历史教育意义上对于"空间"的基本概念,从一个新的经验维度来实现人与人之间的交互。我们的教育正处在一种后地理和后历史的变革之中,我们正在向"赛博空间"移民。我们今天所看到的教室并不是横空出世的,而是一个不断变迁的连续谱系。陈向东指出,教育空间的主要场所——教室经历了史前的无组织空间,到19世纪有着严格等级秩序的现代教室,再到

20世纪进步主义教育提倡的应适应儿童的个性化需求的开放式教室。如今，我们已经迈入知识经济时代，以互联网、大数据、云计算、人工智能为主代表的信息技术对社会的各个领域发展起着举足轻重的作用，为培养适应21世纪能力需求的教育空间同样面临着来自社会、文化、技术等方面的影响，因此，需要重新审视教育空间的构成要素、形成过程及互动关系。

二、未来学习中心的特征

当前，21世纪的教育正面临着多路径变革的可能，受到学习科学理论发展的影响，人们对学习的认知正得到不断拓展，这些对学习的意涵、形式以及角色定位的新型变化使得我们需要重新审视原有教与学的理论假设；此外，数字土著一代的学生的社会性、主动性和善于协作等个性特点，以增强现实（Augmented Reality，AR）、虚拟现实（Virtual Reality，VR）人工智能、云计算（Cloud Computing，CC）、大数据（Big Data，BD）、物联网（Internet of things，IoT）等为代表的颠覆性技术给教育教学带来了深远影响，包括教学方式、学习方式、教学内容、教室布局、校园场所及空间规划、校园文化等。在学习科学理论和新兴技术发展的双重驱动下，学校在未来将会以什么样的形态焕发生机呢？针对这一问题，许多研究者在不同路径上开展了实践尝试，包括构建迎合新时代学习需求的新型学习空间、基于学习分析技术构建学情诊断与干预机制、利用AR/VR技术增强学习体验及扩展活动范围等。随着研究的积累，这些发展路径将会把当前的学校指向一个新的形态——学习中心。

根据对学习中心的解释，它是学校发展必经的一个新阶段。在教育形式上，它的重要特点是解决了传统学校间的不互通、相互隔绝的问题，将学校中的人员、场所、资源等构成要素，无论是虚拟还是实体的形态，都得到有序、融洽的共存，构筑成学习共同体；在教育目标上，强调实现真正的因材施教，追求人性化、自由化、多样化和终身化的学习理念。本章节将聚焦于学习中心建设的相关研究，对未来学习中心的特征建立理解。

（一）纽约市 Altschool 联合广场

纽约市 Altschool 联合广场是一个由教育工作者、建筑师和设计师合作

图 1-7   纽约市 Altschool 联合广场

创建的初中学校,如图1-7所示。这所学校独特的开放设计使得学习不再拘泥于教室环境,每位学生都能按照自己的特点参与到学习活动中。这所学校对环境及学习资源的充分利用以及个性化的教学理念,使其彰显着学习中心的特性。

Altschool联合广场学校紧邻农贸市场、博物馆、公司和各中小学等场所,优越的地理位置能够集结各校的学生,并有助于学习者快速抵达周边的地标性建筑和典型性设施场所进行参观游览。这无疑给学生营造了和真实世界建立联系的前提条件,该学校也发挥地理位置优势,经常组织学生去田野做自然科学考察、参观博物馆等。因此,该学习中心也提供了深入了解家乡社会、文化知识的机会。

该学习中心为遵循个性化教育原则,对校内的空间区域进行了灵活的设计和划分。环境中融合了具备不同教育功能与类型的学习空间,为不同需求与风格的学习者提供适合他们的学习场所。首先,学习中心具有一个开放开阔的学习场所,并能根据学生的学习活动需要,分成个人学习区、小组合作区和大型团队合作区,所有的桌椅都能自由移动、组合。其次,还提供了一个公共区域支持学生进行作品展示以及社交活动;学习中心还设置了创造性学习实验场所,包括计算机实验室、制作者空间等,鼓励学生动手实践,开展项目化学习和创作艺术、科技产品。最后,学习中心还有一些专门让学生攀爬、探索等游乐区,以及露天影院、健身区等,让校园活动充满愉悦和休闲的氛围。

(二)主动学习空间

建立主动学习空间的主要目的是通过重构原本校园学习环境,转变传统的教学方式,使学习者的行为模式更有利于有效学习(见图1-8)。此类项目开始于美国北卡罗来纳州立大学SCALE-UP(Student-Centered Activities for Large Enrollment University Physics)项目,目标是:创设一个能够鼓励学生与同伴、教师进行协作的学习环境;尽可能地使用探究学习、体验学习等教学方法,减少讲授式教学方法;帮助学生进行反思与分享,而非直接告知他们答案。此外,美国麻省理工学院TEAL(Technology Enabled Active Learning)项目也与此类似,它的目标是转变大学物理课程的教学方式;减少大学物理课程的不通过率;创建一个吸引人的、技术支持的主动学习环境;摆脱传统的被动授课方式;增加学生对电磁概念的理解能力和分析能力;培养学生的可视化技能。TEAL环境是以社会建构主义作为理论基础开展设计,强调促进社会性交互、鼓励学生主动学习和学习兴趣,创建一个有利于传统教学观念转变的环境。

图1-8　主动学习空间

美国明尼苏达大学 ALCs（Active Learning Classrooms）项目，是在 SCALE-UP项目和TEAL项目的基础之上设计的，该环境包括一个可容纳 9 名学生的大圆桌，学生的笔记本内容可以通过投影设备方便地投射到大屏幕上，教师同样可以通过投影分享自己的内容，教室的四周都有书写板，教师可以通过终端控制。在校园内，除传统上课教室以外，还包括支持非正式学习的其他类型空间，包括实验室、展示厅、实践活动室、林间树丛等所有可以用来进行非正式学习活动的实际场所。加拿大麦吉尔大学的TLSWG（Teaching and Learning Spaces Working Group），制定和实施了与大学战略方向相一致的教与学空间设计，其任务是开发和维护以研究为基础的教学空间设计原则。通过应用原则和标准，以确保教学空间的设计符合工作小组的理想环境。确定大学的教学空间需求，为新空间的创建设定优先级；并根据既定的标准和程序，建议优先资助设立、升级和维修教学空间及其中的设备。

（三）户外学习空间

几千年来，人类不断向自然学习，发挥自然价值并将有利资源为自己所用，才保证了农业文明得以延续。随着技术变革和社会面貌的转变，人类的学习环境无不转向封闭的室内，许多与自然相关的词汇也在童年里消失（如新版《牛津青少年词典》删除了蒲公英、蕨类等众多词条），取代它们的是"短视频""动画"等具备信息时代特征的词条。

随着学习中心研究的不断探索，越来越多的教育学者开始提倡开展超越课堂的户外学习。它被定义为借助教室空间墙壁以外的事物，为学生提供难忘、有趣的学习体验。其学习内容通常与生物、地理等学科相关，是将课堂授课内容以实践探索的方式进行延续，正如古人于自然中的观察与探索一般。

Harris基于学习空间的视角，对户外学习与课堂学习的区别和优势进行了总结：①在物理空间上，户外学习空间的结构化与正规化程度较低，它允许学生进行自由的身体活动，符合青少年身心特点；②在规范与期望上，户外学习减少了课堂环境对学生行动和想象力的压制，能够激发学习的积极性；③在认知承担上，学生可以按照自己特定的行为倾向利用自然间的事物进行探索,远离课堂中成型的惯性模式;④就社会动力而言,户外学习具有较大的互动交流空间,有助于形成社会凝聚力;⑤在课程上,户外学习与正规课程相关联,但受限程度低,注重使用以学生为主的策略方法满足学业目标。

　　该理念下的学习变革与学习中心建设不谋而合,为构建更加完整的学习模式,当前户外学习研究开始尝试将信息技术融入自然中。例如,有国外研究团队将信息化学习经验贯彻在户外学习项目里,构建了一个混合式学习空间。参与该项目的六所学校的教师针对一至九年级学生,共设计25个整合移动技术的户外学习场景,并按照学科目标和结构设置了465个问题与

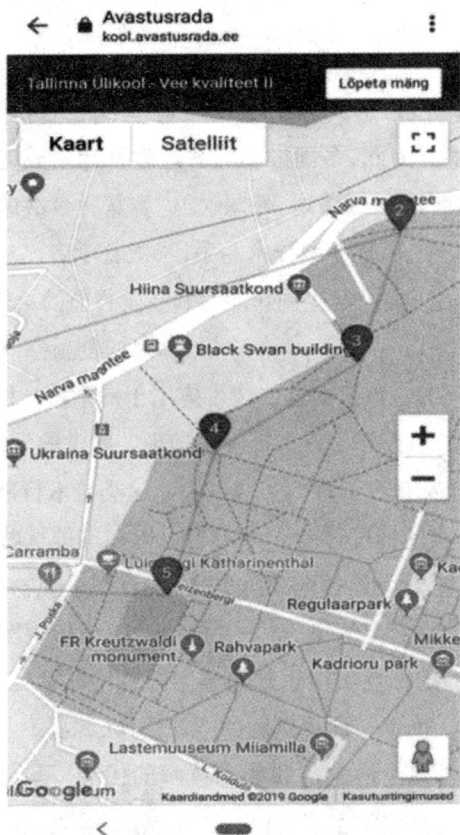

图 1-9　Avastusrada 的轨迹视图

任务,涵盖地理、自然、健康、体育等多学科主题。在技术工具上,用到了Vernier传感器进行户外环境测量;此外,手机端的Avastusrada平台助力户外课程开展(见图1-9)。在学习活动中,学生需要使用Avastusrada在地图上选择自己所要学习的地点,设立情境学习路线,开展连续性的课程学习;当学生到达指定地点后,平台会提供与该地点相关的文本、音频、动画等学习资料,教师创设的任务也会分发给学生,并要求学生使用传感器在指定位置完成测量和观察自然的工作。

在该项目中,教师真正发挥了变革推动者的角色,通过精心设计丰富的任务问题并有效融入学习平台中,让多学科知识自然融合,帮助学生以自然方式在不同学习情境中转换,一步一步完成认知的迁移,实现高阶思维能力的培养。

(四)创新型学习环境建设

创新教育教学环境、形成学习共同体、促进多元人才培养等成为技术与教育融合的新诉求。为此,多国推动的智慧教育计划成为智慧学习环境研究的起点,如新加坡iN2025计划、韩国《推进智慧教育战略》、美国IBM的智慧地球计划等。至今,以智能型技术为手段,教育学者已经开始了对校园环境的变革,主要致力于促进学生创新能力和高阶技能的培养。

坦帕预备学校(Tampa Preparatory School)的创新空间是其中一个很典型的案例(见图1-10)。该校将这些技术应用于课堂教学以及课外学习活动的方方面面。首先,该校作为首批推荐虚拟现实教学的学校,对VR和AR的教学应用与资源开发有着丰富的实践经验。这类技术打破了教学的空间边界,带来了一种真实的情境体验。学习者可以在借助这些技术所创设的环境中探索太阳系,走近世界各地的历史文化,直观呈现物理和化学知识,体验目的语国家的日常交流情境,学习一门语言。虚拟现实也融入了学校的STEM课程体系中,虚拟现实俱乐部的学生经过培训可以参与编程开发、场景建模和艺术创作,确保了课程资源的有效制作,源源不断地为教学注入活力。学校也充分利用便携设备和信息技术的优势,早在2013年就启动了"iPad一对一计划",每位学生都可以获得丰富的学习资源。此外,在课堂教学中,移动设备的融入不仅能为学生间的协作提供帮助,还可以支持学生将

图1-10　坦帕预备学校创新空间

自己创作的内容立即投屏、实时评价。另外,学校中的视频制作套件和隔音排练室等也为高中生的数字作品创作、乐队及合唱团录制提供了专业的环境。

学校的环境氛围能够很大程度地影响到学生的身心感受,如空气质量、灯光等要素,甚至可以间接影响到日常生活与学习成效。为此,一些研究者开始探索如何介入技术对环境要素进行精准把控。中南大学基于物联网技术的智慧教室就是一个明显的例子,它利用物联网技术为学校环境建设提供了一个解决方案,主要实现了对"物"层面的智能管理。在硬件上,通过对教室内温湿度、含氧量、光照度、投影仪、窗帘的动态监测,自动智能地管理教室环境和设备;在软件上,实现全校信息同步,为教学调度、教务管理和学生管理等提供智能、高效的信息传递。具体功能大致有:教室门口触摸显示屏显示当前课程信息、教室环境参数信息和学校最新通知等;教室内的面板实时监测温湿度、CO_2浓度,设置空调、通风系统的自动开启、关闭,可以实现根据室内光强度自动开关灯和窗帘,实时监测门窗的开关状态,保证室内环境的安全;另外,通过教师或学校管理端,还可以远程监控、控制教室内的空调、照明、通风等。

（五）启示

综上可以看出，技术融合下的理念创新将作为未来学习中心形成和发展的必经之路，这也是实现教育现代化的重要内容。为了培养适应21世纪能力需求的人才，必须充分运用信息技术改革教育教学环境，创建智能数字化校园，优化育人环境，全面提升教育教学质量，加快教育现代化的实践步伐。美国新媒体联盟（New Media Consortium）2018年《地平线报告》曾指出，重新设计学习空间（Redesigning Learning Spaces）是一个短期发展趋势，未来1~2年将会在高等教育中大量应用。2018年4月，我国教育部印发《教育信息化2.0行动计划》（以下简称"行动计划"），提出构建以人工智能、大数据、物联网等新兴技术为基础，依托各类智能设备及网络，积极开展智慧教育创新研究和示范，推动新技术支持下教育的模式变革和生态重构。行动计划特别指出，加快建设在线智能教室、智能实验室、虚拟工厂（医院）等智能学习空间。可见，以新技术融合为主导、多资源相融合的学习中心变革已成为趋势，对于全面提升教育教学质量，全面落实立德树人根本任务，早日实现教育信息化、教育现代化目标具有重要的现实意义。目前，学校形态在设计理念上的变革聚焦于对教学空间和学习空间结构的调整，主要体现在以下几个方面。

首先，设计理念面临着从强调支持"教"到强调支持"学"的转变。纵观学习场所的发展与演变历程，从最初的"黑板＋粉笔"，到之后的"投影＋大屏幕"，再到交互式电子白板、交互式一体机的广泛应用，虽然技术和空间形态各不相同，但是空间演变背后的出发点都是怎样以便捷的方式让教师呈现教学信息，而学生的信息如何呈现则考虑得少之又少。至于设置高高在上的讲台更是为了让学生的目光能够更加容易地"聚焦"到教师身上，从而更好地完成由教师向学生"知识传递"的过程。诚然，对于学生的学习而言，"教"和"学"都是极为重要的，甚至有时是不可分割的，新的学习科学就指出既要注重教，又要注重学。但是相较于学习空间，教学空间对"教"的支持要远远大于对"学"的支持，在这一点上，二者存在着明显的差别。

其次，设计理念面临着从强调独自学习到强调协作对话的转变。学习场所的刻板布局使置身其中的学生更适合做听众，而非对话者和协作者，然而学习者与教师以及学习者之间的对话和协作已经被视作促进学习的关键因素之一，因此，几乎所有的学习空间的重构实践案例都会强调对协作和对话的支持。并且，这也是学习中心建设所强调的学生与教师角色的重要转变方式。

再次，设计理念面临着从强调封闭性到强调开放性、连续性的转变。从教学空间和学习空间的角度来看学校形态，可以发现它们实际上都涵盖了用于课堂学习的场所以及课堂学习之外的场所，但教学空间的设计更加注重的是对某个单一空间的设计，如对某间教室或者某间实验室的设计，并未将学生所有的学习场所视作一个整体进行考虑，从这个意义上讲，教学空间的设计理念强调的是空间的封闭性特征。与之相对应，学习空间将所有学习活动的场所视作一个空间连续体，如图书馆、咖啡厅、草地等，考虑的是如何通过设计来为学生创设连续的学习体验，实现正式学习与非正式学习的无缝连接。可见，教学空间的设计理念体现的是空间的封闭性，而学习空间的设计理念则体现了空间的开放性、连续性，这也体现了正式学习与非正式学习的相互统一。

最后，设计理念面临着从强调秩序到强调用户体验的转变。教学空间中的讲台、布局、色彩、千篇一律的陈设都时刻强调着秩序的重要性，学生进入教学空间后就时刻被这种秩序环绕着。而学习空间则通过个性化的设备和设施、舒适的环境为学生带来良好的用户体验，进而为学生创设自由、轻松、平等的空间氛围。因此，从教学空间到学习空间的转变还意味着从强调"秩序"走向了强调"用户体验"。

第二节 现状:我国对学习中心建设的探索

前文展现了国外学习中心建设中的典型案例,并对未来学校形态在设计理念上的转变进行了总结与展望。目前,随着国内学者针对校园、场馆、学习空间等场所的建设性案例进行不断的分析与总结,已经形成了一些能够支持学习中心建设的相关理论总结、设计框架和实践经验积累。

一、学习中心理论与设计框架

经过前期的理论研究,已有研究者对学习中心开发的原则进行了积累,大致可以分为三类。一是从理论的宏观视角,讨论学习中心的设计与评价原则,如王麒等在对"未来课堂"实验室的使用情况进行调查后,提出了影响学生和教师接受度的相关因素,经过二次总结归纳提出了能够系统指导空间实践的参与式设计框架;该框架解决了以往设计原则未考虑到用户实际需求与目标和过于权威等问题;王素芳等回顾总结前人研究,经过修正提出了新的图书馆信息共享空间服务质量评估指标体系,包括了实体空间、信息控制和服务效果维度。二是从应用视角提出学习中心设计与开发的具体建议,如陈佳雯等基于场所感的理论视角去看待智慧校园的建设问题,提出学生对学校场所形成的功能依赖、身份认同和情感依赖对提升学生归属感与学习投入十分重要,并建议利用信息技术实现促进策略;苏瑞竹等提出了将虚拟现实技术融入高校图书馆支持主动学习空间建设的路径策略,并根据"E3C模型"框架对该空间的形态进行了构建。三是从开发细则提出了一些建议。如高丹丹为解决传统课堂架构转型的问题,综合了未来课堂设计需要从教育维度、物理空间维度和技术应用维度考虑的一些因素,对新型学习环境进行了设计,并对"物理＋虚拟"的未来课堂形式展开了探索;杨平生提出了利用人工智能技术建成图书馆自适应学习中心的框架,并对数据采集、学习者画像、行为评价、学习推荐与学习评价等具体模块进行了介绍。

此外,研究者在空间设计方面也通过探索提出了一些具有实践价值的框架。其中,在较为宏观的设计开发框架里,PST框架是最为典型的。国内许多研究者基于该框架进行了调整和再设计。它原本是由美国普渡大学的Radcliffe教授提出,并从教育(pedagogy)、空间(space)和技术(technology)三个维度提供空间设计准则。在具体应用中,研究者让所有学习空间设计的利益相关者(管理者、教师、建筑设计师、学生、技术支持者等)来报告并反思他们在学习空间设计的每个阶段都在做什么,同时思考为什么要这样做。之后将这些观点进行汇总、总结、归纳,形成了PST框架。陈向东在PST框架的基础之上加上了社会(social)维度,形成教育、社会、空间和技术四个维度的PSST空间开发框架。另外,华子荀等在对PST框架进行分析的基础上,提出了目标导向OPST框架的学习框架再设计方法,并且围绕设计目标、教学方法、空间与技术四个维度实施案例,进行了空间再设计的实践。除了PST的延伸框架外,许亚锋提出了一个基于技术支持的学习空间设计框架,它是由设计原则层、关键步骤层、设计阶段层、具体维度层四个层级组成的,强调具有人性化、灵活性、交互性、智慧性和连续性;其中,设计阶段层与关键步骤层之间是包含和被包含的关系。与其他框架相比,体现了用户的参与式设计,抽取了设计过程中的关键步骤,明确了设计、开发与评价的具体维度。因此在进行空间设计时,可以考虑将每个阶段中的关键步骤提取出来形成详细的设计过程模型。同时需要明确的是,空间的设计过程应该是一个迭代过程。

二、学习中心的实践案例探索

随着教育改革的不断深化,许多中小学开始对传统的教室进行研究,努力从教室转向学室,形成新的学习空间,其中主要的实践探索有下述三个方面。

(一)聚焦局部空间设计

已有的学习中心建设主要聚焦于局部空间的设计。国内各高校积极开展基于新型教室、学习中心的探索性研究。比较典型的案例是智慧教室的建设与应用实践,不同理论倾向和使用需求的研究者在各自建设路径上展开了有益的尝试。比如,强调空间拓展或情境还原的研究者会将虚拟现实/增强现实等技术代入教室环境,提供给学习者多交互和沉浸感知的学习体验;而注重实时监控和感知教室内各维度信息的研究者,则倾向于将传感设备、数据分析技术与教室环境紧密融合,实现对互动行为、教学成效、环境指标等进行智能化管控等。此外,人工智能视域下图书馆、研讨室等空间的智慧化建设也是当前关注的重要内容。

这些研究主要基于项目、案例的方式开展,它们作为学习中心建设的缩影,为后续大面积推广积累了许多经验。但是,这些研究主要是在对学校内部传统教室的改建或新建基础上进行的,还没有从校园整体视角对整体教育空间进行设计、开发和实施。由于教学空间涉及物理建筑不易改建、资金预算等方面因素的影响,无法开展考察。对于个别新建学校,虽然具有整体设计的可能性,但由于教育空间整体设计涉及建筑学、教育学、心理学、社会学等相关领域,不易进行,具有较大难度。而现阶段,商业公司提供的教育空间的整体解决方案质量参差不齐,不能满足需求。因此,从校园整体视角出发研究教育空间的创设具有重要的理论与现实意义。

(二)注重空间设计环节

已有研究成果主要集中于空间的设计环节,这些探索性研究项目为新型空间设计积累了经验,提供了许多新鲜的设计案例。比如,北京师范大学的未来学习体验中心为培养优秀教师,在教学创新理念的推动下,建成了互动讨论室、互动学习教室、教育实训教室和国际远程协作教室等,这些教室注重以5~10人的小组为单元,支持分散与集中实训相结合的活动形式,给师范生培养带来了全新的体验。此外,石婷婷等基于数字孪生理念,为实现虚实结合,泛在、多维、全身心感知体验的图书馆空间建设,提出了数字孪生图书馆的体系架构,并融入VR、AR技术,智能交互技术,多屏设备等,对未来图书馆的智慧化建设进行了深入的展望。

但是,当前存在的问题在于,针对这些空间而开展教学应用的实证研究还相对较少。当前技术支持的学习空间的设计原则主要来自研究者和实践者的推理与观察,缺乏相应的理论和实证依据,降低了设计原则的说服力和通用性。并且,这也是导致当前学习中心的各类设计理念过于分散、不聚焦的重要原因。同时,严谨的实证研究有利于深入揭示技术支持的学习空间对教学的影响,促进技术支持的学习空间的优化,但是目前这方面的研究同样比较匮乏,有些实证研究的严谨性和规范性有待加强。

(三)聚焦物理空间研究

已有研究成果主要围绕学习空间的物理维度设计,包括以小组为主的桌椅布局,强调及时交互、多屏呈现,同时注重桌椅舒适性、灵活性,配备先进的电子白板及相关软件教学系统等。首先,关注传统空间布局的转变是否对教师和学习者的行为模式产生影响与转变,如辐射型布局或节点型布局给传统布局形式带来的冲击;或者是根据教与学的需求在现行的教学或学习空间的基础上进行功能区域的划分,使师生能够在同一空间区域内实施不同类型的教法和学习活动,如不同空间开放度的办公区划分或正式与非正式学习区域划分等。此外,空间环境中影响教与学舒适程度的相关因素,如温度、声音、光照情况等,也是学习中心建设所关注的重要内容,研究者倾向于从环境心理学等视角来看待和分析此类问题,以实现对环境条件的改善。

这些研究为未来学习中心的设计提供了有益的探索。但是,现有研究主要以物理空间维度的研究为主,缺乏对未来学习中心的社会空间形式的关注。教育空间除了物理空间维度外,还有以师生互动关系为主的社会空间,师生个人心理空间维度,在空间因素发生重要改变的背景下,社会空间必然发生变化,需要进一步进行深入研究。这类研究对于探讨理论模式如何适切性融入以及策略或方法如何有效使用十分重要,是变革教育模式的重要落脚点。

综上所述,我国在学习中心建设的相关研究与实践中已经取得了一定成果,包括对实现灵活布局、圆形课桌、多屏显示、信息共享等功能特征进行了很多探索。但针对当前研究的不足,我们需要进一步扩大研究范围,采用跨学科的视阈来分析问题,将研究局部空间设计扩大到校园整体教育空间的创设;从聚焦空间设计的案例研究扩展到基于应用的实证研究;从聚焦物理空间研究扩展到社会空间的研究。以跨学科的视阈对教育空间的设计、开发、实施、评价等环节进行全面研究。

第二章
架构：区域学习中心的顶层设计

　　高质量的教育发展必然要求以改革创新为动力，超越传统的学习观念和学校教育模式，上城区在高质量基础教育体系建设的实践中，积极探索依托区域学习中心这一载体，通过为学生提供真实而有价值的学习场域，点燃学生内在成长驱动力，激发学生创造性潜能，促进学生更好适应未来社会不确定性带来的诸多挑战。

第一节 定位:学习中心的价值取向

上城区的学习中心是旨在构建真正能够促进学习者线上线下混合学习、保障人与空间环境、学习资源、智能技术的交互作用,以学习者的发展为中心的智能、安全、开放、互动、健康、生态的复合式学习空间。我们始终以儿童本位为支点,推动区域内各学校在教育资源配置方面实现开放共享,促进每个孩子健康快乐地成长。

一、儿童本位:学习中心建设的逻辑起点

在区域学习中心,学生是学习的主体,学习过程要充分体现学生的自主选择、自主发展,最终培养具有创新素养、全面发展的人,在区域学习中心的设计工作中,我们首先要坚持出发点是学生自由成长。

(一)儿童本位是对教育本源的回归

2000多年前,孔子就提出了"有教无类"和"因材施教"的主张,这是中国传统教育哲学对教育学理论的最重大贡献之一。"有教无类"是指基础教育是面向人人的教育,教育者要树立"全纳"思想,特别是对家庭贫困的学生和学习有困难的学生,更要给予特别的关注,做到一视同仁,其实质是指向教育公平问题。"因材施教"是说学生的天资禀赋、个性特征、兴趣爱好、职业取向各不相同,家长对教育的需求也是多样化的,教育者应该考虑每个人的特点,给予学生更多的选择,给予分类指导,提供个性化和差异化的教育,其实质是指向教育质量问题。公平和质量是教育永恒的主题。美国教育家杜威在他的《学校和教育》一书中强调:"现在我们的教育正在发生的一种变革是重心的转移,儿童是中心,教育的各种措施应围绕着他们而组织起来。"这种

回归是对工业化强调效率优先的人才培养模式的反思。20世纪50年代,以罗杰斯为代表的人本主义学说认为,教学活动应把学生放在居中的位置,把学生的"自我"看作教学的根本要求,所有的教学活动不仅要服从"自我"的需要,而且也要围绕"自我"进行。基于此种认识,教师应在课堂中创造一种充满真诚、关心和理解的气氛,应赋予学生更多的空间支配学习过程,教学重心集中在学生学习过程中的体验。

今天,我们聚焦区域学习中心建设,对儿童本位的学习方式进行探讨,就是希望改变传统教育以教师、教材和教室为中心的做法,真正做到以儿童发展为本位。

(二)儿童本位是时代发展的必然要求

随着人工智能和大数据等新技术的快速发展,人类社会进入了全新的智能化时代,各种颠覆性科技的出现,正在加速改变我们的生产和生活方式,世界正面临百年未有的大变局,创新意识和创新精神正成为一个国家核心竞争力与国际地位的关键要素。面向未来,我们以为教育的核心任务是"唤醒"孩子自我的力量,培养他们的创新素养,以使他们在无法预料的未来变局中做出有意义的选择。教育工作的重心不再是教给学生固定的知识,而是要转向人的充分自由发展方面,学校的责任是提供每位学生达到他可能达到的最高学习成果的条件。

儿童本位的学习,先要从保护孩子的想象力和好奇心开始,人类的许多发明创造都是由想象变成现实,因此,我们要对孩子的想象力进行保护,给予他们独立思考、自由想象的空间,鼓励他们大胆想象和发散思维。这样,他们长大之后才能想前人未能想之事、敢做前人未能做之事。

儿童本位的学习,还要让孩子在实践中发现问题、解决问题和激发创新思维,在解决实际问题中产生新的想法。在医疗领域,许多先进的治疗方法也并非在实验室里产生,而是医生在临床实践中针对劣构问题设法解决中创新而来,教师也应鼓励学生通过学习课本之外的实践领域,鼓励学生用批判思维和创新眼光去进行分析研究,提出解决问题的模型。

(三)儿童本位是实施素质教育的前提

素质教育的本质是实现更具有人性化的教育,向每位学生提供优质教育服务,鼓励他们自由成长,充分发挥他们的潜在能力,培养他们自信、乐观和尊重他人的优秀品格。素质教育怎么实施呢? 我们提出了"核心素养"这个概念。然而我们发现,当前的学校教育存着种种弊病,如学习的空间和时间规定过于统一,压制了学生的个性成长;又如课堂教学活动中,教师仍然是教育活动的主导者,是学生交流的核心,不管教师怎么努力,也无法在四五十人的大班级做到因材施教。人们越来越意识到,高质量基础教育不应仅仅满足于数量上的普及,更应转向内涵质量的提升,要把核心素养培育放在更为突出的位置。我国对核心素养有自己的界定:"主要是指学生应该具备的、能够促进终身发展和社会发展需要的关键能力和必备品格",这是素养时代的中国表达,体现了"新质量时代"的价值观,聚焦核心素养,所追求的就是适应学生成长所需要的,就是为学生的综合发展、一生幸福而奠基。我们今天倡导并践行这样富有时代性与先进性特征的主流价值观,才能在"新质量时代"的转型发展中,让教育实现促进人的自身和谐发展、为社会发展做出贡献的目标,才会让今天的人民群众对教育更加满意,因为追求人的幸福已经成为全面建成小康时代的追求。

因此,当我们今天面向纷繁多变的未来世界,如何赋能孩子实现自我的回归,帮助他们在日常的工作和生活中有自己的正确价值观与独立人格,内心丰盈,富有创新精神和批判能力,具有解决复杂问题的综合能力和自我决定的能力,正成为教育工作者的历史使命和光荣职责。在这种呼声下,相应的教育改革研究也由此展开。在本书中,上述理念都融入区域学习中心建设的实践中,成为学生在区域学习中心学习生活中必然要经历的探究式实践、项目化实践和社会化实践的价值导向。

二、自由学习:学习中心的运作特色

在持续深化课程改革工作中,校长、教师要始终把握基础教育的基础性、全面性和公平性,以强化选择性教育思想,满足学生自由学习需求,实现学生全面而有个性的发展为目标导向,不断完善区域学习中心课程体系。

(一)课程供给个性化

课程,英文词源为curriculum,一般翻译为"学习的路线",课程是学校供给学生的核心产品,是学生生命成长的重要来源,个体的学习生涯其实就是由课程的内容塑造的。课程的丰富性决定了学生学习生活的丰富性,课程的卓越度是教育质量的重要体现。

长期以来,我国的中小学课程从研发主体来看,有国家课程、地方课程和校本课程三类,由国家制定的课程标准,具体指导中小学的课程实施,在此基础上,地方和学校再开发地方课程与校本课程。从研发类型来看,又分为学科课程、活动课程和综合课程等,其中语文、数学、外语、物理、化学、生物、道德与法治、历史、地理等不同领域学科课程又占据了每位学生绝大多数的校园生活时间。而从人的成长分析,每个人的认知结构还是要通过自身学习实现建构,如果每个人都学同样的内容,就难以形成个性化的认知结构,另外,没有充分的时空保障,学生同样无法完成个性化的建构。

学生应该学什么?怎样的知识会让学生充分张扬个性并终生受用?这是课程改革首先要回答的问题。党的教育方针指出,要培育德智体美劳全面发展的社会主义建设者和接班人,"五育并举"一头连接着国家的未来战略,一头连接着人的生命和灵魂,但在教育实践中并没有单独的德育或单独的智育,我们要按照系统观点来理解五育,因为人本身就是作为一个整体存在,全面发展的课程体系必须在一育中发现五育、渗透五育、落实五育,构成一个完整的育人体系。近年来,STEAM课程、综合实践课程、项目化学习、研究性学习等跨学科的整合课程,都是在这样的背景下出现的。

上城区的学习中心在课程设置上的显著变化就是课程供给的个性化,不再是一张课表管所有的学生,不再是所有的学生在同一时间、同一空间学习同样的内容,而是要从满足个人需要、根据个人定制的内容,做到一人一课表。此外,学习中心的课程整合也将不再纠缠于学科和跨学科的区别,课程整合不只限于跨学科,学科教学也可以采取跨领域学习的方式实施。课程整合在实现跨学科学习的同时,还期望凸显跨越个人领域、社会领域和职业领域的特征,将学习知识与多样化的情境相连,生成学生的跨领域情境体验,从而促进学生对知识的深度理解和广泛迁移。

(二)学习方式自主化

学校是教育系统的基本单元,促进学习是其基本使命,如何转变学习方式,促进学生素养提升,是基础教育步入高质量发展阶段后的重要议题。

19世纪以来,人类进入了工业化时代,现代学校以其特有的专业高效特点成为学生学习的主要场所,在学校教育的有力塑造下,学习逐渐变成了流水线式的标准化操作流程,"以课堂为中心,以教师为中心"成为传统学习的主要特点,这种学习方式为社会培养了大量的合格人才,但是学生逐步失去了学习的主动性和积极性,被动学习、虚假学习、死记硬背等现象处处可见。把不同的人变成同样的人,是学校教育饱受争议又无法破解的难题。

20世纪80年代以来,由生物科学、脑科学、心理学、教育学等交叉形成的学习科学蓬勃发展,人们逐渐认识到传统学习方式中标准化操作模式与人的个性化发展需求存在着不可调和的矛盾,新时代的教育需要对学习进行重新系统设计。在游戏中学习、在创造中学习、在体验中学习等方式备受教育界关注,具体包括以下类型。

1. 面向真实的体验式学习

知识从哪里来,学习就应该从哪里开始。体验式学习强调知识与实践、知识与研学活动的结合,让学习在真实的情境中发生,如教师可以把课堂搬到博物馆、社区、景点,学习内容可以包括是多个学科的单元主题,授课教师可以是学校教师,可以是校外的专业人士,也可以是双方开展合作教学。学生则在真实场景中自由探究,完成主题设定的学习任务。

2. 强调融通的跨学科学习

现行的分科教学虽然有利于知识的习得,但不利于学生培养系统思维,近年来兴起的STEAM教育、创客教育、项目化学习,都把跨学科学习作为重点,强调通过不同学科的交叉融合,培养学生的实践创新能力,跨学科学习倡导教师根据生活中的真实问题设置系列主题,教师引导学生们围绕这些主题,运用多科知识,进行专业设计、合作学习、成果导向和评价跟进,从而实现更加综合的学习。

3. 注重思维发展的深度学习

学习不应停留在知识的表面理解和重复记忆,学生应在已有知识的基础上,在所学知识和原来知识之间建立有机联系,获得对知识的深层次理解,建立自己的思维框架,并有效迁移到其他问题情境中;教师要善于从学科本质和学科素养入手,对教材内容进行重组,设计好挑战性问题,开展项目化教学设计。

4. 创设多向链接的无边界学习

陶行知先生指出"生活即教育""社会即学校",教育应和社会、生活融为一体,学校教育从来不应是孤立的,学校和家庭都是在一定的社区之中,社区的图书馆、博物馆、科技馆、电影院、剧场、健身中心,都是很好的教育资源,我们要引导学生走出校园、走进社会,推进中小学校和大学、社区、家庭开展跨界合作,协同形成育人合力。无边界学习指向教育资源的提供者将更加多元,学习活动发生的场合也将不再局限于学校。

在新型学习方式的带动下,学校形态将发生重大变化。上城区着力推进的区域学习中心建设就是力图打破学校围墙的阻隔,指向私人定制,指向学习场景的相互融合,通过提供丰富的资源,为实现学生高质量的自由学习提供条件。学习中心在组织上将更具弹性,开展混龄、混班、校际走班等探索,教师由教学中的核心位置转变为指导服务,承担学习的评估者、学习情境的创设者、学生发展的交流者等职责,学生可以按照他们喜欢的、适合的方式进行学习。

(三)学业评价多元化

学习评价是根据一定的教育价值观或者教育目标,运用科学的评价手段,通过系统地收集信息、解读数据,对学生学习情况进行综合判断,从而为优化教育教学提供证据的过程。学习评价具有检测、甄别、预测、导向等多种功能,事关教育教学改革的方向,有什么样的评价指挥棒就有什么样的教育导向。众所周知,学习评价不应该等同于考试,但事实上,在许多地区还是呈现"评价必考试、不考试就无法评价"的问题,为了应对考试,各种补习班、强化班泛滥成灾,加重了学生的课业负担,与核心素养指向的素质教育存着明显脱节。当前,全球教育改革背景、教育人本化、教育信息化正快速推进,学业评价改革成为一个必须直面解决的重大命题。

2020年,中共中央、国务院印发了《深化新时代教育评价改革总体方案》(以下简称《总体方案》),标志着我国评价制度改革已经从局部的改革进入总体改革的新阶段。在评价原则上,《总体方案》要求坚持科学有效,改进结果评价,强化过程评价,探索增值评价,健全综合评价,充分利用信息技术,提高教育评价的科学性、专业性、客观性,并反复强调要建立促进和适应学生全面发展的多元评价体系。《总体方案》明确指出:坚持以德为先、能力为重、全面发展,坚持面向人人、因材施教、知行合一,坚决改变用分数给学生贴标签的做法,创新德智体美劳过程性评价办法,完善综合素质评价体系,切实引导学生坚定理想信念、厚植爱国主义情怀、加强品德修养、增长知识见识、培养奋斗精神、增强综合素质。《总体方案》的主旨思想与当今国际教育评价的发展趋势的方向是一致的,即坚持以成长为目标,以诊断(改进)和甄别为核心,从而实现对学生个性化、多元化、全面综合发展的评价。

值得关注的是,近年来,随着学习科学的兴起和基于教育技术与教育互联网的教育革命的到来,脑科学与心理学的测评技术和数据分析技术成为新时代教育评价的两大基石并备受人们关注。

1. 基于脑科学与心理学的心理测评

通过以上两个领域的实证研究可以帮助我们了解学生的发展规律,利用相关工具来精准评估任教学生和同龄人相比在各个领域的发展状况,为我们构建学生综合素质发展的路径图,将学生从外在、表面的行为表现转化为内在的、稳定的心理品质和认知功能,进而开展科学的发展性评价,最终指向学生未来的可持续进步。

2. 大数据分析赋能多元评价

使用人工智能等信息化技术,对大数据进行深层次挖掘,从中获取个体的认知水平和心理品质,并发现学生的优势智能以及未来职业的需求,有利于助力学生进行生涯规划。例如,我们尝试将学生的各项能力发展状况与不同职业的胜任力模型进行匹配,可以帮助学生明确最适合自身发展的成长路径,进而实现各不相同的个性化发展之路,为真正做到"因材施教、有教无类"提供科学依据。

上城区在推行区域学习中心建设的过程中,坚持将评价系统的科学设计放在重要位置,探索基于创造性思维、合作能力等重要学习素养的评价方式,开发了具有个性的科学有效的评价指标和工具。在一些学习中心,还充分运用了互联网技术,对学生在学习中的行为表现沉淀下来的海量数据进行了分析,探索表现性评价、增值性评价等多种评价方式在学习中心学生评价中的综合运用。在这样的教育生态中,学生可以自由地进行创造性的活动,学习的主动性、积极性得到了显著提高。

三、全面发展:学习中心的价值追寻

基础教育作为育人的重要阶段,我们该如何让学生在学习的过程中既获得知识又获得促进其终身学习和发展的学习能力与品质? 在中小学生创新素养培育的探索中,区域和学校该选择什么路径、策略和方法?《深化新时代教育评价改革总体方案》特别强调了"以德为先、能力为重"的全人发展理念,"德智体美劳全面发展"成为衡量新时代背景下创新人才培养的重要标准,我们认为新时代创新人才应具备"科学人文""创意创造""社会情感"三个方面的素养。上城区学习中心的建设正是以促进学生的创新素养发展为目标。

(一)强化育人重心:培养具有科学人文底蕴的现代人

中国学生发展核心素养分为三个方面,即文化基础、自主发展和社会参与,其中,文化基础意指学生通过人文、科学各领域知识的学习,而形成的符合时代要求和中国特色的文化素质。这对于一个受过教育的人来说是具有基础性意义的,也可以说是受过教育的人的底色,文化基础又分为两种具体的素养,即科学精神和人文底蕴。在科学精神方面,《中国学生发展核心素养》指出:"主要是学生在学习、理解、运用科学知识和技能等方面所形成的价值标准、思维方式和行为表现。具体包括理性思维、批判质疑、勇于探究等基本要点",而人文底蕴更具有基础性,这是因为人的人文素养对于社会的人来说完全不能缺席。一位科学家不懂得人文,不清楚我们的社会需要什么,他的研究成果不能加以运用的话,倒不如把他占用的资源拿去解决民生问题,科学家有了人文底蕴,才能真正了解人民的生活状态,从而让自己的研究造福万物。

值得注意的是,进入21世纪以来,基础教育越来越重视科学人文的知识与能力和教育的结合,即STEAM教育,STEAM教育强调跨学科教育,指向真实情境中的问题解决,学生可以选择有关学习的各个方面,如学习的主题、

进度、策略以及知识或技能的呈现方式等。学校和教师则寻找合适的方法来为学生提供学习支持服务。虽然这种教学模式整体以智育为主，但在学习过程中也常常需要"体、美、劳"的参与。

(二)补齐育人短板:培养具有创造性思维的现代人

中国的教育有许多优势，我们的学生在学科知识方面普遍比较扎实，但必须看到中国学生的短板，创造性思维不够，在"学以致用、知行合一"方面需要加强。心理学研究表明，创造性思维具有新颖性，它贵在创新，或者在思路的选择上，或者在思考的技巧上，或者在思维的结论上，具有前无古人的独到之处，在前人、常人的基础上有新的见解、新的发现、新的突破，从而具有一定范围内的首创性、开拓性。创造性思维的核心是设计思维，是在看似没有关系的事物间建立起联系，并根据同一问题提出多种解决方案，最后经理性思维分析，做出最优的选择。创造性思维的特点是在高中之后就基本固化了，以后要想改变会很难。目前我们青少年的创造力指数不容乐观，数据显示，从小学到初中，中国学生多项创造力指标持续下降，尤其是技术和产品设计能力持续下降。这就需要我们在补齐育人短板上多下功夫，努力创设更多更好的载体，通过为学生提供真实而有价值的学习场域，点燃学生内在成长驱动力，激发学生创造性潜能，更好地适应未来社会不确定性带来的诸多挑战。

近年来，上城区发挥区青少年活动中心等科技基地的资源聚集、专业辐射、活动丰富的优势，除了打造区内科技创新中心等空间外，还研发线上创新教育学习平台和线下实践社区，将线上和线下进行联通衔接，通过正式学习和非正式学习的共同支持，打造开放无边界的创新学习环境。

(三)关注育人细节:培养具有社会情感能力的现代人

要成为一个创新型人才，除了具有科学人文素养和创造素养之外，还应具有良好的社会情感能力，这是全人教育的重要基石，很难想象，一个抗压能力差、不能有效进行沟通和合作的个休，能够成为真正为社会所需的创新型人才。社会情感素养包括自我认识、自我管理、社会意识、交流能力和负责任的决策。社会情感学习是未来学习的基础。理解、沟通和践行是实施社会情感学习的重大挑战，需要学校、家庭、社会共同理解社会情感学习的教育价值,发挥好各自的作用,如果学校、家庭、社会对社会情感学习的重要性看法不一致,学生就会陷入矛盾的境地。教师、家长和社会教育工作者必须参与社会情感教育,将正直、勇气、协同等必备品格教育融入教育教学之中,才能使社会情感学习取得成效。学校和教师要努力将社会情感学习活动纳入学校生活的方方面面,让学生在学习中不断健全人格,体验幸福。

针对国家课程中融入社会情感学习的复杂性和难度,上城区在推进学习中心建设的工作中,力图将社会情感学习融入学习中心课程体系的各个方面,学习中心不仅是学习创新技能、提升创新意识的实验室,还是一个安全、放松的学习环境,学生可以在学习中心充分体验人际互动带来的快乐,在这种环境中,教师也会帮助他们学会处理冲突和困难,为他们提供工具和策略,以促进在彼此尊重基础上的交流和接纳。

未来已来,将至已至,应对个性化、信息化变革的冲击,教育即将产生根本性的改变,在泛在教育的概念下,教和学的方式必然发生变革。这种影响目前在体制内的中小学校还没有爆发出来,其中既有教育自身的复杂原因,也有教育设计需要进一步完善和配套的因素。事实上,以上城区学习中心为代表的新型学习组织正努力重塑一种新的教育价值观,即从功利主义的目标转向以人为本、以学生为中心;从应试教育转为培养创新型人才。这种面向未来,帮助学生能够自立于未来,追求真善美和幸福人生的理念,将成为人们的共识。

第二节　设计：区域学习中心的基本架构

网络化、智能化、数字化的日益普及，推动着社会呈现分散性、小型化、多样化和个性化的特征。这些特征在改变教育、改变教师的同时，也对学习者的学习方式提出了严峻挑战，并提供了前所未有的条件。学校采取的纸媒性学习、个体性学习、接受性学习、统一性学习、分科性学习不断受到质疑，网络化学习、个性化学习、项目化学习的重要性将越来越凸显。上城区在不断改进学校教育的同时，尝试开展集群式学习共同体建设，为了区别于传统学校名称，我们称之为区域学习中心，学生中心、自由学习、资源集成、绿色评价是学习中心的显著特点。

一、学习中心建设的探索历程

自2011年全省深化课程改革启动以来，上城区的课程改革也进入了新的时期，我们从区域视角启动了推进学习中心建设的研究，以期通过研究促进区域课程改革和学习方式变革的纵深推进。10年来，上城区以问题为导向，坚持研究和实践并进的行动研究策略，最终推进问题解决，即通过理论研究提升认识，完成顶层设计，强化政策保障；通过试点不断改进操作策略，并形成有效的操作模式。深化改革的实践共经历了三个阶段，最终形成了学习中心建设的上城样式。

（一）雏形阶段

2011年，上城区在回顾过去10年课程改革时发现，国家课程和校本课程之间的定位有交叉，目标边界模糊，质量参差不齐，尽管上城区校本课程的设置观念很好，但从学校现有的师资来看，要开发具有一定质量的校本课程,无论是意识还是能力,都有待提升,而无论哪一级课程在实施的过程中最后的落点都是教师的实施。如果没有区域和学校层面的顶层设计、科学规划,课程的实施难以保证质量。为了从区域层面来保证学生能享有高质量的课程资源,2011年开始,上城区对区域大课程进行了意义重建与内容重构,相关成果荣获了省科研成果一等奖,出版了《上城范式:区域视角下学校课程建设》著作,以帮助广大学校和教师提高课程开发能力,建设高质量的区域课程体系。

1. 明确了区域大课程的内涵

依据区域具体情况,把对学生产生影响的各种因素及资源进行整合,着力开发具有地域性、针对性、适切性的区域大课程。构建系统的、科学的课程管理、课程实施、课程评价等运作机制。

2. 形成了区域大课程的设计与操作要求

区域大课程的开发坚持专业主导,一是顶层设计形成区域课程建设指南。上城区从2011年开始,在三级课程整合的视野下,组织了教研人员对上级文件明确要求的教育内容进行系统梳理,根据要求实现课程化。二是多种协同方式开展课程项目研发。在形成课程指南后,根据课程的特点,区域大课程分为学校申领类、区域指定类和自主开发类三项;根据开发的主体,分为教师协同开发、校际协同开发、基地协同开发三类。三是专项会议协助推进。为推进区域课程建设,课题组以每学期的校长书记会为契机,开展相关项目组培训。各个项目组适时召开研讨会。每个项目组都有管理人员、研究人员及教师等各方面人员参加,由课题到各项目,再辐射至各个学校的教师,整合上城智慧,共同助力区域大课程建设。

3. 提出了区域课程治理的方略

上城区高度重视区域大课程建设工作,先后出台了一系列保障大课程高效落实的文件。区教育局成立区域大课程实施领导小组和工作小组,下设办公室,负责日常工作。各项目学校(单位)相应成立组织领导机构或项目组。从课程领导、顶层设计、实施建议等维度,明确了区域大课程建设中的实践路径和科学方法,为改革推进提供了坚强的组织保障。

(二)推进阶段

2017年,上城区在总结区域大课程六年建设成效时发现,尽管我们已经建立了较为完备的区域课程体系,课程资源也越来越丰富,但课程建设仍囿于学校之内,校际之间的交流和分享机制缺少。另一方面,个性化教育时代的到来,需要我们站在学习素养的视野,对课程建设和学习方式进行重新设计,尤其是要充分运用技术手段,打破时空限制,为学生提供更高品质的教育服务。诸如此类多个新问题,需要我们打造新的载体,推进区域课程改革向更高品质迈进,打造区域学习中心的新思路应运而生。

1. 明确了区域学习中心的定位

区域学习中心是按照"五育融合"的思路,集合多功能的空间设计,精品化的课程体验,融合先进的教育理念和现代技术的个性化、定制化的学习空间。区域学习中心建设旨在巩固区域课程建设的实效,进一步发挥课程的力量,体现课程对核心素养提升的实效。通过集群式的区域学习中心建设,完善共建共享的机制,为学生提供更多自由学习的选择机会。

2. 健全了学习中心的机制

按照行政支持、学校自主、社会支持的协同推进思路,上城区下发文件,从制度上明确学习中心管理的合理地位和职责,并制定区域内各学习中心的管理和协调、资源共享规定等,为全面推进学习中心建设提供指南。将共建共享机制作为研究重点,每学期区域统筹发布学习中心招生公告,为学生提供自主选择的机会,提出了区教育局总体安排、学生自主报名、名师轮转送教等多种资源共享方式的方式,构建符合上城实际情况的区域学习中心联动模式。

以评价为导向生成区域学习中心建设的内部动力,按照《学习中心建设评价指标》将学习中心课程服务、环境创设、共建共享机制工作重点纳入评估的指标体系中,同时开展定期调研,对各学习中心的实施情况进行监测评估和跟踪检查,上城区还注重评价的激励作用,每年被评为优秀学习中心的单位还将获得上城教育基金会的经费资助,这一举措保障了研究与实践的持续深入。

3. 完善了学习中心的课程体系

在区域学习中心建设中，为了更好地体现学习中心的多样化，我们按照"五育并举"的思路，按科创类、人文类、实践类三大学习中心分类建设，并组织专业力量，深入各个学习中心开展课程建设方案的指导和学教方式的诊断服务，在此基础上进行成果的提炼总结。《行走德育：创新城市中小学生德育的上城行动》《基于"云剧场"的英语戏剧学习中心构建与实施》《定制式服务：支持小学生创新能力培养的路径设计与实践》等成果均获得省市科研成果一等奖。各具特色的区域学习中心实践范式，为更多的学校参与学习中心建设提供了很好的借鉴和参考。这些实践范式虽各有侧重，但均具有站位高、视野广等特点。

站位高，即研究以学生核心素养为出发点。如崇文实验学校的创新研究室学习中心从学生创新素养培养的角度，促进小学生在数学、科学领域开展个别化、探究性学习时，根据小学生的个性差异和不同需求，为其提供特殊的教育支持和帮助，包括学习资源、学习指导、学习工具等。

视野广，即由点到面，整体构建。如"行走德育"这一区域性重大成果充分借力区域学习中心，从区域的12个实践基地入手，构建了68个行走德育项目，有效构建了全区铸魂育人的德育体系，实现了区域德育资源共享，为落实立德树人机制提供了范例。

（三）推广阶段

2020年开始，上城区教育行政部门、学校、社会三种力量形成了有效的协同机制，全面推进区域学习中心建设，并在课程目标体系建设、学习方式变革、学习空间建设方面取得了突破，形成了学习中心建设的上城样态。这一阶段的工作，一方面是以信息化驱动为重点，深化全区已建成的22个学习中心的内涵建设；另一方面对各学习中心的先进经验进行总结提炼，形成区域推进学习中心建设的物化成果，并以成果展示活动为重点，开展上城经验的推广辐射工作。

1. 以标准化推动学习中心由点到面延伸

2020年，上城区为推进学习中心建设工作向纵深推进，下发《深入推进区域学习中心建设的实施意见》，明确了"一年打基础、两年成规模、三年见成效"的要求,分年度推进学习中心建设,通过集中培育和考评晋级,提出了力争在2022年6月底前形成学习中心示范群,在时空建设、学习目标、内容序列、学科融合、学生评价、技术支撑、走校学习等领域形成可复制的区域经验这一长期方略。为了指导校长、教师科学高效地工作,区域层面又推出了《区域学习中心建设标准》,从空间建设、教育服务、治理体系三个维度明确了学习中心建设的方向和原则,为建设更多的普惠性学习中心提供了科学依据。

2. 以信息化推动学习中心学教方式变革

2020年爆发的新冠疫情带来了教学方式和学习方式的新变革,也给学习中心的课程实施和学习方式带来了前所未有的挑战。通过对上城区部分学生调查、访谈,了解到线下课程已无法满足学生自由学习的需求,大多数学生期待线上课程的到来。为此,区域层面与省教育技术中心合作,依托浙江教育之江汇平台,建设以学习资源、诊断评价和匹配推送为特征的上城区学习中心虚拟网校,集聚上城区各学习中心的优质课程资源,逐步形成PC端、平板端和手机端等多终端一体化的学习资源网络。同时线上学习中心实施开放课程机制,全区学生通过之江汇等网络选课平台,在全区各学习中心课程中自主申报学习项目。

例如,疫情期间,勇进实验学校的初中英语戏剧学习中心打造了集共享、共创、共评等教育服务于一体的"云剧场"线上学习空间,为师生提供英语戏剧教与学的虚拟场所。"云剧场"提供了三大空间,即戏剧欣赏空间、体验学习空间和评价共享空间,其功能相互联系、相辅相成。这样的学习共享平台,让戏剧不再局限于教室里,而是走向云端,让更多学生参与其中、展示自己。

3. 以成果总结展示推动上城样式推广工作

2019年开始,上城区先后组织主题论坛活动、课例研讨活动10余场,将区域的做法进行推广,影响力辐射到省内各地和上海、江苏、新疆、湖北等地,有近10个相关课题研究在省市科研部门、教研部门立项,其中杭师附小"一公里学习圈:基于校本的小学场馆学习的架构与实施"、喜洋洋幼儿园"幼儿科学游戏体验中心:区域内科学教育资源共享的新模式"、杭六中"智慧农场:基于物联网的多学科融合教育的载体设计与实施研究的成果报告"等研究都取得了初步成效。

综上所述,区域学习中心建设的三个阶段是有机联系、螺旋式发展的,后一个阶段都是在前一个阶段的基础上进行优化提升,基于"五育并举"、指向学生创新素养提升的学习中心建设日趋完善。

二、区域学习中心的内涵解读

区域学习中心是指能够促进学习者线上线下混合学习、保障人与空间环境、学习资源、智能技术的交互作用,真正以学生发展为中心的学习空间。学习中心建设要把握全人发展方向,按照"五育并举"的要求,培养学生创新素养、合作与沟通素养等终身学习能力,促进学教方式变革,提升区域教育服务品质。

(一)基本理念

1. 自由学习

学习不是掌握预定知识的过程,而是学生创造自己知识的过程,当代学习科学表明,学生对知识的建构是内生的,区域学习中心强调学习的本质是学生心灵的主动建构,学生在自主探究、创造和问题解决中形成自己的理解与自己的思想,这是研究推进一以贯之的价值追求。

2. 回归生活

学习要回归生活,区域学习中心强调必须呈现现在的生活,与社会生活无缝对接,时刻关注社会生活,可以打破原来班级授课组织形态下的学习时间分配,把课内课外时间结合起来,倡导把更多的时间还给学生,让学生成为学习时间的掌控者,让学生过上幸福完整的学习生活。

3. 对话共享

区域学习中心是各学习要素高度互动的活动社区。除了学生和教师的人际互动外,人与技术工具的互动、技术工具与资源的互动、技术工具与空间的互动、实体空间与虚拟空间的互动等都扮演着重要角色,共同决定着学习发生的效果。区域学习中心要实现学科之间的对话、互动与融合,使不同学科的知识由分裂、封闭、单一走向整合、开放、多元。

（二）设计原则

区域学习中心是对传统学校教育模式的系统性重构,是一种开放型学习共同体,是瞄准学生全面而有个性的发展,面向美好教育、面向教育高质量发展、面向未来,不断迭代深化未来学习模式的全新架构设计。其设计主要原则是人性化、自由化和多样化。

1. 人性化

简言之,教育的人性化就是要实现以人为本的教育。每位学生在学习生涯中都应是平等的,无论个人才智、德行、家庭出身如何不同,都应得到来自学校和教师的尊重与保护。因为每个孩子都是"人",一切的教育教学活动都是为了每个学生的发展,为了其内心的圆满和心灵的成长。当前,不少学校还是以分数为本,在基本面上就将学生的学业评价标准定得太高,评价广度不够而深度有余,造成了中小学生中出现的"陪读"现象,一些学生自我效能感很低,缺乏学习热情。

因此,区域学习中心的前期设计就把面向全体作为前提条件,学习项目的安排要强调低起点、玩中学和做中学,让孩子在学习活动中发现自己的最佳能力和最大兴趣所在,让他学习那些对将来发展真正有用的课程,体会到学习的乐趣,帮助他认识自己,成为更好的自己,这就是区域学习中心建设的"方向标"。

2. 自由化

自由化原则强调教育应更多地尊重教师和学生的自由选择,首先,拒绝强制学习,将学习的选择权交还给学生,因为选择权是人的基本权利,应该允许学生自由地选择时间、地点、学习的内容和向谁学习,并且可以按照他喜欢的方式进行学习,学生学的过程就是一个自主且充满乐趣的过程。其次,拒绝机械学习,不按照标准答案来评价学生,而是希望学生能够学会独立思考,独立阐释自己的观点和立场,能够积极分享和展示自己的成果。最后,拒绝封闭管理,需要教师与学生,学校与家长、社区建立积极的对话关系,希望各方都能积极投入学生的教育之中。

毫无疑问,这种自由、宽容、民主的学习氛围是我们追求的目标。因为学生喜欢自己所学习的这个领域的专业知识,知道自己是否适合这个领域的工作是很重要的。本着这一理念,推进区域学习中心建设时,需要重点考虑三大因素:一是重构学习空间。对学习中心进行硬件改造,对原有功能教室进行改建,充分利用智慧云、大数据、物联网技术等信息化手段,加大网络学习设备配备,打造融合网络空间与物理空间、正式学习空间与非正式学习空间的区域学习综合体,最大限度满足学生自由学习的需要。二是调整课时安排。结合各中心课程学习内容需要和学生跨校选课的实际,采取分散与集中相结合、长课与短课相结合的方式,为学生自由学习提供时间保证。三是优化学教方式。摈弃教师中心的传统模式,采取项目化学习和问题式学习手段,探索学习任务单、小组合作学习、个别化学习等多种研究性学习方式,激发学生自由学习的兴趣和热情。

3. 多样化

与自由化对应的是多样化,因为没有多样化就没有选择性,更谈不上自由学习,多样化应该是未来学习中心的一个显著特征。歌德说:"有人说得对,人的才能最好是得到全面发展,不过这不是人生来就可以办到的,每个人都要把自己培养成某一种人,然后才能去理解人类各种才能的总和。"然而,当前不少学校的教育教学活动仍然按照统一的教材、统一的教学和统一的评价标准来开展工作,把丰富多彩的校园生活变成了一种色调,把个性禀赋各异的学生变成了"单向度的人"。如何提供多样化的课程面临许多需要应对的挑战。

区域在推进课程多样化时也面临许多问题,如课程建设局限在校内,校际之间很少有交流;中小幼课程系统缺少衔接研究,课程改革各自为政,学校的课程方案缺少顶层设计,对本校学生的个性化需求不甚清晰,不同阶段的重点和目标不明等问题,都成为开展个性化教育的瓶颈。

当我们从区域推进未来学习中心建设的视角观照课程多样化建设时,需要我们健全区域支撑多种类型学习中心建设的资源保障机制,完善区域设计的教师专业发展机制,深化教学方式转型的研究,同时建立健全评估机制,为学习中心建设提供规范引领。只有多措并举,才能让学习中心办出特色,为每个孩子的个性张扬提供助力。

三、区域学习中心的基本框架

区域学习中心是对传统学校教育模式的系统性重构,是一个开放式的学习综合体。区域学习中心的实践,联通了各类教育资源,转换育人方式,形成了协同育人的机制。区域学习中心的研究聚焦于课程改革,从保障、实施、治理等领域提出了三大体系建设,具体结构如下。

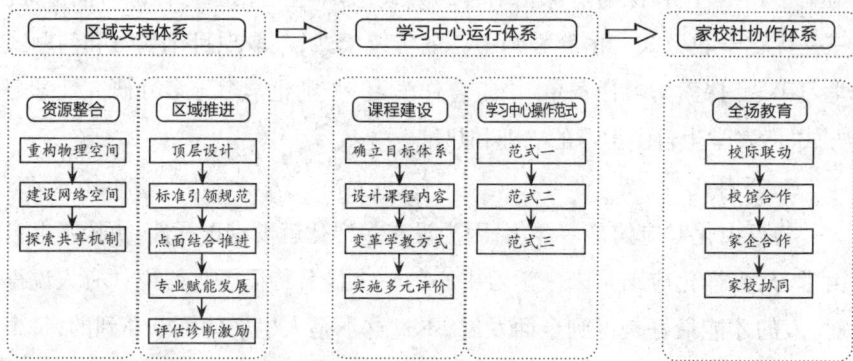

（一）多维驱动,构建区域学习中心的支持体系

1. 组织保障

将区域学习中心建设纳入区教育局的总体工作安排。为培养创新人才服务,积极探索学生个性化学习体验途径,引导建设形成学生本位的多元学习模式,促进学生的学习动力和兴趣,提升学生发展的品质,提供保障。

区教育局高度重视区域学习中心建设,通过区域层面推动的研究,先后出台了一系列保障学习中心高效推进的文件。区教育局成立学习中心建设领导小组和工作小组,下设办公室,负责日常工作。

2. 标准引领

标准化引领未来教育改革创新。为了帮助各个学习中心解决建设方法的问题,上城区制定了《深入推进区域学习中心建设的实施意见》,对国内外学习中心的优秀成果的建设进行整理,提出了本土化的建设主张,明确了学习区域中心建设的框架体系。

3. 评估奖励

上城区教育局对学习中心项目研究有一系列的政策支持。项目研究经费保障根据上城区教育发展基金会区域大课程建设"春竹"项目申领办法执行,通过当年考核,区教育局对获得上城区优秀学习中心的单位进行表彰奖励,每个获奖单位都将获得一定数额的奖金用于工作推进。

4. 专业助力

设计形成区域学习中心课程方案,上城区从2018年开始,组织教科研人员对照上级文件明确要求的教育改革方向,指导各学习中心根据课程特点梳理出台个性化课程方案。在形成课程方案后,根据课程的特点,将区域学习中心分为科技创造类、人文艺术类和社会实践类三项。不同学科骨干与教研员协同开发,形成了区域学习中心专业助力的新模式。

(二)系统设计,打造区域学习中心的运行体系

1. 打造指向个性教育的学习空间

区域学习中心的两维是指实体与虚拟两个维度,不同维度空间发挥不同的功能作用。实体空间主要是指真实存在的物理空间,注重空间的可重构性和课桌椅等设施设备的可重构性,以支持学生与教师、同伴开展面对面的协同学习;虚拟空间的主要形式包括网络课程平台,与物理空间的建设相呼应,构成无缝融合学习空间,使学习者能够轻松、有效和投入地开展正式与非正式学习,真正实现了泛在学习。

区域学习中心又是具备人本化、开放化、智能化特性的空间样态。人本化就是要保证学生始终处于学习的中心位置,布局灵活,方便学生便捷地、随时随地地进行创新,能全方位、全过程、全覆盖地支撑每位学生的创新学习和体验。开放化是汇聚一切创新资源与工具的立体集成空间,共同支持学生开展创新学习。智能化是指通过计算机网络技术、虚拟现实技术(VR)、增强现实(AR)的应用等智能化设计,为学习中心的学习活动提供信息通道和内容,通过构建以乐创空间、科创空间、文创空间、慧创空间、融创空间的"五大场景"创新为重点的集成系统,打造有归属感、舒适感和未来感的新型学习功能单元,为学习方式变革提供可能。

2. 打造促进差异发展的课程实施

2019年,上城区从区域视角出发对4个区域直接管理的学习中心和22个学校承建的学习中心进行资源整合梳理,并就从精品区域课程走向学习中心课程的转变进行了交流研讨,逐步形成了上城区三大"学习中心群":科技创造学习中心群、人文艺术学习中心群、社会实践学习中心群,形成了指向创新素养培育的课程集群。同时努力推进学习内容的个性化,以满足个别化需要为出发点,确定个人定制的内容。根据这一理念,上城区每个学习中心的课程分为素养课程和特需课程两种,并根据课程目标和时空特点,有多样而灵活的应用,形成以项目学习为主,以泛在学习、具身学习、游戏化学习为辅的多样态学习方式。

(三)五力合一,打造区域学习中心的协作体系

按照政府主导、学校参与、专业支持的理念,上城区在强化顶层设计、资源统筹的前提下,还积极加强了与学校、博物馆、优质企业、家长的合作共建,使区域学习中心建设成为全社会协同创新的典范。

1. 学习中心＋学校,构建走校学习新模式

2019年开始,区域学习中心探索开放课程机制,全区学生通过之江汇等网络选课平台,在全区各学习中心课程中自主申报学习项目,也可采取区域组织安排的方式,分批次参与线下学习活动,或以学校自主对接安排的方式,由学习中心周边学校组织生源参与学习中心线下教学活动,区域每学期编写"2019年区域'学习中心'开放课程汇总手册",学校积极创造条件,保证学生有时间跨校选课,在路途上有安全保障。有的学习中心还采取教师主动走校,为学生送教上门。同时,学习中心根据课程特点及学生跨校选课的实际,调整课时安排,采取分散与集中相结合、长课与短课相结合,为学生走校选课提供时间保证。

2. 学习中心＋博物馆,落实场馆学习新路径

上城区位于杭州的中心城区,区域内名胜古迹星罗棋布,博物馆资源极为丰富,仅国家级文物保护单位就有6处,且由于城区面积较小,各学习中心和众多博物馆之间距离较近,这使得区域内优质教育资源的共建共享更易实现,具备实施场馆学习的先发优势。自2018年开始,上城区在全域范围内

启动了场馆类学习中心的建设，按照学习中心建设标准，构建了场馆类学习中心建设的基本操作模式，为各校推进馆校合作提供了研究和实践的指南，在上城区多个学习中心实现了博物馆资源与学习中心课程的有机耦合。

3. 学习中心＋优质企业，探索智慧众筹新样态

近年来，杭州市"数字科技赋能、智慧城市建设"的工作不断强化，以数字经济为代表的科技创新要素成为催生新发展动能的核心驱动力，数字要素创造的价值在国民经济中所占的比重将进一步扩大。正因为如此，许多高新企业都开始以创新为核心驱动力，将注意力转移到将数字技术成果运用到各领域、各行业，实现企业发展转型升级。另外，学校教育也正处于推进智慧教育，运用大数据技术推进教学改革的关键时期。上城区探索开展学习中心与具有教育情怀、实力雄厚、社会影响力大的企业合作，积极促进产业跨界深度融合，进而推动学习中心加快迈向数字化、智能化，为教育高质量发展提供了新思路。

4. 学习中心＋家长，开启合力育人新方式

区域学习中心遵循民主开放的办学方针，把学生创新素养的培养作为父母和孩子共同的事情，鼓励家长积极投入，成为学习中心的参与者、施教者和共同学习者。在同一个学习中心，父母和孩子一起学习同一个课程，探究同一个真实问题，共同设计解决方案，彼此之间是最好的学习伙伴。学习中心为父母们提供了一个很好的成长平台。如小学科学探究中心开发的"玩转科学"周末网络亲子实验课程，以系列趣味实验为主要内容，指导学生与家长以亲子合作的方式共同进行科学探究，参与学习课程各校学生家长达数百人，收到了较好的效果。

第三章
推进:区域学习中心建设的策略与机制

　　从区域大课程到区域学习中心,上城区历时10年,在整体深化课程改革的历程中,创造并完善了新的运行机制,它是对传统的学校课程、传统学习方式的变革和创新,在运作过程中得到了政府、学校和社会的协同推进,通过对区域内各级各类办学机构以及社会力量的资源整合,实现了区域学习中心教育质量的整体提升。

第一节　策略：多方助力区域学习中心建设

对于区域学习中心建设而言，并不是在走"精英教育"的路径，而是回归教育本源，更关注每位学生的学习素养发展和学习感受。上城区在推进学习中心建设时，按照"三个两"的思路，即通过两个层面、两种力量、两种赋能的三个方面协同发力，推进区域学习中心的建设。

一、区域＋学校：两个层面联动推进策略

教育行政管理部门负责顶层设计和运行监督，专业研究机构参与区域学习中心建设的全过程，并为学习中心提供专业指导和教师培训。承办学校一方面谋划并落实本单位学习中心建设的基本要求；另一方面在规范允许的框架内，按照自己的设想实施个性化运作。

(一)区域负责顶层设计

上城区高度重视和关注区域学习中心建设，把这项工作纳入全区政府工作要点来推进，成立由局长任组长的区域学习中心建设领导小组，区域学习中心建设专家智库和区域学习中心建设课程指导组，对全区有序推进这项工作的指导思想、行动策略、组织管理、评估激励等内容做出相应的安排和部署，并对教育局职能科室、教科研机构、青少年活动中心和学校的职责提出了明确的要求。

1. 制定区域学习中心建设规划

以适当的政策有计划、有步骤地推进区域学习中心规划，规划内容包括布局规划、课程改革、教师队伍、空间建设、技术支持和经费保障等，为落实好规划，每年还要制订年度工作计划，确定年度工作重点、任务分工及完成

任务的时间节点,确保各项工作按时落地(见表3-1、表3-2)。

表3-1　2019年区域学习中心建设工作要点(节选)

序号	项目名称	工作要求	时间节点
1	研制一个课程纲要	根据本中心的教学计划,按照课程纲要的撰写要求,形成本中心的课程纲要	2019年4月
2	尝试设计实施一个跨学科学习活动	学习了解跨学科教学的特点,根据本中心的学年教学目标和重点,设计一个跨学科学习活动,活动应落实多学科协同的要求	2019年6月
3	搭建一个网上学习社区	设计一个网络学习平台,集成全区各学习中心优秀学习资源,供全区教师和学生选用	2019年12月
4	改建一批学习中心	以胜利实验学校、天长小学等学校为重点,对它们的学习中心进行硬件改造,为课程实施提供条件	2019年12月

表3-2　2020年区域学习中心建设工作要点(节选)

序号	项目名称	工作要求	时间节点
1	完善一个课程纲要	修订本中心的课程主题、培养目标以及各学段主题、主题介绍、项目结构、课时分配、涉及学科、教学建议等	2020年4月
2	共享一批学习资源	向区学习中心资源共享平台(建设中)提交本学习中心的学习资源,以便向区内外推广辐射本中心的优质课程	2020年6月底
3	设计并实施至少三个项目化活动	包括单元主题、建议时间、涉及学科、项目目标、教学材料准备、挑战性问题、项目步骤、展示方式、项目评价量表内容	2020年11月底

序号	项目名称	工作要求	时间节点
4	撰写一篇论文或者发表一篇文章	选择管理制度、空间建设、任务设计、教学组织、协同学习、混合学习、学习评价、走校学习、五育融合等主题之一，围绕学生创新能力和创新人格提升	2020年12月

从表3-1、表3-2中可以看到，上城区推进区域学习中心建设是有方向和目标的，是一以贯之、持之以恒的。以中心课程规划为例，从制定到修订完善，体现了上城区学习中心以规划建设为"牛鼻子"，引领其内涵品质不断提升。

2. 以建设标准引领学习中心规范建设

为了解决承办学校在开展区域学习中心建设时各自为政、思路不清的问题，上城区借助标准化的手段，对国内外学习中心优秀成果的建设进行学习借鉴，并进行本土化运用，制定了《深入推进上城区区域学习中心建设的实施意见》，明确了学习中心建设的理念目标和任务体系。精心设计区域学习中心建设标准，明确学习中心的建设空间设计、教育服务、组织管理3大方面10个维度25个指标的日常工作要求，为建设面向全区开放的学习中心提供标准化操作指南。

【案例3-1】 区域学习中心建设标准（2020年版）（节选）

1. 范围

本标准规定了学习中心的建设时空设计、教育服务、治理体系日常工作要求。

本标准适用于杭州市上城区所属学习中心的日常工作。其他地区可参照执行。

2. 术语与定义

学习中心：是指能够促进学习者线上线下混合学习、保障人与空间环境、学习资源、智能技术的交互作用,真正以学生发展为中心的学习场所。

3. 学习时空

3.1　学习空间

3.1.1　建设人性化、个性化、智能化和信息化的学习空间,能满足项目合作、自由讨论、成果展示等个性化学习的需要。

3.1.2　学习空间不局限于教室,博物馆、社区、企业、科研院所等均可作为学生的室外学习实践的空间。

3.1.3　构建网络空间与物理空间、正式学习空间与非正式学习空间、校园学习空间与校外学习空间相融合的学习环境,以支持各种类型的学习。

3.2　学习时间

3.2.1　采取灵活多样的课程形式,如体验式课程、模块化课程、单元式课程,使课程学习在时间安排上更具灵活性和弹性化。

3.2.2　不同课程主题的特点,突破固定课时安排,灵活设置长短课、大小课和阶段性课程。

上城区学习中心的标准化建设是区域教育科学治理的体现,有了标准,一方面有利于区域快速、高效地推进工作,为形成区域评价制度奠定了基础;另一方面还可以引导学校遵照区域化课程建设的内在规律,缩短设计周期,让建设在科学有序的基础上进行。

(二)学校开展自主探索

承办学校是学习中心建设最重要的主体,没有学校参与的积极性,离开了校长与教师的自主创新,区域学习中心建设只能停留在文件上。承办学校推进学习中心建设是一个系统工程,涉及多种因素,核心要素包括学习中心课程设计、学习中心空间建设资源共享等方面。

1. 打造高品质课程

课程是学习中心服务学生个性化成长最主要的产品,学校打造学习中心建设,必须将课程设计和实施作为最关键的工作,要对课程进行整体设计,就要以学习素养尤其是创新素养培养作为出发点,以学校的特色优势课程为依托,系统设计课程目标、课程结构、课程实施建议和评价等内容。

2. 重构学习空间

根据未来学习需要,上城区分步对传统教室进行改造,做到布局合理、功能齐全。通过提供图书资源、学习(实验)器材、多媒体学习资源等方式创建浓厚的学习氛围,为教师灵活选择知识讲授、分组讨论(实验)等不同的教学方式,学生开展实验探究、小组合作等学习活动创造条件。根据学习内容,拓展延伸学习中心的空间,使之与大自然、社区、学校的其他功能区块实现互联互通。通过这样的学习空间重构,使学生学会使用各种现代学习方法、学习工具。更重要的是,让学生能够保持学习的动力与兴趣,把学习当作生活与交往的重要内容,帮助学生学会学习。

【案例3-2】 "未来科学+"学习中心空间设计

杭州市抚宁巷小学校对原有的四楼科技馆进行了重新规划,打造具有多区域探究空间,重问题情境创设,以项目式自主实践探究为主要学习方式,强调多元展示共享的学习空间。

(一)活动准备区

在活动准备区摆放着雪白的实验服与酷炫的护目镜,学生在进入此区域后会像科学家一样身着实验服,头戴护目镜,满满的仪式感使学生在进入学习空间时就感受到浓厚的探究氛围。

(二)任务领取区

在任务领取区,学生可以通过视频了解探究的主题,并且自主选择适合自己水平的任务,组建不同的合作团队。团队组成之后,成员们进行自我介绍,并根据各自的特长进行任务分工,领取任务卡,合作设计解决方案。

(三)探究材料区(工具区)

在探究材料区(工具区)内摆放着不同铭牌标识的各种材料及工具,并标示有虚拟价格,便于学生在项目学习过程中形成成本意识。学生可以根据探究内容进行方案设计,并根据团队的设计方案到探究材料区(工具区)获取所需材料。

（四）实践操作区

学生在实践操作区进行合作探究，自主实践探究并完成任务单的填写；如果在实践操作过程中学生遇到问题，可以选择利用 iPad 观看微课视频、提示卡等锦囊资料，或向现场及线上指导教师寻求帮助。

二、社会＋企业：两种力量协同推进策略

在坚持政府主导、学校参与，强化顶层设计、资源统筹的前提下，区域在推进学习中心建设时还与第三方研究机构、社会组织、企业合作共建，使学习中心建设成为民间教育活力与有为政府完美结合的典范。

（一）依托场馆资源的学习中心建设

教育部、国家文物局联合印发的《关于利用博物馆资源开展中小学教育教学的意见》，对中小学利用博物馆资源开展教育教学提出明确指导意见，要求各地进一步健全博物馆与中小学校合作机制，促进博物馆资源融入教育体系，提升中小学生利用博物馆学习的效果。这一文件的出台，为新时代基础教育深化课程改革提供了重要思路。上城区位于杭州的中心城区，区域内名胜古迹星罗棋布，博物馆资源极为丰富，仅国家级文物保护单位就有6处，且由于城区面积较小，各学习中心和众多博物馆之间距离较近，这使得区域内优质教育资源的共建共享更易实现，具备实施场馆学习的先发优势。

【案例3-3】 杭城这所小学被打造成了浙江首家校园博物馆学习中心

前不久，教育部、国家文物局联合发布相关意见，要求促进博物馆与学校教学、综合实践有机结合。杭州师范大学第一附属小学（以下简称"杭师附小"）成为杭城率先响应号召并实践的学校之一。

浙江自然博物院、中国财税博物馆与杭师附小正式达成深度合作，共同架构起"浙江省校园博物馆学习中心"，推动"贝类王国""小小理财家"微型博物馆进校园，让"第二课堂"变成了"第一课堂"。如今杭师附小的校园焕

然一新,比如学校的门厅,就被打造成一座小型博物馆,不仅有各种贝类实物展示,还介绍了贝类的生物分类、形态特征等,甚至利用投影技术,模拟了海洋里贝类的生活方式。历史上,贝类曾在人类的生产生活中发挥了重要作用,最早的货币就是贝类。为此,学校与中国财税博物馆策划了"小小理财家"展览,梳理货币演变简史,展示财政税收与国家治理、公共生活的密切联系,在立足财税历史特色的同时融入感官互动体验。

国际博协副主席安来顺来到现场,他坦言,过去学生去博物馆参观或参与一些定制课程比较常见,而博物馆带着资源进校,与学校打造学习中心,并展开机制化的合作不多见。"我们希望杭师附小的学生,能在人类文明发展史中浸润六年。"杭师附小校长俞富根说,未来学校将探索把学科教学和博物馆资源整合,使"场馆学习"走向"场景学习",让课堂变成学生自由学习殿堂。

自2018年开始,上城区在全域范围内启动了场馆类学习中心的建设,按照学习中心建设标准,构建了场馆类学习中心建设的基本操作模式,为各校推进馆校合作提供了研究和实践的指南,力图通过治理改革打破学校与博物馆教育资源壁垒,集聚区域丰富的课程资源,以共建共享学习要素高度互动的跨域活动空间为目标,实现学科之间、校内校外的对话、互动与融合,使知识由分裂、封闭、单一走向整合、开放、多元。最大限度满足学生个性化发展诉求,为现阶段实现区域教育高水平均衡发展的战略选择提供有效载体。

(二)依托企业资源的学习中心建设

近年来,"数字科技赋能、智慧城市建设"不断被强化,在国家发布的"十四五"规划中就明确提出,完善科技创新体制机制和加快数字化发展。坚持创新在我国现代化建设全局中的核心地位,把科技自立自强作为国家发展的战略支撑,强化国家战略科技力量。

以数字经济为代表的科技创新要素成为催生新发展动能的核心驱动力,数字要素创造的价值在国民经济中所占的比重将进一步扩大。

【案例3-4】 基于建兰大脑的初中科学STEAM学习中心建设

2018年1月,阿里巴巴王坚博士来到了杭州市建兰中学,给全体建兰师生做了《让数据替学生做题目》的讲座。就在同一天,建兰成立了建兰数据资源部,这是全国第一所有数据资源部的学校。在阿里云高级技术专家、杭州学同科技CEO蔡艳明的引领支持下,在全体师生、家长的共同努力下,构建了基于AI技术,以互联网为基础设施,对学校的教育教学活动进行无感沉淀,自动形成了丰富、清晰、多维度的学校数据资源,进行即时分析、诊断、监控、评价、反馈,并提供管理、学习、成长支持的人工智能系统——建兰大脑。在此基础上,学校致力于建兰大脑让学生成长过程中沉睡的每一个数据生命化,伴随他们的学习与发展,让因材施教、个性化发展成为可能。

2019年,学校开始探索基于建兰大脑的STEAM学习中心建设,精心打造了适用、舒适、多功能的学习空间,具备实践活动区、交流区、学习资源储备区、成果陈列区等功能。建兰中学STEAM学习中心均已包括了融合建兰大脑的建兰高端指挥中心,是展示宣传与课程实践中心,是最激发学生创新能力的中心。该中心布置360°无死角的高清摄像装置及跟踪式体感感应装置,可以捕捉学生的各种动作;同时教室内已布置各类精工仪器与工具材料等,可供学生选择性使用。同时,该教室也为模型课程与电子制作课程配置了风洞和驾驶舱等。先进设备及多元化需求设施都非常适合学生进行长期项目式学习、实践与展示。

正因为如此,许多高新企业都开始以创新为核心驱动力,将注意力转移到将数字技术成果运用到各领域、各行业,实现企业发展转型升级。另外,学校教育也正处于推进智慧教育,运用大数据技术推进教学改革的关键时期。上城区探索开展学习中心与具有教育情怀、实力雄厚、社会影响力大的企业的合作,积极促进产业跨界深度融合,进而推动教育加快迈向数字化、智能化,走出了协同推进教育高质量发展的新格局。

三、技术＋专业:两种赋能助力提升策略

在区域学习中心建设的过程中,我们除了充分调动政府、社会组织、企业等各种力量来推进之外,还充分利用技术力量和专业力量来助力学习中心的建设。

(一)技术支持赋能学习中心建设

上城区学习中心在建设过程中,一直重视利用信息技术驱动学习中心的课程建设与实施。早在学习中心建设之初,我们对它的功能定位是:"多功能的空间设计""精品化的课程体验"和"技术融合的多样化学习"集于一体的学习空间,这里面就特别强调技术融合的多样化学习。信息技术应用于学习中心,打破传统课堂的学习时空边界,实现生活与学习、问题解决与知识应用的交互生成。而基于智能技术的学习中心所产生的学习行为数据,是研究学生学习与发展的重要数据,也成为学习分析、资源调整、效果评价的重要依据,这需要技术资源与课程、课堂的灵活融通。

一方面,我们搭建上城区学习中心网络社区,实现学生、教师、访客、课程、资源、成果的互联互通,支持学生中心开展线上学习、混合式学习,支持各个学习中心的优质资源共享,利用学习平台沉淀的数据开展评价创新。

另一方面,上城区打造了网络课程平台,作为线下实地走校选课的补充,各学习中心都开设了自己的网络课程。在新冠疫情严重的2020年春,上城区通过在线课程或者线上线下相结合的方式,推进学习中心的课程实施。教师在课程平台上开设课程,发起报名,学生报名后形成互联网班级。教师开展线上视频授课、组织在线学习活动、发布课程资源、组织同伴互评、组织在线讨论。学生参与课程学习的过程中,沉淀丰富的学习数据,这些数据成为教师调整教学活动的依据。依托网络学习平台,我们还在尝试基于数据的学生评价,在原有教师评价和学生评价的基础上,增加同伴评价、家长评价和社会评价,利用网络平台的开放性,让评价变得更多元、更准确。

(二)专业服务赋能学习中心建设

区域学习中心建设有其独特的方式,就是专业研究部门发挥着重要的

导助作用,这里的研究部门主要是指上城区教育学院和上城区青少年活动中心。

在具体工作中,这两个研究部门在此项目工作中的主要功能包括以下三个方面:一是通过理论探索和实践指导,为学校开展学习中心建设提供咨询和服务。区教育学院深入学习中心,对承担学习中心管理和教学任务的教师进行指导,并运用专业的知识和方法帮助学校进行工作反思与实践改进,协助教育行政部门进行典型经验总结和经验推广工作。二是区教育学院为学习中心的课程建设提供指导和帮助,深入一线开展专项调研,指导学习中心完善课程规划,并结合实际,研究提升空间建设和资源共享的方式。三是由青少年活动中心组织管理区域学习中心建设,围绕劳动教育、生存教育、艺术教育等内容,组建了上城区少年军校和中小学艺术学习中心、中小学生存技能学习中心和中小学创新科技学习中心。通过区域学习中心课程规划和实施,初中和小学的学习中心实现了关联,给了学生更多选择的机会。

为进一步发挥专业研究的作用,提升校长和骨干教师开发学习中心的能力,区域学习中心建设项目主张建立区域、中心两级专业学习共同体,区域教研员、学习中心负责人、学习中心专兼职教师都可以成为项目组成员,这也是保障区域学习中心建设项目不断深化和认同并产生影响力的重要原因。在建设学习中心专业发展共同体的过程中,我们采取的措施包括:一是定期研讨,形成共识,并转化为共识。项目组多次邀请省市教科所、区教育局领导参与讨论,梳理推进思路。如在突破学习中心的智慧应用技术时,项目组数次赴省教育技术中心,共同探讨学习中心的各类场景应用和资源共享方式。二是组织项目专题展示活动,将展示作为培训的重要手段。区域学习中心项目组从一开始就确立"展示即培训"的观念,各个学习中心轮流坐庄,将展示作为一个共同学习、分享、反思、改进的重要平台。每一次活动的承办单位都在区教育学院的指导下进行,如在胜利实验学校"创智学习中心"举行的"创新素养培育培训活动",在天长小学"数学小实验学习中心"举行的"混合式学习场景应用",在抚宁巷小学"科学+探究厅学习中心"举行的"学习资源分配使用"等活动,对于承办单位而言是展示和促进,对于项目组和各学习中心而言是相互学习与比照,每次活动不仅邀请该主题研究方向的专家进行点评,还邀请项目组成员进行同行评价,促进了学习共同体的专业提升。三是邀请高校专家深度介入学习中心的教育改革实践研究过程,在平等研讨中推进发展。上城区教育学院和华东师范大学教育学部开展项目协作,学部专家作为学习共同体中的智库专家,以专业的视角和平等的交流直接参与学习中心建设的全过程,为了帮助学习中心精准打造课程体系和开展项目化学习,智库专家反复深入每一个学习中心,听课、交流、访谈,和学习中心负责人共同研讨,直至参与案例总结和课题论证,这种高校和区域教育战略协作的模式变偶然为之的专家点评为长程伴随、有求必应的协作伙伴,为学习中心建设提供了持续的智力支持。

第二节 机制：区域学习中心建设的运作保障

"机制"一词在社会学中的内涵可以表述为"在正视事物各个部分的存在的前提下,协调各个部分之间关系以更好地发挥作用的具体运行方式"。区域学习中心建设借鉴了国内外有关学习中心建设经验,依托上城区教育发展"十三五"规划和区域学习中心建设相关的具体政策与制度,构建了协同治理机制、合作运行机制、发展动力机制、考核激励机制四大机制,这四大机制相互依存、相互作用,形成一个整体,共同推进区域学习中心建设的历程。

一、协同治理机制

我们对已建成的全区22个学习中心的建立、发展过程进行了分析,发现协同治理机制是部分区域学习中心建设的关键,区域学习中心的构建和内涵发展不是学校或一个主管部门所能解决的,必须在政府的政策引导下,学校、社会、家庭共同参与,协调管理,才能保证项目得到推动。协同治理机制要求充分体现政府的引导与协调作用,激发基层自主建设学习中心的活力,支持学校个性化承办区域学习中心,协同治理机制的构建应该包括以下内容。

(一)明确区域学习中心建设的各方职责

政府:政府是区域学习中心的管理部门,政府通过制定政策和标准,明确各职能部门在学习中心建设中的职责与分工,同时建立起定期评估和激励的制度,保障对学习中心运作的指导监控,尤其在学校承办学习中心建设经费不足时,政府应给予必要的经费补助,区域层面研究制定走校学习的推动方法,切实保障学生自由学习的权利,鼓励培育社会力量参与学校中心建设,形成互动、双赢的合作机制。

学校:学校是承建区域学习中心的主体,学校应根据学校的课程优势和学生的兴趣爱好进行预测,精心打造学习中心优质课程,建立学习中心专兼职教师队伍,构建校本研修机制,支持这些教师的个性化成长,积极引进社会优秀技术人才到学习中心兼职。

社会:社会力量是学习中心建设的合作者,包括博物馆、企业、社会组织都可以和学校共商学习中心的课程规划,研究学习中心的教师发展和教学安排,共同参与学习中心的创建,积极派出优秀人才到学习中心任职。如杭州师范大学第一附属小学与浙江自然博物馆等场馆取得联系,让这些场馆深入介入学校改革,成立全省第一个博物馆主题的学习中心。在很多学习中心,都可以看到社会力量参与的身影,如崇文实验学校的创新学习中心、紫阳幼儿园的小河坊学习中心、大学路小学魅力击剑学习中心的相关研究实践,都得到了专业力量的支持。

家庭:区域学习中心遵循民主开放的办学方针,把学生创新素养的培养作为父母和孩子共同的事情,鼓励家长积极投入,成为学习中心的参与者、施教者和共同学习者。在同一个学习中心,父母和孩子一起学习同一个课程,探究同一个真实问题,共同设计解决方案,彼此之间是最好的学习伙伴。学习中心为父母们学会育儿提供了一个很好的成长平台。

(二)建立健全管理组织

根据组织管理机制的四个主体,打破管理界限,形成多方合作的工作机制,除了区域层面建立区域学习中心建设领导小组和工作小组之外,学校也可以建立相关工作组织,如"校馆联动工作组",同时建立工作例会制度,定期商议相关工作,做到多交流、多实践,以此来提升组织管理能力,理顺各方参与的创新人才培养的管理机制,促进学习中心建设持续推进。

(三)出台系列保障制度

组织管理机制的构建和实施,还需要出台系列制度作为保障,否则,即便建立了机制,也会难以持久地发挥作用。一般来说,区域学习中心的管理制度包括以下内容。

1. 学习中心建设章程。明确本学习中心的宗旨、目标和服务人群,提出本学习中心的课程纲要,明确参与建设的各方合作的职责和义务,明晰学习中心的运行方式,尤其是招生方式、课程体系和学业评价方式,确定学习中心的资源建设和教师队伍建设的方式。

2. 学习中心建设规划。在总结本学习中心的发展定位和发展现状的基础上,提出本学习中心最近三年的发展目标和发展任务,并就空间建设、课程设置、师资配备等重点任务提出可行的推进方案,同时明确完成规划的组织保障方式和经费保障方式。在此基础上,形成学习中心的年度计划和行事历。

3. 协同推进学习中心建设协议。明确协同建设学习中心各方的责任和要求。学校方按照区域学习中心建设标准打造学习中心,培养创新型人才,共享教育资源、提供技术和师资保障。合作方共建师资队伍,参与课程建设,协同开展学习方式变革。

二、合作运行机制

区域学习中心建设的主体由三方构成,即区域学习中心建设领导小组、承建学校、社会力量。区域学习中心建设领导小组由分管局长、相关科室长、教育学院的相关负责人和学习代表组成,其职责主要是发动宣传、组织协调、领导保障、评估监测和创造平台。承建学校这一主体是在区域学习中心建设领导小组的领导和支持下,紧紧围绕创新人才培养质量问题而开展的系列工作,其职责主要是立足于人才培养,实施空间打造、课程建设等工作,同时力争取得社会力量的支持。社会力量要在区域学习中心建设领导小组的鼓励和领导下,自觉为区域学习中心建设提供助力。

合作双赢是该机制的关键所在,在区域学习中心建设过程中,如果由区域层面统一实施,可能会导致缺乏灵活性和适切性等问题,而放手给学校承办,则可以激发校长的智慧和热情,学校通过自主开展调研,掌握学生的多样化学习需求,针对性地开展课程建设,使区域学校中心在具备基本标准的前提下,呈现百花齐放、不拘一格的良好局面。而且,由于社会教育资源具有学校所不具备的优势,学校可以将其作为学习中心的重要学习资源,从而解决由于资金不足、设施缺乏导致的困难。对于场馆等社会组织而言,通过和学习中心合作,可以更好地发挥自身潜力,提升本单位的影响力和社会贡献度。在各方需求的共同驱动之下才能促进长期合作,最终形成有利于学生个性化发展的教育生态。

为了在合作中建立彼此适应、相互理解的良好关系,必须明确各方在整个建设过程中所承担的义务和职责,学校必须明确认识到学校在创新人才培养模式、课程设置、教学方式等方面更多征求区教育学院等专业部门的意见,尤其是在课程设置上,既要满足人人创新的需求,也能为天赋儿童提供个性化、一对一的优质服务。区域要建立以教育学院研究员为主体的服务机制,组建专业团队定期开展调研走访,开展针对性的服务。参与区域学习中心建设的社会组织必须认识到,积极支持与配合学校开展区域学习中心是自身的责任和义务,安排专业技术人员参与到学习中心的前期建设和课程实施之中,在教学实施中要充分利用资源优势,调动学生的学习动力。三方在履行各自职责和义务的过程中,要加强彼此沟通协商,找到合作共赢的结合点,使区域学习中心在实施过程中品质不断提升。

区域学习中心建设模式多样,但每种工作模式都有其组织程序、策略体系、运行条件以及发展过程。因此,学校必须从自身实际出发,选择适宜的合作模式,与教育行政部门、教育学院、社会组织进行协商,保障区域学习中心的顺畅运行。

三、发展动力机制

学校在参与区域学习中心建设中的驱动因素主要体现在:在浙江省优质教育生态的工作要求下,高位发展的上城区中小学校产生了聚焦在课程教学领域的多样化教育创新,这些教育创新丰富了学校的课程供给,提高了学生校园生活的体验感,本身又具备了诸多未来学校的要素,学校如承办区域学习中心,可以以此为载体,研究学校课程改革的瓶颈问题,从而实现学校高位发展的突围攻坚,真正建立起一种面向未来的新教育生态。因此,完善学校中心建设的动力机制,激发学校参与区域学习中心建设的积极性非常重要,具体包括四个方面。

(一)完善政策引领

区域教育行政部门不仅要下发专项文件凸显工作的重要性,还应在经费支持上对其"诱之以利",要建立区域学习中心的经费投入机制,每年在教育经费中提取适当比例,专项用于区域学习中心的空间改造和设备添置,如区教育局在杭州市天长小学、杭州市杭州中学等学校新建改建的时候,将学习中心空间建设和资源建设纳入整体规划,做到沟通在前,会商在前,从而为学习中心的高质量建设奠定了基础。

(二)提升办学理念

在上城区的一些学习中心建设历程中,区域层面多次利用校长书记读书会、教育教学工作会议等契机,开展对未来教育建设的大讨论、大谋划,凝聚校长们推进区域学习中心建设的共识,激励校长学会运用学校发展愿景、个人魅力和强大的说服演讲能力等多种策略来推进区域学习中心建设。如杭州天地实验小学提出"教育戏剧是综合的美育,也是'全人'的教育",教师对校长的认可,迁移到学习中心的谋划思考中去,带来了整个中心的高水平建设,目前该中心已开设了童话剧、课本剧、音乐剧和偶剧4个工作坊。这些工作坊成了全校教师学习的共同体,既为教师队伍的戏剧素质整体提高提供了平台,又为全区学生叩开了戏剧学习之门。

(三)深化课程改革

课程整合是当前课程改革的关键词之一。这一趋势与世界各国新一轮课程改革培育学生核心素养的价值追求密不可分。在核心素养时代,由于不同学科领域和素养之间存在多重交叉相连的关系,某一种素养的培育很可能是多个学科的目标,课程整合由此被认为是面向学生核心素养发展的课程开发模式的必然选择。基于这样的教学改革理念,上城区近年来聚焦于五育融合跨学科领域的革新,不少学校着力于课程与教学的核心领域进行革新,这类革新的难度比较大,需要构建载体进行引领和支撑。如天长小学承办的"数学小实验学习中心",就是集中以实验的方式,开展对数学结论的实证研究,提升学生的疑难问题解决能力;又如勇进实验学校承办的"英语戏剧学习中心",试图采取线上与线下相结合的混合式学习模式,开展探索语言教学和艺术教学的跨学科融合;再如凤凰小学承办的"木艺工坊学习中心"，坚持以跨学科整合为取向，以"做中学"为基本学习方式，打破原有的"综合实践活动课程"和必修课程"两张皮"的现象，有机地融学科知识于木工制作活动之中。

（四）促进教师个性化发展

教师的个性化发展是教师队伍建设的重要课题，教师的成长进入发现期（工作三年）后，校长尤其需要对教师的个性化发展进行引领，鼓励教师在完成常规工作、履行常规管理规范的同时，根据学校建设与发展的需要，主动选择适合个人兴趣、爱好、特长的工作项目，自主发展，实现多样化成长。教师也只有在主动从事专业工作过程中，才能真切体会到工作的趣味，发现自身的价值，产生研究成长的动力和需要。举办学习中心，可以帮助有个性才华的教师实现人生出彩，如杭州市胜利实验学校、杭州天地实验小学等学校为了加强学习中心师资队伍，专门引进了外地优秀师资，并和本校优秀中青年教师一起形成了项目团队，从经费保障、评价激励、外出培训等方面建立机制，为教师的个性化发展提供有效保证。

四、考核激励机制

（一）开展以评促建

要保障区域学习中心的健康发展，其运行的监控、反馈和调节机制是必不可少的，教育行政管理层面的区域学习中心的监控机制主要是通过年度考核来落实，上城区根据学习中心建设标准，研究制定《上城区学习中心考核评价指标》。指标体系从运行机制、空间建设、服务品质和特色建设四个方面设置评分点，每学年对各学习中心的建设情况进行监测评估和跟踪检查，遵循多元评价的思路，按照星级评价方式确定学习中心建设水平，考评结果作为专项资助的重要依据。

【案例3-5】 上城区学习中心建设评估四阶段工作法

第一阶段：提交学习中心年度工作思路，提出课程菜单和招生计划。

第二阶段：组织业务部门研究员介入学习中心开展课程规划和课程方

案制订,提高学习中心课程服务品质。

第三阶段:对各学习中心的创建实践进行诊断性调研,帮助学校提炼经验,解决工作中遇到的问题,形成特色案例。

第四阶段:通过年度评估,对学习中心建设情况进行鉴定,监督和帮助学习中心做好整改提升工作,促进其可持续发展。

(二)实施以奖代拨

为更好地组织实施区域学习中心建设,充分发挥各校参与学习中心建设的积极性,推动学习中心建设的比、学、赶、超竞赛活动,进一步提高建设质量,涌现更多具有特色的区域学习中心,上城区还制定了以奖代拨实施意见。

每学年结束之际,区域层面开展对各学习中心的建设情况进行监测评估工作,实施动态升降级制度,对于被评定为年度优秀等级的学习中心,除了进行授牌命名之外,区域层面还依托上城教育发展基金会"春竹"项目,按照5万元/个额度发放专项奖励,激励其充分发挥示范作用。对于被评定为待评的学习中心,除了要求其整改提高之外,区域层面还搭建结对帮扶平台,通过发挥优秀学习中心的引领、示范、带动和帮扶作用,将其优势、资源与经验输送至后进学习中心,实现上城学习中心建设水平的整体提升。

(三)健全社会激励

激发社会力量参与区域学习中心建设的积极性,参与学习中心建设的场馆或企业,不是为了直接追求经济利益,而是为了体现社会担当。因此,我们应以激发场馆、企业参与教育的责任感和荣誉感为重点,强化其参与建设的积极性。上城区加强了对场馆、企业和社会组织参与学习中心建设的典型事迹的报道,除了定期召开研讨活动进行表彰外,还通过各种活动形式,激励场馆、企业持续参与的热情。

第四章
空间：区域学习中心的场域建设

　　学习的发生离不开具体的场域；拥有各种学习功能的场域有机组合在一起，构成区域学习中心的学习空间。在素养教育的背景下，新型区域学习空间追求学教方式的变革，谋求区域优质资源的共建共享，这一诉求充分体现在学习空间的场馆分布和功能设计上。区域学习中心的空间建设，在舒适安全的基础上配备各类学习资源和设施，让每一寸空间都变成潜在的课堂，让每一个角落都变成学习的资源，支持课程实施中的项目合作、自由讨论、成果展示等个性化学习需要，支持学习中心面对区域开放，对不同的学生群体开展差异教学。为了让师生获得更好的学习体验，学习场馆突破了常规的教室空间，充分利用学校周边的社区、自然、博物馆等资源，作为学习实践的场所，同时联通虚拟空间与物理空间、正式学习空间与非正式学习空间，支持学生开展多样态的学习。

第一节　线下：区域学习中心的物理空间建设

学习场域是学生建构知识、发展能力的外部条件，而学习的物理空间是学生最能直接感知到的学习环境。良好的物理空间能够让学生身心愉悦，激发学生的探索欲和求知欲，支持师生开展广泛而深入的对话，灵活采用项目式、体验式、探究式等学习方式，发展学生的综合素养。区域学习中心的物理空间建设统筹区域教育资源，突破校园空间的围墙，打造具备情境性、开放性、交互性和智能性的空间样态，形成覆盖全区域、全学段的学习中心物理空间群落。

一、区域学习中心的场馆分布

由于上城区地域面积不大，半小时内骑车可以方便抵达区域内各处，这使区域内优质教育资源共建共享的理想更易实现。上城区在原有生存、国防、农事、劳技四大区域基地的基础上，经过"区域学习中心"网点布局的整体规划，对22个学校精品课程进行挖掘整理，升级改造原有的学习空间，连接学校周边的场馆资源，面向全区中小学生开放，形成区域学习中心，由此构建的城市学习中心综合体。

22个学习中心均匀分布在上城区的各个方位，其中包括面向学前幼儿的学习中心4个，面向小学生的学习中心13个，面向初中学生的学习中心5个。相对均匀的位置分布，让不同位置的学生都能就近选课，减少上学接送的负担；相对均衡的学段分布，让不同年段的学生都能享受区域内的优质教育资源（见图4-1）。

图4-1 区域学习中心分布图

22个区域按照其活动内容大致可以分为人文艺术类、科技创造类、社会实践类三大类别，下面我们分别予以介绍。

（一）人文艺术类学习中心

截至2020年年底，全区共建成7个人文艺术类学习中心，指向"文化、艺术、美学"三个维度，服务于学生全面而有个性发展。

1. 英语戏剧学习中心

位于杭州市海潮路51号，由杭州市勇进实验学校承建。英语戏剧学习中心以陈瑶名师工作坊为龙头，着力打造全面发展学生核心素养的英语戏剧学习场域。学习中心采用线上与线下相结合的教学方式，倡导体验式学习，为学生创设真实的、趣味的情境，提供课外用英语真实表达的机会和舞台，以英语戏剧表演为载体培养学生实践能力和创新能力。

071

2. 戏剧体验活动中心

位于杭州市徐家埠路50号,由杭州天地实验小学承建。戏剧体验活动中心以多元智能为指导理念,倡导学生"用身体来学习",选择国内外经典童话为主题,设计绘本阅读、角色体验、道具设计、舞台表演等学习内容,对学生进行戏剧元素训练,让学生"多一种方式"来学习,激发学生的潜能,培养活泼、乐观的品质。

3. 儿童艺术学习体验中心

位于杭州市劳动路95号,由杭州市娃哈哈小学承建。儿童艺术学习体验中心以推进儿童艺术教育、提升儿童艺术素养为宗旨。例如,开设儿童篆刻体验课程。篆刻是一门国粹艺术,随着北京奥运会会徽"中国印"被人们所熟知,篆刻成了中国的一张名片。在小学开展篆刻体验课程,是书法教育的重要组成部分,是学生感受传统文化,接受艺术熏陶的重要方式。儿童艺术学习体验中心开发一系列的精品课程,让学生感受艺术走进生活,学会在生活中寻找美和艺术。

4. 中华传统文化学习中心

位于杭州市太庙巷7号,由杭州市紫阳小学承建。中华传统文化学习中心立足于300年书院文化创建而来,形成基于传统文化的育人项目实践基地。学生在这里走进紫阳书院原址,访书院寻根铸魂,品茶韵习礼修心,惜笔墨挥毫怡情,练射艺健体明德。中心致力于连接书院传统与教育未来,整合书院旧址、书法实践基地、射击馆、茶艺室等场地优势,建立学习中心双循环体系,以期使学生达到"明德正己、习艺立志、知礼识美"的学习目标。

5. 民族游戏体验中心

位于杭州市丰家兜23-4号,由杭州市回族穆兴小学承建。民族游戏体验中心以"民族游戏"为主题,主要建设两大类课程,分别为"竞技类游戏课程"和"体验类游戏课程"。"竞技类游戏课程"主要学习我国各民族竞技类的游戏项目,如蒙古族的角力、塔塔尔族的赛跳跑、壮族的板鞋竞速等。"体验类游戏课程"主要体验各民族的民俗民风、民族艺术等内容,目前建有"民族服饰我来画""民族礼仪我来学""民族文字我来认""民族工艺我来制"等十几个子课程。通过这两大类游戏课程的开展,引领学生在游戏体验中深化对民族的理解,增进同伴间的合作交流,提升学生的艺术素养和身体素质。

6. "小河坊"社会体验活动中心

位于杭州市太庙巷62号,由杭州市紫阳幼儿园承建。"小河坊"社会体验活动中心依托幼儿园周边丰富的传统文化资源,立足幼儿发展需求,创生传统文化体验式项目课程。趣玩"小河坊"活动让幼儿在更为真实、多样化的环境中获得个性的发展,实现优质资源的区域辐射。活动利用幼儿园各个专业功能室和周边环境作为实践体验场,开设了传统手工、杭州小吃两大板块的项目学习内容,让幼儿体验简单木工、泥塑、印染、装饰、简单小吃制作等传统手工技艺,了解相关民间传说故事,感受家乡文化的丰富多彩。孩子们通过自己的亲身实践,了解传统工艺、传统小吃的独特文化魅力,引发对家乡文化的兴趣和探究欲望,在潜移默化的文化浸润中促进幼儿和谐健康地发展。

7. 绘本艺术体验学习中心

位于杭州市直吉祥巷9号,由杭州市天艺幼儿园承建。绘本艺术体验学习中心以"便捷""普及"为体验特征,以培养幼儿审美认知、审美理解、审美创造为目标。学习中心课程以《小黑鱼》《秋天的魔法》等28本绘本为内容,提取绘本中有关艺术元素、艺术表达方式、艺术主题内容,以此为基点打造以语言艺术、造型艺术、表演艺术、实用艺术四类艺术表现体验类型,每类艺术表现下分支多种艺术体验活动。绘本艺术体验学习中心活动主要面向3~6岁幼儿,并向低幼和小学一年级学生双向辐射。

(二)科技创造类学习中心

在学习中心建设的过程中,科技创造类学习中心的数量较多,共计有11个,覆盖的领域也较广,既有数学、科学学科的,也有多学科综合的。

1. 数学与科学创新研究中心

位于杭州市近江南路1号,由杭州市崇文实验学校承建。数学与科学创新研究中心为对数学、科学、信息领域有研究兴趣的学生提供定制化的服务,包括学习资源、学习指导、学习工具等方面的支持,营造适合学生个性化发展的学教环境。

2. 数学绘本阅读体验中心

位于杭州市上城区吟潮路350号,由杭州市胜利小学承建。数学绘本阅读体验中心内处处设有数学阅读角,各类数学绘本藏书近千册,阅读氛围浓厚。其中新城校区800平方米的崇文书院建有"数学绘本""数学阅读"专区,以方便接待全区小学生开展绘本阅读体验活动。中心拥有一支素质高、结构合理的教师队伍,以学校数学教师为主力,以低段教师为核心,以经验型教师为引领开展日常教学与研究活动。中心以数学知识点为核心,推行"阅读中实践、实践中创作"的思路,致力为学生带来丰富有趣、创意无限的数学学习体验。

3. 数学小实验体验中心

位于杭州市孝女路4号,由杭州市天长小学承建。数学小实验体验中心以数学实验课为载体开展活动,触发学生的好奇心和求知欲,促进学生从学习兴趣到研究志趣的迁移。在实验中,学生需要经历观察、猜测、尝试、发现、归纳、验证、推理等一系列过程。数学实验"玩学做合一"的独特性,为学生数学思维发展和操作能力的提升提供了丰富的机会。孩子们在数学小实验课程的学习过程中,保持和发展对数学的好奇心、探究热情和研究志趣;在实验过程中体验数学探究的基本过程方法,不断发展自己的数学思维,不断释放自己的潜能;形成尊重事实、乐于探究的科学态度;初步了解数学与社会的关系,初步感受数学的魅力。

4. 博·悟学习中心

位于杭州市四宜路180号,由杭州师范大学第一附属小学承建。博·悟学习中心位于杭州师范大学第一附属小学3楼阅览室内,结合阅览室丰富的图书资源以及舒适放松的环境,让学生沉浸在绘本的知识海洋里。该中心的师资主要由杭师附小的数学教师团队组成,为学生提供数学绘本阅读的机会,通过独立思考、小组合作交流、任务单探究,对绘本中的数学问题有更深入的探究。通过体验学习,激发学生对数学的学习兴趣,对数学知识形成立体的理解,让更多学生爱上数学。

5. 云栖科学实验学习中心

位于杭州市抚宁巷58号,由杭州市建兰中学承建。云栖科学实验学习中心位于建兰中学5楼云栖实验室及6楼STEAM实验室,配备传感器、金工高精设备、天文望远镜等。中心的理念是引导每一位学生在学习中找到适合自己的角色,呵护每一位学生可持续发展。在学习活动中注重学科融合,体现STEAM项目学习理念,引导学生活用知识解决学习与生活中的问题,提升综合素养。其中经典的科学实验包括STEAM创想家、流言终结者、基础科学实验、传感器及自制创新等。学生在实验室中进行实践探究,在合作中体验成功的喜悦。

6. 科学游戏体验中心

位于杭州市富春路268号,由杭州市喜洋洋幼儿园承建。科学游戏体验中心以科学教育为主要内容,配备了专业的科学实验室及各种实验设施设备和实验材料,定期面向全区3~6岁幼儿免费开放。中心以体验活动为抓手,制定个性化的游戏活动,以萌发幼儿兴趣为前提,鼓励幼儿大胆探究、积极发现、相互合作、勇于表达,在亲身体验中获得相关的科学经验。

7. STEM智慧生态学习中心

位于杭州市佑圣观路161号,由浙江省杭州市第六中学承建。STEM智慧生态学习中心以智慧农场为平台,将物联网技术和科普教育进行结合,将大自然的环境变化、植物生长等内在的科学知识渗透到学科教学,使科普学习及活动内容得以充分拓展,增强中学生对科普知识学习的积极性。培养学生对大自然的感性认识,启蒙学生对科学的探索,培养智慧教育背景下学生的生态信息素养。积极探索信息技术与学科融合教育,在实践、探究过程中实现新模式下的德育、智育、劳动教育等。

8. 新型STEM学习中心

位于杭州市银鼓路6号,由杭州市杭州中学承建。新型STEM学习中心拥有独立空间和丰富的工具,倡导学生自主学习。中心拥有Arduino传感器与电机套件、木工金工工具和木材材料等,供学生进行木工金工实践,并与智能传感结合,引导学生自主构思制作智能工具。学生的学习依托于丰富的资源,经历产生问题、选择工具、设计方案、小组合作、思考实践、创意迭代、解决问题等过程,从而提升实践与创新能力。

9. 创意智造学习中心

位于杭州市甬江路80号,由杭州市胜利实验学校承建。创意智造学习中心以项目式学习为载体,以培养学生数字化工具的使用能力、创客基本素养、团队合作能力、创新意识为目标。中心占地400平方米,划分为科技制作、劳技手工、创客空间、数字加工四大区域,可以实现小班教学、物联网体验、AI机器人探索、三维建模与打印、AR实验、激光切割、电动加工、作品路演、小组活动、成果展示等功能。中心配备了满足学生创意智造的各种工具,从开源硬件、辅助耗材、基本工具到各种各类传感器、开发板、扩展板,是一个创意智造的"梦工厂"。

10. "未来科学+"探究厅

位于杭州市江城路抚宁巷6号,由杭州市抚宁巷小学承建。"未来科学+"探究厅是抚宁巷小学借由区域整体环境提升带来的契机设计打造的区域学习中心。学校通过实践研究,背靠区域,辐射区域,设计精研"活动准备区""任务领取区""探究材料区""实践操作区""成果展示区"五大区域空间资源,针对STEM项目化学习课程开发、支持融合教学的师资组合、多元综合性评价、健全的开展路径等方面构建"四个并重"支持体系,让学生在不同区域经历多次选择,丰富科学体验,满足其个性化学习需求,促使学生更愿意与周围事物进行互动,积极构建知识体系,创造性地解决问题。

11. 魅力击剑成长中心

位于杭州市大学路69号,由杭州市大学路小学承建。魅力击剑成长中心四周交通便利,场馆面积达286平方米,可同时容纳50人开展教学;内设3条国际标准剑道、3套进口训练型裁判器、2套进口竞赛型裁判器;可提供35套专业击剑服及比赛用防护面罩,用于击剑实战体验或比赛。中心旨在通过体验活动,促进不同学校、年级学生的交流,"以剑会友",使学生拥有开阔的胸襟、健康的心理、健全的人格、乐观向上的气质和质朴高雅的品质。

(三)社会实践类学习中心

在社会实践方面,由于区域建有少年军校、学农基地等,因此社会实践类的学习中心建设较为薄弱。到目前为止,已经建成的社会实践类学习中心有4个。

1. 新劳动实践力体验中心

位于杭州市凤凰北苑9幢,由杭州市凤凰小学承建。中心内设4个坊:木工坊、编织坊、厨艺坊、纸艺坊;4个室:电器室、清洗室、管道室、修理室,为区域学生的劳动实践提供多样化的基地保障和选择式的课程菜单。通过"我是小园丁""我是巧手王""我是小木匠""我是小厨师""我是清洁师""我是修理师"等角色体验,践行"聪明长在手上"的五指课程,激发学生的学习兴趣与潜能,培养学生热爱劳动的情感。

2. 生涯启蒙体验中心

位于杭州市候潮路6号,由杭州市金都天长小学承建。生涯启蒙体验中心关注学生的兴趣特长发展,从课程、活动、测评等维度有序推进生涯启蒙教育。中心依托学校周边社区的丰富资源,与社区街道紧密合作,开设区域小学生涯体验课程,包含认识自我、走访基地、职业探秘、成长探索等,使学生在生涯体验中初步认识职业、认识自我,树立正确的现代劳动教育观,逐渐清晰自己的兴趣特长,为后续个人成长奠定基础。

3. 生涯探索体验中心

位于杭州市江城路287号,由杭州市江城中学承建。中心致力于初中阶段生涯规划体验课程的开发和实施,联合家庭、校友、高中学校等多方力量,帮助学生不断认识自己(我是谁),了解社会(要去哪),并有意识地规划当前的学习和生活,向理想的生活靠近。

4. "Active Family"亲子共育学习中心

位于杭州市钱江路凤凰北苑10号,由杭州市凤凰幼儿园承建。"Active Family"亲子共育学习中心以"全纳、全面、全人"教育理念为核心,以发展幼儿身心健康为目标,尝试打破空间、时间障碍,将学校、社区和家庭进行嫁接,创建学校、家庭、社区三者共建共育学习共同体。中心立足于科学育儿理念、幼儿家庭结构以及家长教养观念,探究开发"Active Family"亲子体艺游戏课程。

二、区域学习中心的功能特点

物理空间的建筑结构、功能划区、展品陈列、设施配备等,直接影响着对学习活动的支持性。在当前的学校教育中,学生的学习活动绝大多数时间发生在秧田式的传统教室里,而所谓的专用教室往往功能有限,固定的布局不利于激发学生的主动性。为适应新型学习方式的需要,学习中心强调围绕课程主题对学习场馆进行合理布置,营造与学习活动适切的人文环境,建设探究厅、实验室、创客空间、茶艺室等场馆,通过灵活布局、资源配置等保障学习活动的开放性。

(一)情境性

学习是在具体情境中发生的,学生的知识也是在情境中构建而来的,学生的参与动机也是在情境中激发的。通过创设真实的学习情境,引导学生以问题解决、任务驱动的方式开展学习活动,是现代教学理念的共识。传统的学习活动剥离了知识产生的真实情境,教师采用"讲授+练习"的方式传输知识,学生很难做到真正理解和灵活应用。新型学习中心提供一个真实的或仿真的学习环境,使学生从抽象世界走向具体世界。学习中心以其丰富的实物、展览、标本、模型,开展模拟、表演、实验、动手操作等实践性活动,又以现代化的声、光、电、多媒体、计算机网络技术、虚拟现实技术(VR)、增强现实(AR)的应用辅之,为学生构造或再现逼真学习情境。

1. 情境化的兴趣空间

情境化的空间有效调动学生的各种感官和学习兴趣,调动学生的生活经验和主观能动性,从而促进知识的有效建构。通过对学习中心的建筑造型、色彩色调、内部修饰等精心设计,吸引学生的注意力,特别是对于低龄段学生而言,能激发学生的求知欲和探索欲,调动学生的主观能动性。例如STEM智慧生态学习中心在校园中开辟了智慧农场,农场内绿植满园,小桥流水,而且安装了自动浇灌机、风力测试仪、土壤测试仪等智能装备,一下子就抓住了学生的注意力,让学生沉浸在绿色农业之中。再如胜利小学的数学绘本阅读体验中心,本着传承和整体素雅的设计理念,以深灰和浅灰为校园建筑主体色调,在其间理性克制地点缀胜利小学的黄色和蓝色的传统色。在连接教学单元和行政单元的公共区域,将图书馆以水滴似的椭圆形体块穿插其中,贯彻校园内外流通、空间流动的设计理念,建立无界限、开放的图书馆。图书馆内温馨静谧,书香、花香四溢,学生走进其中时心情愉悦欢欣,开始一场阅读体验之旅。

2. 情境化的经验空间

通过亲身经历获得的经验,连接着学生的主观世界与内心体验,关乎学生对知识的理解与个性发展。学习中心在场所中搭建与学习主题相关的场景、装置等,促进学生学习经验的积累,让学生跳出课堂看世界,帮助学习者从真实的情境中建构知识,并把知识转化为自己的能力。学生在真实的情境中,通过实地参观、亲身体验、自主探究以及动手操作等活动形式,激活自身的生活经验,形成与学习主题相关的知识经验。如学生在创客空间中感受智能灯控、3D打印、激光切割、物联网等科技作品,体验信息技术的功能作用。再如杭州教科所附小建设生态素养学习中心,设计建设了以污水净化为主题的水循环和以电力系统为主题的电循环两大场景。学生在参观水循环时,清晰地观察到污水处理再利用的全过程以及生物净化、物理净化的效果对比,在参观电循环时体验人力发电、电能转化等有趣的活动,感受生态系统的样态与能源转换的方式,为后续的学习活动奠定基础。

3. 情境化的文化空间

学生的全面发展离不开知识的学习,也离不开环境的浸润。美国斯坦福大学校长约旦曾说:"长长的连廊和庄重的列柱是对学生教育的一部分,四方院中每块石头都能教导人们要知道体面和诚实。"由场馆建筑的物理空间而构造的文化空间,对学生的教育起到潜移默化的作用。如"未来科学+"探究厅中实验设备摆放整洁有序,学生身着白大褂、头戴护目镜参观体验科学探究活动。整个空间弥漫着科学的严谨性和探究性,学生在其中耳濡目染,自然受到熏陶。再如中华传统文化学习中心,坐落于历史悠久的紫阳小学,前身为建于康熙四十二年(1703)的紫阳书院,是清代浙江四大书院之一。紫阳书院,地临吴山,环境幽雅,旁多名胜。书院依山而筑,建筑古朴,风光秀丽,楼台亭阁,点缀其间,富有江南庭园特色。山坡上桃李成片,梅竹成林;山坡下假山水池,绿树掩映。傍山循径而入,为层梯叠,俯视城市,万屋鳞次,远眺钱江西湖,如在襟带之间。学生身着汉服,煮茶品茗,仿佛穿越到了遥远的古代,在亭台楼阁之间感受传统文化之美。

（二）开放性

开放性是指在学习中心的空间建设中，改变传统的封闭布局，努力实现各个学习空间的相互连通；同时在学习过程中，无论是师生关系、学习方式等，也都形成一种开放自由的状态。

1. 建立开放的师生关系

空间设施的布局决定了师生的位置关系，从一定程度上体现了师生之间的权力关系。常规教室中学生排排坐，教师的讲桌和黑板位于正前方，所有学生的视线看向教师或黑板，是以教师的讲授为焦点，但是这种布局方式不利于促进师生之间、生生之间的互动。学习中心在传统布局的基础上，采用马蹄形布局、面对面布局、内外圈形布局等方式，结合多媒体中控、电子白板、屏幕等智能设备，形成多样化的师生位置关系，有利于课堂中形成师生平等、民主交流的人际关系，进而鼓励学生主动地探究与积极思考（见图4-2）。

2. 构建开放的学习场域

学习中心的场馆不局限于学校中的一个个教室，而是突破了学校的围墙，向社区、向社会、向自然无限延伸。从封闭性的学校，走向博物馆、科技

图4-2　开放的师生关系示意

馆、美术馆，再到开放性的动物园、植物园、历史遗址、生活社区，学习的场景更加开放和富于生机。例如，博·悟学习中心位于杭州古韵清波的核心位置，坐落于吴山脚下，距离西湖仅500米，无论是自然资源还是人文资源，都非常丰厚。学习中心的周围一平方公里内分布着胡庆余堂中药博物馆、于谦祠、中国财税博物馆、杭州博物馆、浙江美术馆、国防教育园等16个社会场馆。学生只需步行10分钟左右即可到达各个场馆，比较安全且管理方便，节省了时间成本和人力成本。因此，学习中心积极发挥地理位置上的近距离优势，将这些资源整合为场馆学习课程，打造"一公里学习圈"。

3. 支持开放的学习方式

学习空间在设计时充分考虑到适应不同教学法，能够根据不同的学习活动灵活调整和变化，既能支持课堂传统讲授、讲练形式的学习方式，也能支持项目式、探究式与合作式学习方式。学习中心的桌椅是灵活的，既可以设置为传统的"秧田式"，也可以根据学生分组情况进行快捷调整。教师可以利用多媒体设备营造真实的学习情境，学生可以自由使用各种数字资源和丰富的工具进行研究。教室中配备的电子白板、实物展台及学习管理系统等，支持学生把个人作品或小组成果分享给全班学生。学习中心突破了传统教室空间的限制，为学生提供了一个广阔的、丰富多彩的开放性学习环境。完善的学习空间让师生可以根据学习主题自主选择学习方式，包括基于问题的学习、基于任务的学习、基于专题的学习和基于游戏的学习等。

(三)交互性

学习空间是一个各种学习要素高度互动的活动社区。传统教学空间重视由教师到学生的单向传输通道，但对由学生到教师的信息传输通道、学生之间的信息传输通道考虑不足，导致信息传递的单向性，教师与学生之间、学生与学生之间的交互性弱。学习空间区别于传统教学空间的基本特征之一是交互性，打破教师"一言堂"现象，让学生在交往中学习，在游戏中学习，让个性化学习得以落实。学习中心在空间设计时，除了设置教学区域和辅助空间外，还特别设置多功能的活动区域，包括静思空间、游戏空间、团队交流空间等。学习空间的交互性体现在精心设计的交往空间和技术支持的环境空间。

1. 精心设计的交往空间

学习的过程也是交往的过程，只是在传统学习中师生交往并没有引起充分重视。学习中心的学生来自不同的学校、年段，不同的学习成员由于本身不同的学习与文化背景，他们之间的互动与交流对学习效果产生较大的影响。同伴、教师甚至陌生人都会对学生理解知识与信息起到一定的作用。学习空间中的同伴交往、师生交流，有利于提高学生的学习热情。学生之间、师生之间的交流互动可以促进知识的建构与迁移，让学生在亲历学习的基础上进行观察学习，拓宽知识的来源，及时修正学习过程中的错误认知。学习中心的空间多采用大多边界开敞设计，学生身处其中，不受限制，具有公共开放性。场馆建筑中重视对非正式学习空间的设计，包括个人领域、小群领域和集体领域三个领域空间。建筑中包含架空空间、廊空间、平台、室外台阶等。比如，廊空间连接建筑内部各功能空间，学生可以在课下驻足、交流、游戏，也可以布置作品展览，丰富学生获取知识的渠道（见图4-3）。

2. 技术支持的环境空间

除了学生和教师的人际互动，人与技术工具、数字资源的互动等也扮演着重要角色，共同决定着学习活动的效果。当前的学生是在数字化环境中

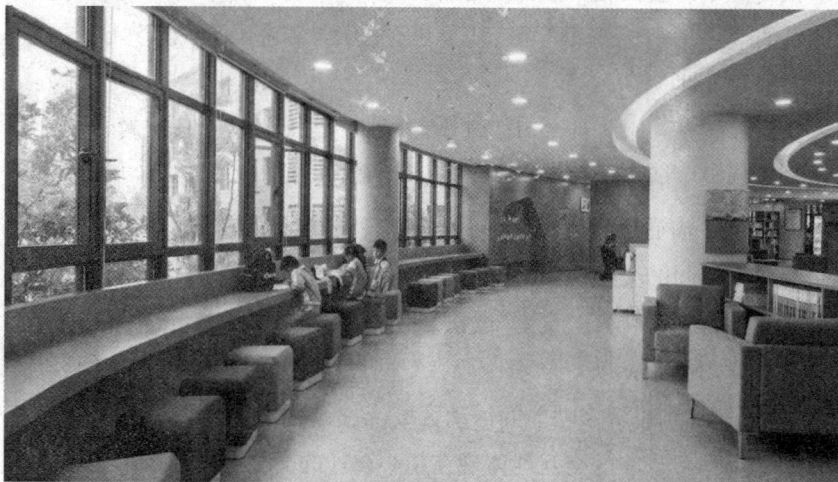

图4-3　有助于交往的开放空间

082

成长的一代,被称为"数字土著"(digital native)。"数字土著"在学习活动中更喜欢与人协作、使用技术学习,因此学习空间的建设充分考虑"数字土著"的群体学习特征,创建能够支持学生协作学习、便捷接入网络的学习环境,尊重学生的个性化需求,推动学生的个性化学习。增强现实技术、富媒体技术、传感器技术、学习分析技术等最新发展的技术为构建高交互性的学习空间提供了可能。例如,中华传统文化学习中心开发面向场所感的校园导览系统,支持学生利用移动设备探索学校场馆,开展基于探究的学习,提升学生对学习空间的依恋感和认同感等。研究表明,导览系统中的自拍发布、点赞和评论、活动打卡等功能,增强了学生与场所之间的联系,促进了学生的场所依恋;导览系统中的小导游视频讲解、全景技术、二维码扫描定位等功能,增强了学生对场所的体验,加深了对场所功能和独特性的感知,促进了学生的场所依赖;导览系统中采用历史地理信息内嵌策略,为学生提供了多维度的视觉信息补充,加深学生对学校历史文脉的感知,促进了学生的场所认同。再如,数学绘本阅读体验中心为每个教室配备电子班牌,并创造性地以电子班牌创设交互式的班级文化墙,学生可以展示个人作品和想法、查阅学习评比情况等。

三、学习中心空间建设路径

学习中心坚持学生为主体,综合功能、尺度、色彩、材质等设计要素,新建或改建原有学习空间,配备智能化设备,为学生自主学习提供信息通道和内容,真正实现了从"教室"变为"学室"的转变,把学校的优秀学习资源开放给全区学生。同时打破学校场所和社会的边界,将学习中心的空间扩大到学校以外的社区、场馆等。通过这样的学习空间重构,让学生人人、时时、处处浸润在创新教育的氛围中,帮助学生保持学习的动力与思考的好奇心,为培育创新人格和创新能力打下基础。

(一)依托学校原有特色场馆拓展的区域学习中心

在许多中小学内都有一些专门的建筑场所,并配置有专门的设施设备,或者用于学校特色项目活动的开展,或者用于学校优势领域的活动。利用这些专门的场所和设施,可以改造为区域学习中心。

杭州市紫阳小学前身是清代浙江四大书院之一的紫阳书院,处处充满了古色古香的韵味,近年来,学校充分挖掘与传承传统历史文化,致力于书香校园的打造与建设。传统文化教育一直以来都是学校重要的教育内容之一,尤其是茶文化的传承,建有专门的茶艺教室。学校利用这一场所,建设了面向区域的传统文化学习中心。

【案例4-1】 紫阳小学传承书院文化打造传统文化学习中心

杭州是一座盛产茶叶的历史古都,是我国著名的"名茶之乡"。紫阳小学始建于康熙四十二年(1703),前身为清代浙江四大书院之一的紫阳书院。从古书院到现代小学,积淀了丰厚的文化底蕴。学校在发展过程中充分挖掘书院精髓,借鉴弘扬书院的"明伦育人、善思善辩、兼容并蓄、不拘一格"等优良传统,以"自由、活泼、和美"作为学校的文化追求,确立文化立校的办学方针,将学校打造成具有书院气质的书香校园。

2013年9月,学校成为茶文化进校园基地学校后,根据民意调查,特意建立了专为茶而生的茶艺教室,让对茶有兴趣的同学能够在这里一窥茶的含义。学校于2015年下半年开始动工,最终建成一座100多平方米的古色古香的茶艺室。整个茶艺教室分为操作间、茶艺教室与外间茶艺庭院。除了充分将原有的环境资源进行有效的利用与布置以外,还根据课程实施需要,添置了开展活动时所需的茶具与用品。除此之外,操作间还配备了冰箱和茶食所要用的各种茶叶与食品。

茶画清心,书香育人,茶艺教室取名"清心阁",以"清心教育"为主题开展系列教育活动。借助茶这个媒介,以茶示礼、以茶养德,为学子和教师提供更多的展示平台与交流机会。学校还借助学习空间资源,在本校设立了茶艺周、茶艺拓展课程等丰富的学生活动,并定期向全区学生开放。

紫阳小学的这个案例,反映的就是将学校原有的一个特色项目——茶艺,以及为茶艺活动开展的专门场所变成了一个区域学习中心,为爱好传统文化学习的中小学生提供了专门的学习空间。

【案例4-2】 天地实验小学基于体验式学习建设戏剧体验活动中心

天地实验小学致力于打造满足学生体验式学习的校园,认为儿童所经历的成长体验就是"课程",如同成长道路上的一个个大大小小的站点,又如同成长日历上的一个个大大小小的节日……戏剧课程是学校的特色课程之一,遵循为未知而教,为未来而学。天地戏剧中心打造的学习空间是一个聚集美好的空间,戏剧不是仅仅发生在教室里,而是在任何好玩的、有趣的、充满学生味道的地方,这是一种生态的教育、生命力的教育。

1. 好玩的空间

玩是人的本性,是生活的本身,也是生命的本真。孩子们走进一个教室,首先看这个教室好不好玩,能不能引发一种想玩的欲望。学生们喜欢一个老师,往往也是因为这个老师会玩,而不是会说教。既然人天生就有玩的欲求和需要,戏剧校园就应该打造一种富有趣味性、寓教于乐的空间,让孩子玩出天性,玩出能力。天地实验小学有许多开展戏剧活动的教室,如天地小剧场,是上城区唯一的"三面式开放"小剧场,是上城区七色花艺术节"戏曲曲艺"专场的主舞台。

2. 看世界的空间

学习中心要为学生创造一个充满活力的探索空间,希望学生在身体探索、角色扮演、情境体验中重塑和构建学习,在难忘的戏剧体验中,读懂人生、触摸世界,可以说它就是一个窗口,给学生"看世界"的窗口。学习中心的老师们引领学生经由童话阅读进入故事戏剧情境,通过肢体律动、台词创编、配乐鉴赏、角色扮演等丰富的戏剧活动,用整个身体去深度阅读,去体验与传达故事情境及人物性格心理,去勇敢而富有创意地表现自己!

孩子们的戏剧学习不仅仅发生在教室里,在学习中心有能力、有资源的情况下,天地的校园就是孩子们学习的大教室,Cosplay、场景定格、戏剧表演、戏曲专场,各种戏剧元素都可以活跃在校园的每一个空间里。从"太空鱼"到"七彩的风车长廊"再到"太空探索艺术墙",都可以设计主题活动让孩子沉浸地去体验,去玩……

三面开放式小剧场

戏剧综合排练厅

　　戏剧不是触不可及的尖端艺术,而是充满活力的人文精神交流广场。因此戏剧校园应当是人与物的统一,人与戏的统一,人与世界的统一。中心的学习环境不是封闭的,应当是全开放的,以艺术的姿态,用同感和移情,让戏剧带着师生的体温,让每个空间都拥有自己的性格与故事,每个人都尝试"从这里"看世界。

　　3.多元发展的空间

　　天地戏剧校园资源众多,是一个多元发展的空间,学校围绕戏剧打造了"爱弥儿"电视台、"方圆"微电台、"绿幕"创作室、"领导力"剧场等学习场所,体验者能够在这些环境中选择自己喜欢的戏剧课程。戏剧体验活动的学习空间是灵活可变的,一堂课可能在这个教室上了一半,就由另一位教师带到另一个教室去进行;另一堂课开始可能是绘本故事,后面接下去的内容可能是肢体表演。

戏剧中心的活动中,教师带领着孩子们轮转体验,不同的教室,不同的空间,不同的学习内容,新奇、有趣、好玩,展现在每一个孩子的笑脸中。

杭州天地实验小学是一所以体验式学习为教育理念的学校,学校建设之初,就依据体验式学习进行设计和施工。学校建成后,又开展了以戏剧教育为主要内容的各项活动。在建设区域学习中心的过程中,充分利用了天地实验小学的原有资源,使之成为一个戏剧体验学习中心,为全区学生提供服务。

(二)基于学校原有场馆升级改造而成的区域学习中心

在上城区的一些中小学,原来就有一些专门的场馆,如蒋筑英的母校抚宁巷小学已建有科技馆。还有一些学校随着科技教育的活动开展,也建立了创客教室等场馆。但这些场馆建立之初,无论是空间布置还是设施设备,都较为简陋。在区域学习中心的建设过程中,我们对这些场馆进行了升级改造,达到符合区域学习中心的要求。

【案例4-3】 升级科创基地建立"未来科学+"探究厅

杭州市抚宁巷小学作为杭州市第二课堂基地、上城区科技实践基地,一直面向中小学开展免费的科技体验活动,至今已接待几万名杭州市中小学生来进行科技体验,也积累了一定的配套课程资源。但原有的课程较为零散,系统性、自主性、选择性较小,不便于学生进行有效探究,学校课程体系的构架也缺乏统一性。为了进一步完善学校课程群的建设,也为了更好地进行科普教育区域辐射,学校打造具有多区域探究空间,重问题情境创设,以项目式自主实践探究为主要学习方式,强调多元展示共享的学习空间,并完善其配套课程及运行模式。以此路径来创设更为广阔的学习时空,将学校的特色教学加以凸显。

"未来科学+"探究厅是为适应多种教学活动的开展,满足学生的个性化学习需求而打造的,内部设置多个活动区域,学生在不同区域经历多次选择,学习方式以学生自主探究为主,教师指导为辅。学校通过实践研究,背靠区域,辐射区域,设计精研"活动准备区""任务领取区""探究材料区""实践操作区"等区域空间资源,针对表现性系列课程开发、支持融合教学的师资组合、多元综合性评价、健全的开展路径等方面构建"四个并重"支持体系,以此带动学校学教方式的变革,初步打造完成了助力学生表现力成长的支持空间,有效地促进学教方式的变革。

活动准备区:与平时课堂教学不同,学生需要在活动准备区像科学家一样身着实验服,头戴护目镜,满满的仪式感使学生迅速进入了探究的氛围。

任务领取区:探究过程注重合作交流,在任务领取区,学生通过视频了解探究的主题,并且自主选择适合自己水平的任务,组建不同的合作团队。通过自我介绍,根据各自的特长进行任务分工。

探究材料区:学生根据探究内容进行方案设计,并根据团队的设计方案到探究材料区自主获取所需材料与工具。

实践操作区:学生在实践操作区进行合作探究,通过提供微视频、提示卡、上网查阅、名师连线、团队互助等多种学习支架满足不同水平学生的需求,促进个性化发展。此外,实践操作区内还设置了普通挑战区及终极挑战区,适合不同层次水平的学生根据自身情况来进行选择。每个操作分区都设置摄像头,可捕捉记录学生探究发现的精彩瞬间,便于教师后期的分析反馈,进一步改进项目设计。

【案例4-4】 胜利实验学校改造创客空间建设创意智造学习中心

杭州市胜利实验学校自2016年开始探索创客教育实践研究。从课程开发、活动开展、空间建设三个维度探索至今,积累了丰富的优质教育资源。学校基于创客素养的STEM实践,被评为浙江省中小学STEM教育种子学校。2019年9月,创意智造学习中心建成,旨在让胜利实验学校优质创客教育资源实现区域辐射,满足学生的发展需求。

创意智造学习中心占地400平方米。划分为科技制作、劳技手工、创客空间、数字加工四大区域,可以实现小班教学、物联网体验、AI机器人探索、三维建模与打印、AR实验、激光切割、电动加工、作品路演、小组活动、成果展示等功能。学习中心配备了满足学生创意智造的各种工具,从开源硬件、辅助耗材、基本工具到各种各类传感器、开发板、扩展板,应有尽有,是一个创意智造的"梦工厂"。空间在设计之初就将空间内的各种资源开发成学习项目,如教室内的月球灯、云朵灯,学生可以实现编程控制亮灯状态、选择颜色,各种类型的校本教材成为学生自主学习的有力支撑。在这里,学生成为资源的使用者,也是资源的开发者。学校精心设计创客学习空间,在校园中设计了BMI检测仪、楼梯拐角的防撞提醒器、音乐台阶、校园气象台等,这些项目每天都在校园中发挥作用,也成为学生校园生活的一部分。

学习中心的运营理念为:(1)开放:每天课余时间,像阅览室一样开放给学生们。在学习中心做作品就像在阅览室看书一样,到学习中心借器材就像借书一样。(2)自主:鼓励充分发扬创客精神,自主探究解决问题的方法,自学解决问题所需的知识技能,掌握正确的学习方法。(3)合作:崇尚互帮互助,小手拉小手;也欢迎家校合力,大手拉小手。

上述案例中的区域学习中心,就是对学校原有场馆进行改造后形成区域学习中心的典型。从案例中可以看出,改造后的学习中心已经能够满足情境性、开放性、互动性的功能要求,为学生提供良好的学习环境。

(三)校内外资源协同共享的区域学习中心

上城区位于杭州市主城区的核心地带,是南宋皇城所在地,有着深厚的历史底蕴和独特的区位优势,同时也是焕发着创新活力的国际化、现代化城区,蕴含着丰富的教育空间资源。如河坊街历史街区、南宋文化遗址、环西湖历史博物馆等,为区域学习中心的建设提供了丰富的资源。

【案例4-5】 杭州师范大学第一附属小学基于学习场馆构建"一公里学习圈"

杭州师范大学第一附属小学以"一图一码、四维整合、三单学习"为样态,打破学校的围墙,打造"一公里学习圈",架构与实施场馆学习。设计"穿越时空学历史、探秘自然学科学、欣赏艺术学创造、红色精神学传承"四大板块内容。通过个性任务单、互通体验单、探究共研单的"三单"学习,转变学生的学习方式,满足个性化学习的需要,建设学习共同体,提升社会交往能力,丰盈精神世界。从物质、文化、人力方面丰富了学生的学习资源,拓宽了学生的学习场域。

根据周边场馆的类型,学校将它们分为历史、自然科学、艺术、红色基地四大类。历史类场馆主要是人文历史主题和文化历史景区,重点突出"学历史"。当今社会快速发展,不仅要求学生具有国际视野,了解社会发展,同时要了解和继承本民族的优秀传统文化,还要能够将现在的学习与未来的生活紧密结合起来。了解家乡历史悠久,人才辈出,文化底蕴深厚,坚定文化自信。自然科学类场馆集中在自然博物馆、科技馆等,要凸显"学科学",通过项目研究等,让学生喜爱科学、理解科学,成为具有科学思维的人。艺术类场馆指美术馆、传统工艺博物馆等。这类课程强调引导学生欣赏艺术类博物馆及艺术展的方法,帮助学生从多角度去欣赏艺术,提高鉴赏能力,从而具备创造艺术的能力。红色基地类场馆是指爱国主义教育基地。红色文化是中华民族的优秀文化,承载着几代人崇高的理想,蕴含了社会主义核心价值观"爱国"关键词中丰富的革命精神。让学生在学习中体验、感知红色文化,争做一名热爱祖国、有远大理想的社会主义新时代小公民。

学校将这些场馆的信息制作成二维码,供学生用手机或平板进行扫描读取,帮助他们在短时间内获取期望的信息。二维码资源库的建立,对提高学生在场馆中的参观体验以及提供更多的展品带来便利。除此之外,资源库中还提供视频、数据、图像、音频或媒体组合,促进场馆与学生之间的沟通。学校使用如资料二维码等程序,将场馆的资料、特色等进行介绍,让学生做好学习的准备,在学习过程中随时可以提取信息,也可以帮助学生在学习完毕后进行拓展与延伸。

场馆类型	场馆名称	步行距离(大约)
穿越时空学历史	胡庆余堂中药博物馆	600 米
	于谦祠	700 米
	中国财税博物馆	280 米
	杭州博物馆	710 米
	孔庙	360 米
	清风研学行	1000 米
探秘自然学科学	西湖博物馆	810 米
欣赏艺术学创造	浙江美术馆	1000 米
	潘天寿纪念馆	520 米
	朱炳仁铜雕艺术博物馆	400 米
红色精神学传承	国防教育园	700 米
	人防展览馆	300 米
	云居山革命烈士纪念碑	900 米

【案例4-6】 紫阳幼儿园依托清河坊建立"小河坊"社会体验活动中心

杭州市紫阳幼儿园地处"吴山文化"圈,毗邻杭州著名的文化名街"清河坊"。幼儿园积极探索和开发具有"吴山文化"特色的园本课程,在"走进生活、触摸社会、探索发现、快乐成长"教育理念的引领下,充分挖掘周边丰富的自然与人文资源,让幼儿在丰富、自然、真实、开放和多层次的认知与探索空间里自主学习、积极探究、交往互动,直接获得身体、认知、情感态度、价值观方面的综合体验,促进了每个孩子健康和谐地发展。

"小河坊"社会体验活动中心充分利用周边景区的开放场馆,包括鼓楼木工坊、南宋陶泥坊、燕春里印染坊、王星记扇子、紫阳灯笼铺、杭州片儿川、太庙葱包桧、大马弄小馄饨、武大郎烧饼等。"小河坊"社会体验活动的形式为混龄交往、同伴互助式学习,每次游戏时间为一小时。结合周边文化特色,根据幼儿的生活经验和探究兴趣创设了"王星记扇坊""燕春里印染坊""葱包桧"等10个专业活动室,为幼儿创设直接感知、实践操作、亲身体验的机会,孩子们可自主选择熟悉和感兴趣的内容,在看看、做做、学学、说说的过程中了解本土文化、感受本土生活,在探究和发现中获得直接的感性经验。让区域内幼儿通过直接感知、实践操作、亲身体验,进一步了解杭州的本土生活和传统特色,引发他们对家乡文化的兴趣和探究欲望,为杭州的独特文化魅力感到自豪。

上述两个案例中的区域学习中心都是与校外场馆协同共建共享的,让学校、场馆和师生都受益。对博物馆而言,能有效发挥博物馆教育功能,发挥自身的资源优势与特点,实现展品的教育功能与社会效益,提升观众参与度,促进博物馆可持续发展。对学校而言,学校通过开展场馆学习活动,丰富学校的综合实践活动,加强对综合实践活动课的研修和实施。学校将博物馆资源进行整合与利用,有利于我国馆校结合教育活动的深入开展,有助于馆校双方共同构建全民学习、终身学习的学习型社会。对学生而言,参与此类活动更容易激发他们的学习兴趣,培养积极的学习态度,潜在地实现知识迁移,提高合作能力、人际交往能力等。对教师而言,馆校结合的学习活动有助于教师吸收自身不熟悉领域的知识和讲解技巧,获得更多的教学资源,丰富教师综合实践活动经验,创新教学策略并应用于未来的教学中。

第四章　空间：区域学习中心的场域建设

第二节　线上:区域学习中心的网络空间建设

随着信息技术的发展,以互联网为基础的网络空间成为学习场域中的重要组成部分。区域学习中心基于课程需要,开发微课、微课程等形式的数字教学资源,满足学生个性化学习的要求。在新冠疫情防控期间,全国开展"停课不停学、停课不停教"的在线教学活动,进一步加速了区域学习中心网络空间的建设。

网络空间的主要形式包括网络课程平台和网络社区,构成了区域学习中心的虚拟空间,与物理空间的建设相呼应,构成无缝融合学习空间,使学习者能够安全、高效地开展正式与非正式学习。

一、从教室到云端:学习中心网络课程平台

信息技术的发展使学习空间由物理空间延伸到虚拟空间,学生不仅可以在教室中与老师开展面对面的实时互动,还可以通过网络课程平台开展自主学习。在传统教育中,我们的学习虽然也有对网络学习资源的运用,如学习互联网中的微视频,但是运用的范围较少,只是对课堂活动的一种补充,其主要形式依然是以教师为中心的讲授式教学。随着移动互联网技术的普及,由网络平台构成的虚拟空间成为学习空间的重要组成部分,这一变化是未来学习的重要特征。

网络学习空间的构建消除了传统教育中标准化流程开展教学的弊端,满足学生多元化、差异化学习的需求。学习中心构建分层分类的网络课程体系,支持学生开展走班选课,为学生提供个性化的学习路径。网络课程以学习者的经验和知识水平为基础,打破学科的固有界限,以真实性问题为驱

动,通过多种形式的课程资源支持学生个性化发展。网络课程根据不同的学习主题,突破每节课40分钟的固定时长,灵活设置长短课、大小课程,形成以主动、探索、体验、创作为特征的新型学习方式。

(一)无处不在的学习场

区域学习中心的学习场域,突破物理空间的限制,超越时间和空间的隔离,让学生学习的路径更加多元,空间更加多样化。教师开始意识到不仅需要关注课堂内的教学设计,同时也需要关注课堂内外学习空间的教学组织。学校正在重新思考如何营造更广阔的校园文化,让学生随时随地地进入学习空间。学生开始在无处不在的学习场中体验移动学习、碎片化学习、探究性学习。在这个过程中,学生需要重新衡量文字、图片、视频和互动多媒体对自己学习进程的作用。同时也需要反思在移动学习过程中容易出现的碎片化和零散化的学习状态,思考如何恰当地使用。学习者从开始的猎奇心态转向合理处理学习场的各个要素。

不仅如此,学校正在设法将实体的教室融入学习场的要素,让教室能够随时记录学生的学习过程。在这个过程中,将教室与学习场无缝对接,教师在课堂上可以轻松地调用网络空间的资源和工具。

区域学习中心的学习场是分布式,包括学习中心的网络课程平台、各学习中心相关的微信公众平台以及根据学习主题建立的特色网络学习平台。这些平台支持学习中心的教师发布学习任务,分享数字教学资源,同时也支持学生发布个人作品,包括写作练习、学科成果、发明创造等,开展网络讨论等活动。疫情防控期间,区域学习中心为解决走校选课的困难,架设了网络同步课程平台,教师在课程平台上开设课程,发起报名,学生报名后形成互联网班级。教师开展线上视频授课、组织在线学习活动、发布课程资源、组织同伴互评、组织在线讨论。如科学探究中心开发的"玩转科学"周末网络亲子实验课程,以系列趣味实验为主要内容,指导学生与家长以亲子合作的方式共同进行科学探究,参与学习课程的各校学生达数百人。学生参与课程的过程中,不仅沉淀丰富的学习数据,这些数据还成为教师调整教学活动和开展学习评价的依据。实践证明,区域学习中心网络空间的建设,为打造区域创新教育特色生态圈提供了新的样态。对学生来说,网络空间为学生提供更多的表达机会。学生不仅可以在课堂上举手发言,表达自己的想法,也可以课下继续在平台上发布自己的想法。在无处不在的学习场中,学生能更多样化、多渠道地表达自己的想法,不受时空制约地进行小组讨论,更充分地使用好信息资源,更进一步地进行思想的碰撞交流。教师更容易在学习场内了解每位学生的具体状况,能够深入地践行个性化教学的教育思想,帮助更多不一样的学生。

(二)区域学习中心的网络课程

为推进区域教育优质均衡,共建共享优质教育资源,建立服务于学生个性化学习需求的综合性支撑体系,各个学习中心向全区学生开放精品网络课程,满足学生个性化、多元化需求。这些网络同步课程,在学段上覆盖幼儿园、小学和初中,课程主题涵盖数学实验、科学探索、传统文化、戏剧表演、绘本阅读、生涯规划、艺术体验等领域。全区学生可登录网络课程平台,根据自己的兴趣和需要自主选择课程,开展线上学习或混合式学习(见图4-4)。

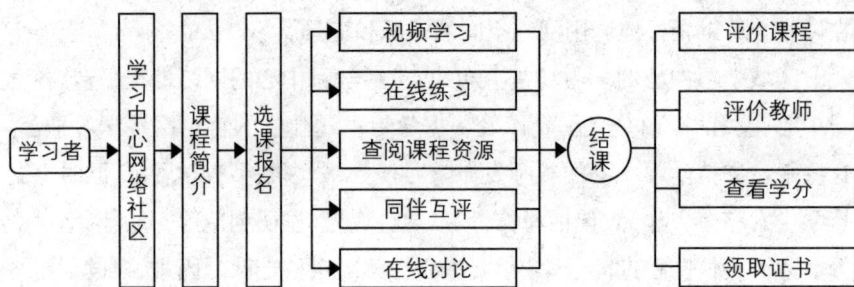

图4-4 网络课程平台的学习流程

在网络课程开发的过程中,区域学习中心根据自身的学习内容开发了相应的课程,主要如下。

1. 数学小实验体验中心"数学小实验"

课程简介:在这里,数学可以触摸,可以看见;在这里,数学需要不断尝试;在这里,数学可以操作、游戏;在这里,数学更多地可以猜测、观察、记录、归纳、推理、验证;在这里,将探索儿童无限的可能性!

2. 创意智造学习中心"玩转Pepper,趣学编程"

课程简介:Pepper机器人是全球首款情感识别机器人,它配备了语音识别技术、呈现优美姿态的关节技术以及分析表情和声调的情绪识别技术,可与人类进行交流。Pepper拥有拟人化的设计与肢体语言,能够与人交流,是一个可编程平台。本课程的目标是基于Pepper机器人的学习,普及基础编程知识,培养计算思维,基于Pepper机器人开展项目学习,培养学生跨学科解决问题的能力,提升学生的学习兴趣,鼓励探究,悦纳技术给生活带来的改变。

3. 数学与科学创新研究中心"数学创新研究"

课程简介:说到写,你是不是想到了写日记、写作文? 那你想没想过写一篇数学小论文呢? 快来加入创新研究室吧! 本课程旨在指导四至六年级学生如何进行数学领域的论文撰写。这是一个探究性极强的学习项目,老师将帮助你选择合适的数学研究主题,开展基于问题的研究活动。

4. 新劳动实践力体验中心"梧桐花圃·'蒜'你厉害"

课程简介:"梧桐花圃·'蒜'你厉害"劳动课程是小学新劳动实践力体验学习中心的核心课程之一,现面向中低段学生开设线上课程。本课程以种植大蒜为主要内容,以微课的形式指导学生探究的方向,鼓励实践劳动的方式共同进行大蒜一生的探究,感受劳动创造的魅力。

5. "Active Family"亲子共育学习中心"幼儿亲子体育游戏"

课程简介:立足于科学育儿理念、幼儿家庭结构以及家长教养观念,引导幼儿家长开展家庭亲子体育游戏活动,丰富幼儿家庭亲子体育活动的内容和形式,激发幼儿参与的兴趣,促进幼儿全面发展。该课程利用生活中常见的素材或者亲子创造"复杂地形",以培养幼儿的敏捷性、平衡性、协调性和协同合作为核心,让孩子的身体具有适应环境和突发状况的能力,助其在体育、运动及生活中成为赢家。

6. "未来科学+"探究厅"未来科学+小建筑家"

课程简介:以STEM项目化系列探究为主要教学内容,以线上与线下结合的方式给予学生探究的方向,鼓励学生像科学家一样去探究,从而感受科学的魅力。

7. 绘本艺术体验学习中心"绘本艺术体验"

课程简介:以 28 本绘本为内容,在活动设计中提取绘本中有关艺术元素或艺术主题内容,形成语言艺术(朗诵、讲故事、绘本配音等)、造型艺术(纸塑等)、表演艺术、实用艺术(儿童剧等)四类艺术表现的体验类型,每类艺术表现下,分支多种艺术体验活动,形成绘本艺术体验学习中心课程内容。

8. 科学游戏体验中心"科学游戏体验"

课程简介:围绕3～6岁幼儿感兴趣的科学内容,设计开发各类有趣的科学小游戏、小实验等,激发探究兴趣,充分保护好奇心和求知欲,鼓励幼儿在操作体验中主动发现,大胆猜测,反复试误,初步获得相关的科学经验。线上课程实现了幼儿在科学教育领域自主、灵活、多样的学习,操作方便,且不受时空限定,共享与辐射优质科学教育资源的同时提升幼儿整体科学素养。

9. 中华传统文化学习中心"中国传统文化体验"

课程简介:面向三至六年级学生开设混合式学习课程,具体包括"书院行走、翰墨飘香、茶香四溢、习射修身"四个主题,通过线下体验和线上学习的方式,以期达到"明德正己、习艺立志、知礼识美"的学习目标。

10. "小河坊"社会体验活动中心"趣玩'小河坊'"

课程简介:小伢儿们,你去过河坊街吗? 想尝试自己做个泥人、灯笼、木制小汽车吗? 或者亲自体验一下印染吗? ……那么请你来逛一逛紫阳幼儿园里的"小河坊",在这里,让我们与"泥"相遇,还有木制小汽车、"四方"宫灯、绚丽的扎染……一应俱全,让我们一起动手动脑从富有杭州特色的民间工艺中感受"土"的魅力,习得"俗"的技艺,表现"拙"的韵味吧!

11. 新型STEM学习中心"匠心工坊"

课程简介:面向初中学生,带来动手动脑的木工匠心制作课程,提供实践操作机会。在这里,你可以加深对数学、科学、工程项目的理解,提高知识迁移能力、合作动手能力及创新拓展能力,培养实事求是的科学态度。

12. 云栖科学实验学习中心"云栖科学探索之旅"

课程简介:面向初中学生,为学生提供利用科学知识解决学习生活问题的实践操作机会。在这里,你将化身为一名科学家,发现生活现象背后的科学原理,用科学家的头脑去思考,用科学家的方式去研究。

13. 生涯启蒙体验中心"生涯教育:认识自我"

课程简介:同学们,你了解自己吗? 你的性格是怎样的? 未来你想从事什么职业? ……本课程让学生从充分了解自己开始,正确认识自我,正确面对成功与失败,充分挖掘自己的潜能,让不同性格特质的学生学会正确规划自己的未来,快乐学习与生活。

14. 民族游戏体验中心"民族游戏体验"

课程简介:走进"民族游戏体验课程",它可以带领你了解各个民族的文化;增进你与小伙伴的合作交流;可以提升你的动手能力、协调能力,还可以让艺术素养和身体素养得到提升呢!

15. 生涯探索体验中心"认识自我,探索生涯"

课程简介:一个人看不到未来就把握不了现在;把握不了现在就看不到未来! 你想了解自己的志趣所在吗? 你想找到自己前进的方向吗? 你想知道如何规划自己的学习和生活吗? 本课程主要分为三个模块,包括独特的我(我是谁)、缤纷世界(我要去哪里)、规划行动(如何到达那里)。本课程通过课堂自我觉察、游戏体验、互动分享及课后实践体验活动等方式,帮助同学们认识自己的性格、兴趣、能力倾向,了解缤纷的职业世界,提升生涯规划意识和能力;激发同学们对当前学习生活的珍爱之心以及对未来生活的期待和向往,促使同学们在不断地自觉规划当前学习生活的过程中,创造属于自己的美好未来。

16. 魅力击剑成长中心"魅力击剑"

课程简介:它,集激情与胆识于一身;它,被誉为"格斗中的芭蕾";它,是强者的象征;它,正是击剑运动。"小学生魅力击剑"课程经过长达10年的实践研究,形成有序列的课程体系。不论是在赛场上还是在人生道路上,成功没有捷径,只有不断付出,才能更接近梦想! 来,我们一起击剑吧!

17. 戏剧体验活动中心"玩转童话"

课程简介:"玩转童话"小学戏剧体验课程,是在天地教育戏剧"多元智能"理念下,一种用"整个身体来学习"的创新学习模式。课程选择国内外经典故事为主题,设计绘本阅读、角色体验、道具制作、舞台表演等学习内容,让孩子"多一种方式"来学习,激发不同孩子的潜能,初步培养喜爱表演的小演员。

18. 数学绘本阅读体验中心"畅游数学绘本"

课程简介:本课程将"故事体验"和"活动体验"有效融合,开展"1+X"阅读体验模式;以"阅读中实践、实践中创作"的思路,为孩子带来丰富有趣、创意无限的数学学习体验。小朋友将与可爱的"青蛙三剑客"一起学会有规律地解决问题;追寻大狮子的脚步认识数学中有趣的图形……通过阅读绘本、体验解决数学问题的基本方法,汲取数学知识,积累数学学习经验。

19. 英语戏剧学习中心"走进英语戏剧"

课程简介:学习中心实施线上与线下相结合的教学方式,倡导体验式学习方式,能够在一定程度上创设有意义、有趣味的情境,提供学生课外用英语真实表达的机会和舞台,以英语戏剧表演为载体,培养学生实践能力和创新能力。

20. STEM智慧生态学习中心"智慧农场"

课程简介:STEM智慧生态学习中心以智慧农场为平台,将物联网技术和科普教育进行结合,培养学生对大自然的感性认识,启蒙学生对科学的探索,培养智慧教育背景下学生的生态信息素养。

21. 儿童艺术学习体验中心"好玩的篆刻"

课程简介:篆刻——这是一门国粹艺术。课程开设的目的在于让学生初步了解中国传统印章,了解印章的分类与用途,学会认识和使用篆刻工具,尝试临摹经典,并创作属于自己的印章。同时,篆刻与生活有着深深的联系,能让学生感受艺术走进生活,学会在生活中寻找美和艺术。

二、从个体到群落:区域学习中心网络社区

各个学习中心在建设与实施过程中,遇到诸多相似的问题,如课程设计、空间建设、师资培训等。为了从区域层面更好地服务与支持学习中心的建设,避免各学习中心各自为战的混乱,区域学习中心建立了网络社区,用于加强各学习中心之间的交流与合作,促进优质资源的共建共享。各学习

中心把自己的课程资料、教学案例、学生作品等信息资源发布在网络社区中,也可以查阅其他学习中心的相关资源,由此形成一个基于网络的学习共同体(见图4-5)。

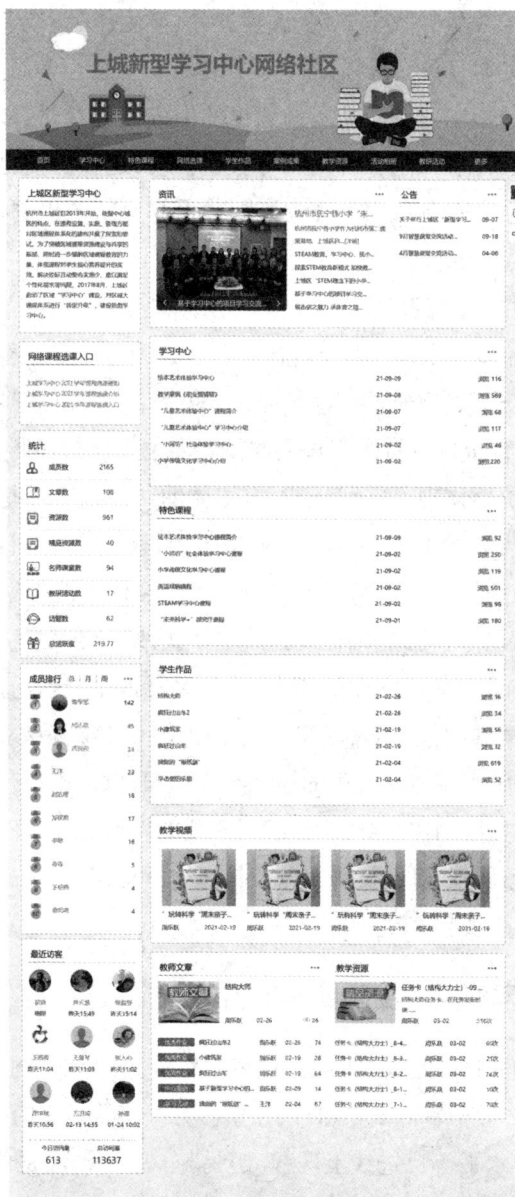

图4-5 区域学习中心网络社区的框架

101

在实践中,我们构建的区域学习中心网络社区具有两个明显的特点。

(一)优质数字资源共享

在学习中心的网络社区中,每个成员都是学习中心建设的参与者,他们在实践中沉淀了大量的教学案例、课程设计、学生作品、教学经验等。教师把这些资源以文本、声音、视频、图片等媒体方式上传至学习中心网络社区,形成区域共享的数字资源。从资源建设的生成性上看,教育管理部门定期组织课程建设、案例评比、教师培训等教研活动,这些活动也产生大量的数字资源。学习中心在区域层面建立资源建设与更新的机制,从而保证了网络社区的资源持续更新、源源不断。

(二)多元主体参与互动

资源共建的多元主体性是指广泛集合多方力量,包括学习中心的教师、学生、区域教学专家、教研部门甚至是家长共同参与,以此凝聚网络社区资源共建的力量,促成区域资源建设共同体。多主体参与强调多元合作,同时也突出个体的价值体现。实践证明,多主体的共建共享最有利于区域教育资源的发展。例如,教师把教学中的典型案例、教学设计等材料分享和展示在网络社区中,引发其他教师讨论。教师可以在他人的教学资源的基础上进行二次开发,用于自己的课程设计或教学实践。教学中学生的优秀作品和典型范例,以图片或视频的方式展示在网络社区中,这本身就是一种对学生的认可与鼓励,同时起到表率和示范作用。区域教学专家分享项目化学习、基于问题的学习等教学改革的知识经验,同时也评论教师和学生分享的资源,引导网络社区的舆论导向,组织有深度的网络交流活动。教研部门组织学习中心精品课程建设、优秀案例征集评比活动,并把优秀成果公布在网络社区中,供成员参考学习。

三、基于网络空间支持的学习创新

网络空间的搭建以及其承载的数字教育资源,为学习中心实施课程提供了更多选择。教学资源的丰富性,让学习方式有了更多的选择,学生根据个人喜好、能力水平等挑选线上课程,摆脱"全班齐步走"的统一教学步骤。基于网络空间支持的学习活动更加灵活,在推进学习个性化、教学差异化的同时,也保证了学习中心覆盖更多的学生,促进了区域教育资源的均衡。

(一)面向区域所有学生的大规模在线课程

常规的线下课堂每个班只能保障25～40名学生同时上课,受师资条件限制,学习中心的优质课程无法汇聚每位学生。教师把线下课程制作成一系列微课,在此基础上形成微课程,发布在网络课程平台上,辅之以相关的习题和在线讨论活动,供全区所有学生选修。这种在线课程几乎不受名额限制,让优质课程资源惠及更多学生。

与线下课程相比,在线课程对教师的数字媒体开发能力提出更高的要求。学生的线上学习主要以微课的形式进行,这就要求在教学课件的基础上,精心设计和制作微课程,特别是微课的教学设计,通过情境化、问题化、故事化的教学设计,激发和维持学生的学习动机,保障微课教学效果。线上课程在教学管理上,也对教师提出了新要求。线上课程虽然不存在面对面教学中的班级秩序管理等问题,但要求教师利用网络班级群组、学习平台数据等,掌握学生的学习进度和作业完成情况,及时解答学生发布在平台上的问题等。

(二)线上与线下相结合的混合式学习

混合式学习把传统学习方式的优势和数字化学习或网络学习的优势结合起来,包括线上自主学习和线下课堂学习,既发挥教师引导、启发、监控教学过程的主导作用,又能体现学生作为学习主体的主动性、积极性和创造性。混合式学习支持学习者根据自己的学习风格,自定学习进度,在网络上完成个性化学习;支持教师优化传统教学模式,开展多样化的学习活动。混合式学习的实施方式多样,可根据具体学习内容的特点和需求,寻找适合的模式,使自主学习、合作学习、探究学习等新型学习方式切实地付诸实践。

翻转课堂是混合式学习常见的应用方式。在学习中心的课程教学中,由于学习中心面向校外学生开放的课程多为短课程,常常会带来课时紧张的问题,教师在课上讲完基础知识部分后,剩下的时间不足以支持学生开展讨论和实践。为解决这一问题,教师把课程相关的基础知识以微课的形式发布在网络课程平台上,请学生在课前学习并完成线上的练习题。教师在课上根据在线练习的答题情况,了解学生的课前学习情况,引导小组交流和拓展性学习,从而获得更深层次的理解。如戏剧体验活动中心的表演课,涵盖了设计绘本阅读、角色体验、道具制作、舞台表演等学习内容,对学生进行戏剧元素训练,让不同的人有不同的智能禀赋,让孩子"多一种方式"来学习,激发不同学生的潜能,初步培养喜爱表演的小演员。为了解决课时紧张的问题,留出更多时间在课上表演和讨论,教师采用混合式学习方式,把表演的概念、方式等基础内容制作成微课,让学生课前在线学习,而把课上的时间主要用来邀请学生表演、评价学生表演等,有效提高教学的效率,让学生的表演功底更扎实。

【案例4-7】 基于"云剧场"的英语戏剧学习中心构建与实施

"云剧场"英语戏剧在线学习中心是提供学生线上进行戏剧表演、戏剧展示的空间。它将学习的时间从局限的课堂40分钟拓展到生活中。为了更好地为学生提供学习帮助,戏剧在线学习中心提供了三大空间,即戏剧欣赏空间、体验学习空间和评价共享空间。"云剧场"英语戏剧在线学习中心的设计见下图。

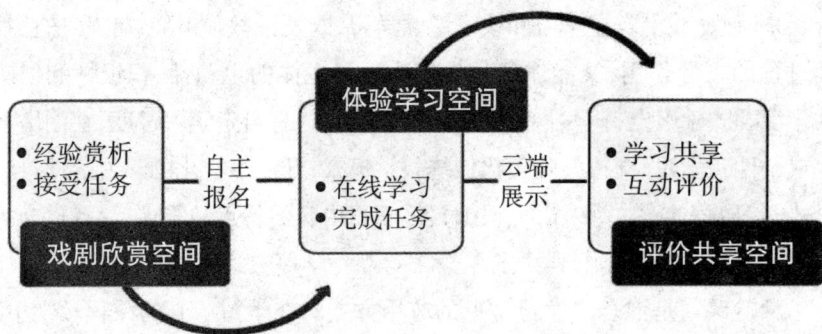

第一,戏剧推送,经典剧目在线教学。"云剧场"教学团队设计相关的在线学习课程与课后任务安排,通过网络平台发布本周线上体验课程,提供经典戏剧片段。学习结束后,学生在了解了本课程的难度和适宜年级后,可以选择接受任务完成微作品的制作。

第二，体验学习，戏剧技巧自主感悟。自主报名参加课程后，学生进入体验学习空间，进行线上观看体验，参与人物分析、角色扮演、服装设计、道具制作等，根据任务要求完成一定的戏剧表演微作品制作。他们可以随时随地打开"云剧场"学习微课程，根据自己的节奏播放或暂停，可反复播放，成为学习的主人。

第三，评价共享，回归目标共享成果。"云剧场"提供学生分享评价空间，以便学生上传微作品开展云端分享。教师团队对学生提交的微作品进行指导与实时评价，通过学习平台的数据反馈，了解学情，为后续的线上线下课程做好准备。此外，教师还可以及时收集学生对课程学习的需求，适时更新受学生欢迎的学习内容，完善学习形式。

在实践中发现，"云剧场"对学生的帮助很大。"云剧场"保留了线下小剧场的戏剧教育功能，同时具备体验门槛更低、参与度广、不受时空限制等优点，让走进"云剧场"的学生理解戏剧的意义，变"戏剧教室"为"云空间戏剧"，建立学生开展自主学习、塑造健康心理、提升创新能力的空间。"云剧场"提供学生不同于线下学习的感受体验，激发学生的自我意识，调动学习积极性和主动性；通过引导学生感受自己肢体变化、面部神态、声音变化等，保持健康心理。同时，"云剧场"也能帮助学生克服在现场上课时的局促感，放下焦虑，更好地参与到表演中来。"云剧场"创设有意义、有趣味的情境，引导学生收集更多信息来理解故事背景，思考用自己的方式更好地塑造人物形象，激发他们的创新意识，培养创新能力。

英语戏剧学习中心针对疫情防控期间师生互动难的问题，构建了英语戏剧的"云剧场"英语戏剧在线学习中心，创设戏剧欣赏、体验学习和分享评价空间；精心开发在线课程、倡导体验式学习方式，激发学生自主学习、塑造健康心理、提升创新能力。充分把握线上教学的特点，重视线下线上课程有机结合，提升戏剧在线学习中心的教学效果。

第五章
课程：区域学习中心的内容设置

    课程是"教育事业的核心，是教育运行的手段，没有课程，教育就没有了用以传达信息、表达意义、说明价值的媒介"。区域学习中心的课程是学生进行国家基础课程学习的有益补充，聚焦区域学习中心的课程建设，并以此作为贯彻落实立德树人和五育融合的重要落脚点，满足学生个性化、差异化发展的需要。本章重点阐述区域学习中心的课程设计与实施，在课程开发和践行中探索未来学习的新样态。

第一节　开发：区域学习中心的课程设计

区域学习中心的课程建设坚持以学生发展为中心的理念，以共建共享、学习要素高度互动的活动空间为育人新场域，指向学生创新创造技能等综合素养与能力的培育。在第四次工业革命中，创新、灵活性和适应变化的能力已经成为增长与创造价值的主要驱动力。创新人才是形成高效的创新生态系统不可或缺的要素之一，当前教育如何培育创新人才至关重要。创新人才需要培育其必要技能以产生新的想法，再将这些想法转化为可行的方案、产品和系统。创新能力包括好奇心、创造力、批判性思维、问题解决和系统分析。可通过三种方式予以激发：进行有趣的学习，如游戏活动等；通过数字工具培养创新技能，如线上教育和创意编程等；不同背景的学生开展合作学习，如根据适切的课程内容开展混龄学习实践。此外，学生是学习与发展的主体，教师是学习过程的组织者、引导者和促进者，他们选择教学组织模式，对学生的创新能力培育至关重要。因此，区域学习中心的课程建设强调协同、探究，以项目化学习为重要载体，探索学习任务单、混龄学习、协作学习等多种研究性学习方式，依据学习中心的课程设计的原则，从学习中心区域视角搭建课程设计的框架，具体阐述区域学习中心课程开发的路径。通过为学生提供真实的学习场域，点燃学生内在成长的驱动力，激发学生创造性潜能，推进以教为中心向以学为中心转变。

一、课程设计的原则

区域学习中心的课程不同于国家基础课程、综合实践课程与校本课程，它是聚集区域最为优质的资源，以课程内容的综合性、课程开展的实践性和课程结构的灵活性为课程设计原则,通过共建共享的形式为学生提升创新创造技能等综合素养赋能。

(一)课程内容的综合性

20世纪以后,学科的发展越来越以交叉、重叠、综合为特征,解决社会复杂问题越来越依赖于学科知识综合运用的能力。将不同学科的知识、方法和价值融会贯通的能力成为学生最核心的能力。淡化学科概念、推迟专业分工、打破学科壁垒,已经成为世界教育改革的潮流,也是我国新高考改革的重要导向。

学生解决身边真实复杂问题和理解身边的自然现象需要综合运用不同领域的知识与方法,区域学习中心的课程内容强调不同知识领域之间的相互渗透和相互联系,注重自然世界的整体性,发挥不同知识领域的教育功能和思维培养功能;注重学习内容与已有经验的结合、动手与动脑的结合、知识学习与社会实践的结合、理解自然与解决问题的结合。创设真实的问题情境,让学生在解决真实复杂问题的过程中,发展综合素养,提升创新能力。因此,区域学习中心的课程内容要体现"跨学科学习"(interdisciplinary study)的综合性。学者张华提到"跨学科学习"是整合两种或两种以上学科的观念、方法与思维方式以解决真实问题、产生跨学科理解的课程和教学取向。它既是一种以跨学科意识为核心的课程观,又是一种融综合性与探究性为一体的深度学习方式,还是一种以综合主题为基本呈现方式的特殊课程形态。它具有目的与手段的双重特性:从目的意义看,它旨在培养学生的自由人格、跨学科意识和创造性解决问题的能力;从手段意义看,它是选择、综合各种信息、知识、手段、方法以解决复杂问题的策略,以及将学科知识情境化的策略。区域学习中心的课程内容具有综合性,是产生跨学科理解、运用学科思维、实现学科整合的"跨学科学习",是一种以解决真实问题为核心的深度学习方式,与各类学科课程相互作用、相得益彰。

区域学习中心的课程内容是突破了教材、课堂和学校局限的综合性课程。传统的课程体系以现成的知识传递为目标追求,缺少对学生全面发展需要的关注和思考。而区域学习中心的课程内容还应该传递学生认识世界和解决问题的独特视角与思维方法,因此,如何通过课程体系的重构,将德智体美劳全面培育的要求有机融入教学全过程，是学习转型的首先任务。区域学习中心以课程为载体，以培养学生的创新精神和实践能力为目的，更加注重学科知识的综合运用，引导学生在掌握学科知识的同时，用学科思维思考并解释世界，促进学生全面而有个性地发展。

（二）课程开展的实践性

区域学习中心的课程设计不仅需要转变课程内容，也必须创新教学方法。强调从学生熟悉的日常生活出发，通过学生亲身经历动手、动脑等实践活动，了解解决问题的具体方法和技能，理解基本的学科知识，发现和提出生活实际中的真实复杂问题，并尝试从跨学科多角度予以解决，在实践中体验和积累认识世界的经验，学会与同伴交流、交往及合作。区域学习中心课程开展逐步探索项目学习、混合学习、合作学习、游戏化学习等多种学教方式，推进以教为中心向以学为中心转变、单学科教学向跨学科教学转变。区域学习中心需要改变以教师为中心的讲授式教学转向以学生为中心的教学，更大程度地发挥学生学习的主体性，继而实现交互性学习、个性化学习和综合性学习。区域学习中心的课程开展方式从课程本身出发，根据课程内容的综合性，采取适宜教学组织形式，达到课程内容结合的最优化，取得教学效果的最佳化。

2020年5月，学者王永固等在《教育4.0全球框架：未来学校教育与模式转变》一文中提出了五种推动教育系统创新的教学方法，详见表5-1。

表5-1　推动教育系统创新的教学方法

方法	概述
游戏化教学	游戏化教学是一种创造快乐体验的方法，包括自由玩耍、有引导地玩耍和游戏，使儿童通过积极思考和社会互动找到学习的意义
体验式教学	体验式教学是将内容集成到实际应用中的一种方法，包括基于项目的学习和基于探究的学习
与计算机有关的教学	与计算机有关的教学是一种支持解决问题的方法，使学生能够理解计算机是如何解决问题的

方法	概述
具身化教学	具身化教学是一种通过活动将身体融入学习过程的方法
多元文化教学	多元文化教学是一种注重语言多样性、多种使用和分享方式，并将学习与文化意识联系起来的方法

区域学习中心基于以上五种方法，以项目化学习方式为主，其他学习方式为辅。明确了小学段学习中心以"动手、动脑"探究性活动为主，初中阶段学习中心以"创意、创作"项目化学习为主的指导方针。在此基础上，鼓励各区域学习中心完善课程纲要，并通过建立区域审查机制，提升课程实施的规范性和科学性。例如，科学游戏体验中心采用游戏化教学方法，引导学生进行探索反思；"小河坊"社会体验活动中心将多个科目整合到侧重于体验的项目中进行体验式教学；创意智造学习中心借助信息技术手段解决问题；戏剧体验活动中心通过戏剧体验将身体融入学习过程中；中华传统文化学习中心利用多元文化的教学方法，提升学生的学习动机水平、自尊、人际交往和跨文化意识。在课程实施过程中，学习中心积极倡导项目化和问题解决学习，通过实验、操作、文字艺术表达、调研交流等方式，引导学生积极思考，主动探究，提高创新素养。

（三）课程结构的灵活性

随着信息社会的到来，多元化将取代标准化、同步化，要求课程结构具有更大的灵活性。区域学习中心开设的课程内容揭示各门学科所反映的客观事物的内在联系和知识的结构，经过精选并依据学生的认知结构特点加以组织，设置多类型、多层次的课程结构以适应不同学生的不同兴趣。区域学习中心的课程设置考虑区域资源、学校特色和中心优势，主题明确，模块安排具有系列性，小学、幼儿园课程应注重启蒙教育及兴趣培养，初中课程应注重创新思维和创新能力培养。区域学习中心的课程结构无论是课程的类型、选课的方式还是教师授课的形式，都给予学生较大的自由选择空间。同一类别课程为学生提供多种课程，不同层次、不同要求的学生都可以选择自己需要或爱好的课程。区域学习中心课程结构的灵活性,一方面是为了保证学生培养的多层次性,引导学生在某一方面形成自己的兴趣和特色。不但拓宽了学生的视野,增加了学生知识的厚度和宽度,提高了学生的认知能力,也为今后在实践活动中形成创新性的观点打下了基础,提升创新创造技能。另一方面是为了能更好地兼顾到不同类型学生的特点和专长,让区域每位学生都能够按照各自的意愿和兴趣去发展,满足学生个性化发展的需要。

在课程时长安排上,根据不同课程主题的特点,突破固定课时安排,灵活设置长短课、大小课和阶段性的挑战课程,也给予学生在一定范围内选课的自由,在自主探究和问题解决中实现实践创新能力的可持续发展。例如,创意智造学习中心的课程由四个单元组成,"让灯亮起来"中功能各异的灯、用各种方法控制灯各一课时,"数字加工"中三维建模、激光切割各一课时,有能力的学生将挑战难度更大的"猜拳神器"和"创意智造",安排为四课时。

在课程形式上,采取灵活多样的课程形式,如体验式课程、模块化课程、单元式课程,使课程学习更具灵活性和弹性化。民族游戏体验中心课程以菜单的形式供学生选择,根据学生的不同需求,推出"两课时课程"和"多课时课程"两大类。其中多课时课程是指学生可以连续选择三周的学习,每周学习二课时,共计六课时。

在课程场域上,探索和实践网络同步课程,发挥线上学习的优势,探索混合式学习模式,采取区域组织引领,学校组织学生自主报名,分批次参与线下学习活动,培养学生自主学习能力。如科学游戏体验中心开发的"玩转科学"周末网络亲子实验课程,以系列趣味实验为主要内容,指导学生与家长以亲子合作的方式共同进行科学探究,参与学习课程各校学生达数百人,收到了较好的效果。虚拟学习中心的出现,为打造区域创新教育特色生态圈提供了新的样态。

二、课程设计的框架

依据课程内容的综合性、课程开展的实践性和课程结构的灵活性,遵循国家的教育方针,充分考虑区域学生的年龄特点与认知规律。区域学习中心的课程以提升学生创新创造技能等综合素养与能力为宗旨,从区域视角进行整合与统筹,整体规划课程建设的框架,区域学习中心课程设计经历局部探索、系统推进到区域辐射三个阶段,区域学习中心最终形成了以"科技创新""人文艺术"和"社会实践"三大类型的课程群,即"1＋3＋N"的课程建设框架。

(一)课程建设的历程

2011年,为了从区域层面来保证学生享有高质量的课程资源,依据区域的具体情况,把对学生发展产生影响的各种因素及资源进行整合开发,构建成系统安排的课程实施过程以及课程管理与评价等系统化的安排,形成了区域大课程,对区域大课程进行意义重建与内容重构。区域大课程具有地域性、针对性、适切性等特点。从课程内容、顶层设计、实施建议等维度,明确了区域课程建设中的实践路径和科学方法,为区域学习中心的课程建设提供有力保障。课程进行局部探索,涵盖了生存、拓展、特长、体验四个领域,建设安全教育、课外阅读课程、艺术基地课程、国防教育课程等14个课程。通过基地实践和独立开发重点突破这四个领域的课程,从顶层设计形成区域课程建设指南、多种协同方式开展课程项目研发和专项会议协助推进课程的设计与操作要求,关注学生与生活密切相联系的问题,发展特长、关注个性、激活童趣,如图5-1所示。

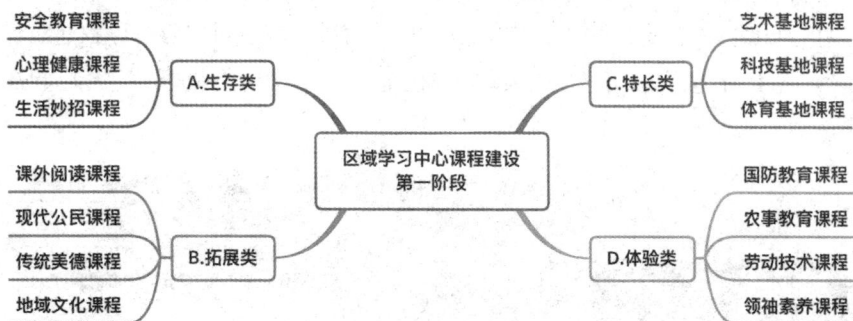

图5-1　区域学习中心课程建设局部探索阶段

从2017年8月开始,区域谋划第二轮学习中心建设的整体规划,对一些学校的精品课程进行挖掘整理,上升到区域共享课程。如图5-2所示,课程建设从"实践体验""学科拓展"和"文化艺术"三大类别着手,区域学习中心重点培育"未来科学＋"探究厅、创意智造学习中心等12个学习中心的课程建设,通过系统化地推进,形成了丰富的课程资源,为区域学习中心的课程建设奠定了良好基础。

2018年8月,区域对"学习中心"的定位、功能与实施有了进一步思考,在前期课程建设的基础上,完善科技创新、人文艺术和社会实践三大类别学习中心的课程建构,重点培育新增的10个学习中心。2019年,全区共22个学习中心建设完成并投入使用,做到全区开放、共享,由此形成了"1＋3＋22"基于"学习中心"的课程建设框架(见图5-3),实现为每个孩子提供个性化的高品质服务的价值取向。2020年的新冠疫情对学习中心的课程实施和学习方式带来了前所未有的挑战,为此,区域层面与省教育技术中心合作,建设以学习资源、诊断评价和匹配推送为特征的上城区学习中心虚拟网校,实现以信息化推动学习中心学教方式变革,继续完善区域学习中心的课程建设。

综上所述,区域学习中心课程建设的三个阶段是有机联系、螺旋上升

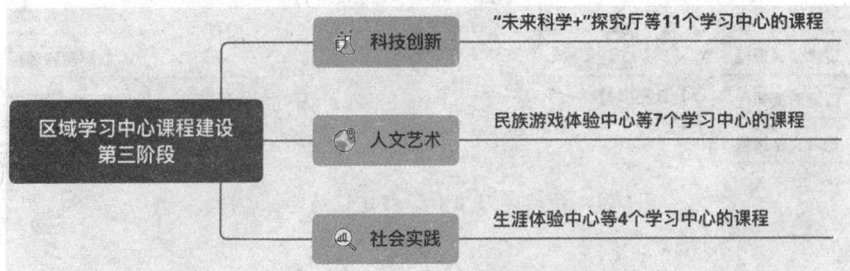

图5-3　区域学习中心课程建设区域辐射阶段

114

的,后一个阶段基于前一个阶段课程实践的优化提升,践行五育融合理念、指向学生创新素养提升的区域学习中心课程建设逐步完善。

(二)课程建设的构架

区域学习中心课程建设旨在提升学生核心素养,学生应具备的能够适应终身发展和社会发展需要的必备品格和关键能力,也是适应世界教育改革发展趋势、提升我国教育国际竞争力的迫切需要。中国学生发展核心素养以培育"全面发展的人"为核心,分为文化基础、自主发展、社会参与3个方面,综合表现为人文底蕴、科学精神、学会学习、健康生活、责任担当和实践创新六大素养。基于中国学生发展核心素养的内容,区域学习中心的课程建设以科技创新、人文艺术和社会实践三大类别构成课程建设的整体框架。

2020年10月中共中央、国务院印发了《深化新时代教育评价改革总体方案》,该方案特别强调"以德为先、能力为重、全面发展"的全人发展理念,"创新人才"在新时代背景下的新定义明确为"德智体美劳全面发展的人才"。区域学习中心课程建设以学生喜闻乐见的科技项目作为推进创新教育和创新人才培养的载体,把培育学生的创新意识、弘扬创新精神、增强创新能力作为区域学习中心课程建设的重要任务。"科技创新"类课程主要涉及科技制作、问题解决、适应挑战、技术应用等方面所形成的实践能力和创新意识,以项目化学习为主要学习方式,注重合作学习和个体实践的有机融合,重点关注学生在学习、理解、运用科学知识和技能等方面所形成的价值标准、思维方式和行为表现,具体包括理性思维、批判质疑、勇于探究等基本要点。

党的十八大以来,以习近平同志为核心的党中央高度重视学校美育工作,作出一系列重大决策部署。习近平总书记在全国教育大会上强调,要全面加强和改进学校美育,坚持以美育人、以美化人、以美培元,提高学生审美和人文素养。总书记在考察清华大学时又专门强调,"美术、艺术、科学、技术相辅相成、相互促进、相得益彰"。区域学习中心课程建设中的"人文艺术"类课程为实施素质教育、改进美育教学、提高学生审美和人文素养起到重要作用,作为学校人文艺术的补充课程,促进学生全面、健康地成长。以具身学习为主要学习方式,涉及到学生在学习、理解、运用人文领域知识和技能等方面所形成的基本能力、情感态度和价值取向,具体包括人文积淀、人文情怀和审美情趣等基本要点。

2017年发布《中小学综合实践活动课程指导纲要》,2020年出台《大中小学劳动教育指导纲要(试行)》等文件,分别从研学实践、综合实践、劳动实践等方面加强对社会实践活动的指导,注重知行统一,深入推进中小学实践育人,不断完善实践育人体系。区域学习中心课程建设中的"社会实践"类课程,旨在学生以学科知识为依托,把学科知识直接或间接地运用于社会实践活动,从而了解社会,认识社会,关注社会,为将来成为一名合格公民作好准备。具体指通过展开社会调查、感受劳动体验和参与实践活动,使学生接受社会训练,体验社会角色,以实践体验为主要学习方式,主要涉及到学生在认识自我、发展身心、规划人生等生涯方面的综合表现;劳动体验的过程中树立正确的劳动观点和劳动态度;培育学生在处理个人与伙伴、个人与社会、个人与国家等关系方面所形成的情感态度、价值取向和行为方式,具体包括社会责任、国家认同等基本要点。

我们认为新时代创新人才应具备"科技创新"技能、"人文艺术"情怀和"社会实践"经验的三方面素养特质,这三方面的素养特质与学生核心素养的六大素养相一致。各素养之间相互联系、互相补充、相互促进,各素养对应的课程类型在不同情境中整体发挥作用。上城区区域学习中心践行五育融合理念,丰富的课程建设,融合先进的教育理念和现代技术的个性化、定制化的学习共同体,共筑未来高品质教育。在区域学习中心课程建设过程中,我们始终坚持"为每个孩子提供个性化的高品质服务"为价值取向,以无边界学习为理念,积极依托社会、家庭的资源力量,共同构建支持科技创新、人文艺术和社会实践三大类别的优质课程生态,为孩子提供更广阔的学习空间。立足于科技创新、人文艺术和社会实践三大类别的22个学习中心建设"N"个课程,如图5-4所示,形成"1+3+N"课程建设框架,完善学习中心集群,为学生个性化成长提供丰富的课程。

我们对区域学习中心的定义是以师生共建共享、优化配置优质资源为目标,以能够实现无边界学习为指向,促进人与空间环境、学习资源、智能技术的充分交互,服务于学生全面而有个性发展的复合式学习空间。以儿童本位为支点,推动区域内各学校在教育资源配置方面实现开放共享,促进每

```
                    ┌─────────────────────────────┐
                    │   "1+3+N"课程建设            │
                    └─────────────────────────────┘
                                    │
          ┌─────────────────────────┼─────────────────────────┐
          │                         │                         │
    ┌──────────┐              ┌──────────┐              ┌──────────┐
    │ 科技创新 │              │ 人文艺术 │              │ 社会实践 │
    └──────────┘              └──────────┘              └──────────┘
```

科技创新	人文艺术	社会实践
数学绘本阅读体验课程	绘本艺术体验课程	悦耕园趣味种植课程
STEM智慧生态课程	中药传习课程	生涯规划之遇见未来
"未来科学+"课程	英语戏剧课程	亲子创意活动课程
趣味实验小达人	民族游戏课程	贝壳王国探趣
数学小实验课程	翰墨飘香课程	职业小能人
创新研究室课程	习射修身课程	小小纳税人
STEM工匠课程	"趣玩"小河坊	魅力击剑
AI+创意智造	小巷寻踪课程	……
STEM创想家	茶文化课程	
探秘物联网	趣味篆刻	
创客入门	玩转童话	
结构大师	……	
……		

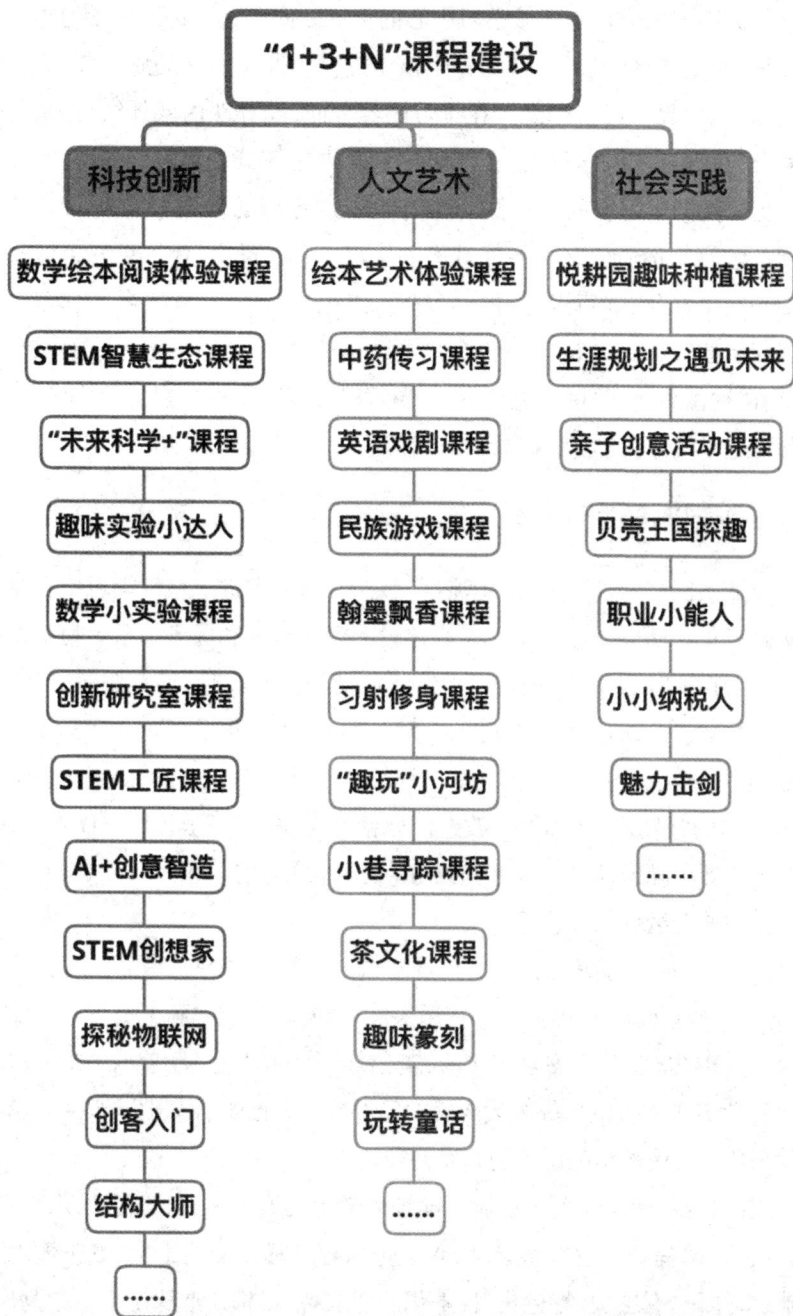

图5-4 区域学习中心"1+3+N"课程建设框架

个孩子健康快乐成长是区域学习中心的价值取向。在推进区域学习中心建设过程中，上城区始终坚持"为每个孩子提供个性化的高品质服务"为价值取向，以无边界学习为理念。在学习内容方面，探寻课内课外结合、学科之间融合；在信息技术方面，线上与线下、正式与非正式学习共同支持，为孩子提供更广阔的学习空间，同时还积极依托社会家庭的资源力量，共同构建支持创新教育的优质生态。在区域推进学习中心建设中，为了更好地体现学习中心的多样化，践行五育融合的理念，组织专业力量，深入各个学习中心开展课程建设方案的指导和学教方式的诊断服务，区域学习中心的课程建设具有"站位高""视野广"等特点，即课程建设以学生核心素养为出发点，由点到面进行整体构建。

三、课程开发的路径

为加大区域推进的力度，上城区制定了《深入推进上城区学习中心建设的实施意见》，明确了区域学习中心建设的理念目标和任务体系。精心设计区域学习中心建设标准，明确学习中心的建设空间设计、教育服务、组织管理3大方面10个维度25个指标的日常工作要求，为建设面向全区开放的区域学习中心提供标准化操作指南。区域学习中心"1＋3＋22"课程建设中的22个课程的开发，主要尝试从改造区域精品课程、依托学校特色课程、自创专业优质课程和借助场馆丰富资源四个方面进行探索。

（一）改造区域精品课程

区域学习中心课程的开发，重点改造区域精品课程。精品课程具有相对成熟的课程体系、课程计划和资源保障，同时在课程实施上有丰富的实践经验。如STEM智慧生态学习中心、英语戏剧学习中心、数学小实验体验中心和科学游戏体验中心等改造区域精品课程。下面结合其中一个区域学习中心阐述改造区域精品课程的开发路径。

STEM智慧生态学习中心所在学校以学生发展为本，以课程建设为突破口，真正把课程开发权交给老师，真正把课程选择权交给学生，真正体现重基础、多样化、有层次、特色化、校本化的课程特点，构建选课走班下的"尊重学生，适度选择，更好成长"的学校课程体系。如表5-2所示，STEM智慧生态学习中心的课程是基于精品课程的改造,在区域精品课程"智慧农业(植物的一生)"上重建课程体系以便区域学生共享。

表5-2 "STEM智慧生态"课程规划

项目	内容
种植规划	测绘种植园
	种植区域划分
	绘制种植园规划图
种子萌发观察装置	探究种子萌发的条件
	种子催芽
	设计并搭建观察箱
	设计并搭建展示架
	播种种子并观察研究
设计制作植物浇水装置	植物生长与水的关系
	设计制作简易浇水装置

通过"STEM智慧生态"课程的学习,引导学生体验一系列农业活动,了解植物种植、养护的相关知识,利用科学方法观察、探究植物的生长过程,并按照工程设计思想制作植物观察装置。让学生积累农业的新知识,充分调动动手能力和工程设计能力,将科学知识、工程技术与现实种植活动相结合。本课程以提高每位学生的核心素养为总目标,同时培养学生对大自然的感性认识,启蒙学生对科学的探索,培养智慧教育背景下学生生态信息素养。积极探索信息技术与学科融合教育,在实践、探究过程中实现新模式下的德育、智育、劳动教育,在区域范围内发挥引领、带动、辐射作用。

(二)依托学校特色课程

每所学校都有各自的办学目标和办学特色,育人目标和办学特色主要是通过学校特色课程体现,不同学校依据各自资源优势开展相应的特色课程,具有较强的代表性。因此区域学习中心课程依托学校特色进行开发,更能凸显学校特色课程、发挥学校资源优势。如"未来科学＋"探究厅、中华传统文化学习中心、儿童艺术学习体验中心、魅力击剑成长中心、云栖科学实验学习中心和民族游戏体验中心等学习中心的课程建设便是依托学校特色课程。下面结合其中一个区域学习中心阐述依托学校特色课程的开发路径。

民族游戏体验中心所属学校是杭州市唯一一所民族学校,致力于民族拓展课程的研究已有四年之久,建立了"基于探究性学习的微项目课程""基于学科教学的嵌入式课程""基于校园节日的体验式课程""基于环境设计的浸润式课程"和"基于游戏超市的选择性课程"这样五个子课程,在课程实施中积累了很多的经验和素材。2018学年,学校重点致力于"民族游戏"的研究,通过保留原貌,体验原汁原味的民族风情;适度改编,保留各具特色的民族特点;全新创编,丰富精彩纷呈的民族游戏这三种设计方法,探索了体验游戏、竞技游戏、创新游戏等不同的游戏内容。于2019学年建立民族游戏体验中心,表5-3是"民族游戏"课程一览表的部分内容,其中"竞技游戏"替代了原来的"主题游戏",希望引领学生在游戏中深化对民族理解的认识,增进同伴间的合作交流,提升学生动手能力、协调能力,得到艺术素养和身体素养的提升。

表5-3 "民族游戏"课程内容一览表(部分)

类别	内容		
体验游戏	民族地名我来找 民族文字我来认 民族乐器我来辨 民族建筑我来搭	民族物产我来分 民族歌曲我来唱 民族歌舞我来演 民族图案我来绘	民族礼仪我来学 民族舞蹈我来跳 民族服饰我来配 民族饮食我来尝
		......	
竞技游戏	塔塔尔族:赛跳跑 高山族:背篓球 彝族:揪耳朵跑 壮族:飞绣球	蒙古族:角力 畲族:竹竿舞 壮族:板鞋竞速 瑶族:打陀螺	藏族:大象拔河 苗族:扎高脚 傈僳族:盲人敲锣 锡伯族:射箭
		......	

类别	内容		
创新游戏	民族娃娃手拉手 神州拉力赛 民族房子跳跳跳 民族PAD游戏 民族建筑3D打印 民族文化AR ……		

（三）自创专业优质课程

课程的开发离不开教师的专业素养，教师发挥自我优势开发课程也是区域学习中心课程建设的一个重要途径，在教师专业引领下，使区域学习中心课程更加专业化。如创意智造学习中心、戏剧体验活动中心和中华传统文化学习中心等学习中心借助教师专业化优势自创优质课程。下面结合其中一个区域学习中心阐述自创专业优质课程的开发路径。

中华传统文化学习中心所属学校历史悠久，前身为建于康熙四十二年（1703）的紫阳书院，是清代浙江四大书院之一。学校以"文化立校，书香育人"为办学理念，致力于书香校园建设。结合书院文化特色，满足学生个性发展的需要，学校还开设了一系列拓展性书香课程，其中包括颇受学生欢迎的茶文化课程。茶文化课程由两个层次、一套茶艺手势操组成，详见表5-4。

表5-4　茶文化课程内容架构

层级	主题	内容
基础	茶的知识	茶史、茶类
	清香绿茶	西湖龙井茶制作工序、 沏泡（玻璃杯泡绿茶）、茶礼仪一
	三享茶事	茶诗、茶谜、茶故事
挑战	香韵红茶	九曲红梅茶制作、盖碗沏泡、茶礼仪二
	仿宋斗茶	点茶、分茶
	紫阳茶果	中式、西式茶点制作及搭配

层级	主题	内容
挑战	茶与健康	茶成分、健康茶饮料
	茶与艺术	茶席、创意
	紫阳茶宴	茶诗、山三茶会
茶艺手势操		茶礼仪、沏茶过程中双手的动作和表情以及身体变化 过程通过手势随着音乐表现的规范操作动作

　　2014年,该校副校长叶娓成为学校茶文化项目的负责人,她是一位茶艺爱好者,在茶艺方面具有较高造诣。2015年,从全校普及和社团提高入手,学校设立"少儿茶文化体验周",区域学习中心课程由叶娓副校长进行整体架构,通过"学知识、学技艺、学做人"三个方面提升学生文化涵养。用怎样的方式能够让学生们对茶感兴趣,又容易学习?带着这个问题,叶娓首创一套茶艺手势操,把泡茶的过程分解成一个个动作,帮助学生记忆。手势操是茶艺入门的基础,学生们利用中午时间,一个动作接着一个动作学习。在杭州红星剧院,来自学校的100位学生一起表演了茶艺手势操,震撼而感人。此后,手势操成为学校经典展示项目之一。

(四)借助场馆丰富资源

　　杭州历史悠久,人才辈出,文化底蕴深厚。有多座古迹、多个老字号、多家博物馆,具有丰富的人文资源,借助丰富的社会资源也是区域学习中心课程开发的有效路径。"小河坊"社会体验活动中心和博·悟学习中心借助丰富的社会资源开发区域学习中心的课程。下面结合其中一个区域学习中心阐述借助场馆丰富资源的开发路径。

　　博·悟学习中心所属学校位于吴山脚下、西子湖畔,具有得天独厚的地理优势,适合开展场馆学习。据不完全统计,学校周围一平方公里内的场馆多达十几家,为学生进行场馆学习奠定了坚实的物质基础。学生只需步行10分钟左右即可到达各个场馆,比较安全且管理方便,节省了时间成本和人力成本。因此,学校积极发挥地理位置上的近距离优势,将这些资源整合为场馆学习课程,打造"一公里学习圈",转变学生的学习方式,让学生学会学习,提升能力,发展素养。如何将这些散落的珍珠串联起来,学校想到了筛选适合儿童学习的场馆,构建辐射区域的"校园博物馆学习中心",同时开设"贝类王国"学习中心、"小小理财家"研究中心、"侏罗纪公园"体验中心和"我是军事迷"体验中心四个子项目。学校精选学习内容,有机整合丰富场馆资源,形成一张场馆学习网图,如图5-5所示。

由于各个场馆的类型、数量、馆藏、呈现方式等都不一样,因此场馆学习在内容设置上很难按照单一学科来安排,而是趋向于多学科内容的整合。这样可以拓宽学生的知识结构和形象力,引导学生多维度思考,产生具有独特视角的理解能力,引发更多研究。

图5-5 "一公里学习圈"

如图5-6所示,四大课程定位于"走出去",学生能够走出校园,进入场馆进行各种学习。穿越时空学历史分为三个板块,对应中药文化、财税文化、古典礼仪;探秘自然学科学分为两个板块,对应吴山景区和西湖博物馆,重点落在追寻遗迹、寻宝探珍、科学探索上;欣赏艺术学创造的学习内容主要集中在浙江美术馆和朱炳仁铜雕艺术馆;红色精神学传承开发设计了两条线路:清风线路定位于廉洁文化教育,红色基地定位于革命精神培养。

区域学习中心课程开发从改造区域精品课程、依托学校特色课程、自创专业优质课程和借助场馆丰富资源四个方面进行探索,区域学习中心课程开发各取所长、凸显优势,为区域学习中心的课程实施打下坚实的基础。

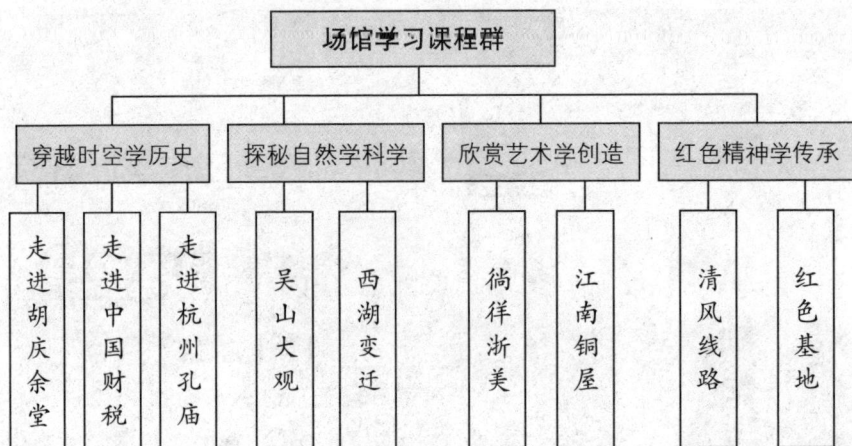

图5-6 场馆学习课程内容

124

第二节　践行：区域学习中心的课程实施

　　课程建设的实际意义有赖于切实有效的课程实施来体现。一方面，课程方案实现程度越高，课程实施得越成功；另一方面，课程实施是个复杂而动态的过程，课程设计需要根据课程实施进行调整和改变，甚至由师生在实践过程中再创造成为一种更加适切的课程方案。

　　为了保障课程的有效实施，结合各校的特点和学生的需求，区域学习中心的课程实施需在实践过程中采用创新的、适应性的教学方式，发挥各界人士对区域学习中心课程的作用，适时地对课程实施效果进行评价，在实践中积极调整和完善课程设计。

一、项目化学习：创新课程实施方式

　　三大类别的22个区域学习中心有着各自丰富的课程，但其最终目标均着眼于提升学生的综合素养，尤其是学生创新创造、合作沟通等综合素养与能力的培养。这与项目化学习的理念不谋而合，共同强调以学生为中心，指向了与人合作、能够自我学习和管理、具备批判创新精神和问题解决能力的育人目标。区域学习中心课程的实施以项目化学习为主，在解决真实情境问题时，五育融合，共享课程，发展学生。

（一）项目化学习的核心要素

　　项目化学习（Project Based Learning，PBL）起源于杜威的"做中学"及其学生克伯屈的"项目学习"（project methods），是指学生在一段时间内对与学科或跨学科相关的驱动性问题进行深入持续地探索，在调动相关知识、能力、品质等创造性地解决新问题、形成公开成果中，形成对核心知识和学习历程的深刻理解,并能够在新情境中进行迁移。

区域学习中心的课程打破了学科界限,强调动手动脑相结合的实践性实施方式,且在课程时长、形式和场域等方面都相较于传统课程更为灵活与个性,因此学生在区域学习中心的项目化学习可以理解为学生在区域学习中心创设的真实情境中,综合运用所学的知识进行合作、实践、展示、研讨、再实践、再反思等活动,努力解决各种问题,在这个过程中,学生的各方面能力得到发展与提升。

根据夏雪梅博士对项目化学习要素和维度的描述,结合区域学习中心的特点,我们认为区域学习中心的项目化学习的设计与实施主要凸显以下四个关键要素。

1. 项目素养目标

项目化学习指向的目标是综合统整的,学生在经历项目研究的过程中,达成深度理解知识、发展能力、培育态度和价值观的素养目标。设计项目的第一步便是确定项目素养目标,实施项目的全过程要以素养目标为靶心。

2. 驱动性问题

驱动性问题使整个项目活动保持持续性和一致性,它是项目化学习的核心要素,能够激发学生更好地投入学习活动中。教师需要精心设计驱动性问题,并在实施过程中呈现,让每位学生明晰。

3. 持续实践支架

项目化学习的历程是持续探究解决驱动性问题的历程,这是一个逐步深入的研究过程。为了让学生持续探究实践,教师需要设计并提供相应的学习支架。

4. 项目表现性评价

以评促学,确定项目化学习过程与结果的评估维度,并拟定代表项目化学习程度的具体可观测的行动、表演、展示、操作、写作等真实的表现,以此进行评价。

这四大关键要素并不是单向的、线性的,而是互相影响、相辅相成。项目素养目标对项目化学习有着导航定位的功能,驱动性问题直接影响到项目化学习和实践的质量高低,学习实践活动是解决问题、实现目标的重要支架,表现性评价又贯穿教学始终。四要素缺一不可,形成一个有机的项目化学习整体。

(二)项目化学习的课程实施样态

区域22个学习中心,从2018年至今已研发并实施了96个课程。各区域学习中心项目组在实践的基础上不断完善,突出学为中心的理念,从学习项目素养目标设置、创设情境提出驱动性问题、学习活动的设计与实践支架的提供、过程与结果的评价等方面深入研究,实施项目化学习,形成一系列项目化学习的课程样态。

1. 项目化学习的一般流程

项目化学习的实施始终围绕项目素养目标开展,根据项目化学习的关键要素,明确区域学习中心的项目化学习的一般流程,如图5-7所示。

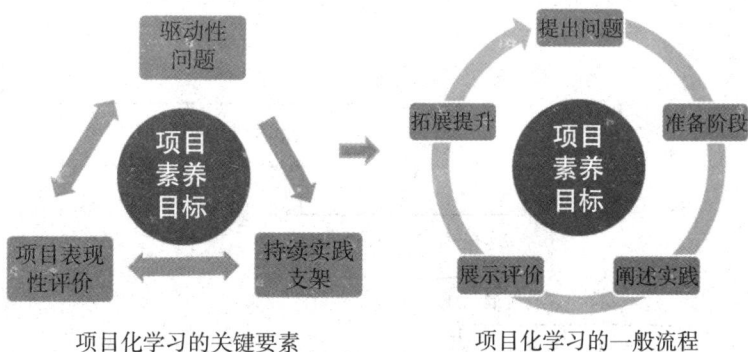

项目化学习的关键要素　　　　　项目化学习的一般流程

图5-7　从项目化学习的关键要素到项目化学习的一般流程

(1)提出问题:创设真实的问题情境,提出驱动性问题。

(2)准备阶段:学生自由组建团队,在教师提供的学习支架下,进行项目的分析、设计、讨论和调研等准备活动。

(3)阐述实践:学生进行主动探究实践,过程中教师提供学习支架,让学生持续探究,变教为学。

(4)展示评价:展示和交流学习的成果,对项目进行表现性反思和评价。

(5)拓展提升:教师提供持续学习和实践的支架,鼓励和引导学生将学习的概念或技能迁移到相关的拓展活动中,或提出新的研究问题,进一步进行实践。

当然,区域学习中心的项目化学习并非每个项目、每一节课都经历这些过程。同一个项目课程根据学生的不同特点,在课程时长、学习形式、学习场域等方面都有所区分,会形成面向本校学生的校本项目和面向外校学生的区域学习中心项目两套不同的实施方案,以满足学生个性化的需求。不同的区域学习中心也会根据自身的内容特色、教学方式、时长安排和场域设计,对项目化学习的一般流程进行适当的改编和选择,可以重点突出某一个或某几个过程,也可以重新组合学习过程。

2. 项目化学习的不同样态

区域学习中心课程实施有多种样态,根据项目化学习所覆盖的知识范围大小、项目学习的时间长短等因素,将项目化学习划分成三个不同的课程样态,从小到大分别是:微项目化学习、跨学科项目化学习、超学科项目化学习,见图5-8。

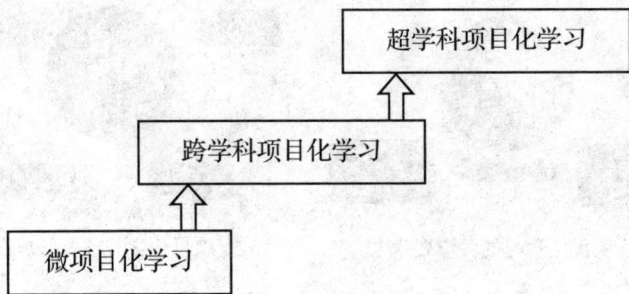

图5-8　项目化学习的不同样态

(1)微项目化学习。微项目化学习是指在一定时间内实施的项目化学习片段或在短时间内能完成的小项目,通常侧重项目化学习一般流程中的一个或几个环节。由于在真实的驱动性情境下开展的具备五个环节的项目化学习一般需要较长的时间,而在不同区域学习中心的教育教学中,往往会受限于教育资源和学习时间等客观条件。微项目化学习是各区域学习中心常用的教学方式,它不仅能凸显项目化学习以生为本的理念,又能克服教学的时限,具有一定的灵活性。

微项目化学习往往基于某一较小的领域开展,适合幼儿园或小学低段的学生开展。数学小实验体验中心面对一、二年级的学生,让学生体验基于某个真实情况的数学实验,通过不断探索,最终解决问题。其中,"巧移汽车"这一微项目借助实验教具,突破顺向思维局限,以"如何使目标小红车开到出口"为驱动性问题,通过动脑推理和动手操作,学生经历观察、分析、推理、尝试、提炼等一系列实践活动,形成解决移车问题的顺向和逆向思维策略。

又如,科学游戏体验中心围绕科学游戏,侧重科学体验、科学实践、科学探究、创意科学等小项目。"小河坊"社会体验活动中心则以区域传统文化为项目主题,进行民俗技艺等团队交往和技术使用的微项目化学习。

(2)跨学科项目化学习。与微项目化学习相比,跨学科项目化学习包含了完整的项目化学习要素和过程,它一般需要在多课多次的学习中进行,甚至联结线上学习和线下学习。跨学科项目化学习的真实情境往往较为复杂且更有挑战性,对各学科的关键概念和能力以及问题解决、创造性思维与沟通合作等综合能力也有更高的要求。区域的多个学习中心都会采用跨学科项目化学习的方式来统整一段较长时间的学习。

其中,社会实践类的区域学习中心一般是围绕着人与人、人与社会、人与自然的真实情境,关注健康生活、责任担当、实践创新等核心素养目标,利用实践探究、工具使用、团队合作、反思调控等实践支架进行项目化学习。如新劳动实践力体验中心的"梧桐花圃的规划设计"项目联合数学、科学、艺术等多学科概念和能力,以校园十景之一"悦耕园"种植区域的规划设计为驱动性问题,通过推理、计算、测量、审美、分析、决策等认知和实践策略,解决选址、周长、面积、外观等问题,形成最优的规划方案,如图5-9所示。

人文艺术类的区域学习中心则围绕语言、艺术、戏剧、传统文化等物质文化和非物质文化的主题,创设真实而有意义的情境,关注人文底蕴、社会学习等核心素养目标,利用语言、艺术、团队合作、工具使用等实践方式开展项目化学习。如英语戏剧学习中心的"小美人鱼"项目以安徒生经典童话《海的女儿》故事为载体,在剧本改编和戏剧表演的驱动性问题下,通过阅

是否靠墙	不靠墙	长边靠墙	短边靠墙	两边靠墙
图形			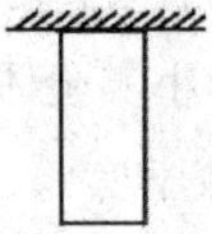	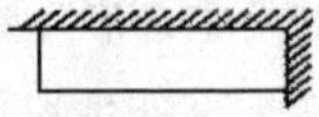
短边(米)	6	6	8	12
长边(米)	6	12	8	12
围成面积（平方米）	36	72	64	144

图 5-9 "悦耕园"种植区域的面积规划计算

读、讨论、合作、改编、创作、表演、发布等线上和线下的实践活动,完成戏剧作品的创作和呈现,使学生在真实的情境中融入角色,体验换位思考,提升英语表达能力,发展核心素养。

科技创新类的区域学习中心围绕科学、数学、技术、博物等领域的关键知识和能力展开,在各种具有真实性、复杂性和生活化的问题驱动下,从感知、体验、设计、实践、测试、调试、改进、反思等一系列实践活动中,形成能够解决问题的方案或作品等成果。如创意智造学习中心的"猜拳机器人"项目以"设计并制作猜拳神器"为驱动性问题,通过实践探究、调研分析、团队合作、软件使用、改造加工、艺术美化、反思和改进等实践支架,形成猜拳机器人的作品,掌握使用数字化工具解决问题的思维和能力。

(3)超学科项目化学习。区域学习中心的超学科项目化学习已经超越了某一类学科领域或区域学习中心类别,它融合了科学、数学、人文、艺术等多维体系,形成一个具有独创性、能在生活实践中实施推广的解决策略或作品成果。如杭州市教育科学研究所附属小学小小工程师学习中心的"一条温暖的路"项目便是超学科项目化学习的成果。学生通过同理心观察到在冬季校园结冰的路面上行走而摔跤的问题,在"建一条温暖校园路"的问题驱动下,综合运用调查研究、实地考察、科学实验、设计制作、调试改进等实践策略,结合学校周边风力较强的特点,利用楼顶的风力发电设备,将风能转化为电能、光能、热能、化学能,最终转化为热能来加热学校的路,在解决问题的同时兼顾科学环保和人文关怀,形成具有独创性的作品。

当然,区域学习中心并非只有项目化学习这一种实施方式,游戏化、体验式、具身化、多元文化等多种创新教学方法相辅相成,共同构建成区域学习中心个性化的课程实施方式,让学生体验到不一样的学习过程,并习得研究的方法,发展素养。

二、深度卷入:创新教学研讨方式

项目化学习作为区域学习中心创新的课程实施方式,打破了学科的边界,关注学生的交流合作、问题解决、批判创新等能力的培养。但在实践中仍然会存在一些问题,如校内整合实施有困难、校际互动互补少、课程探索挑战大、难以满足学生个性化需求等。课程实施方式的创新变革需要创新的教学研讨方式不断去巩固、实施和强化,在理念和实践中真正转变教师的教学理念,整合教育资源,优化教学方式,让教师深度卷入,更让学生深度卷入。

(一)学科+德育:从学科为本走向育人为本

教育的最终目标是培养完整的人,国家提出以德树人,全面发展,从关注学科本位到重视育人本位。区域学习中心的育人目标便是从全面育人、整体育人的视角考虑,倡导五育并举,德育为先。因此,区域学习中心的项目组成员既是各学科教师,更是德育教育成员,这就需要各区域学习中心内部组建一支覆盖德育管理教师、各学科专职教师和各领域专家的教研团队。各方人员的职位、学科和专业领域不同,在区域学习中心的分工和职能也各不相同。多方人员协同参与,在学科德育教研主题中不断聚焦深化,在具体实践中关注如何凸显育人价值,思考如何转变育人方式,定位如何提高育人实效,进而统整课程设计、管理、实施和改进等方面,实现"育人为本"的区域学习中心课程。

比如,科学游戏体验中心从机构设置和师资力量上进行双重整合,努力建构全面育人、立德树人的育人目标体系,高质量地进行区域开放性课程的共享。

【案例5-1】 科学游戏体验中心的育人体系

(1)机构设置

设立科学游戏体验中心组,统筹安排优质科学教育资源的共享共建,下设资源中心组、场馆中心组、研训中心组和评价中心组等工作组,这些工作组分工明确,协调互助,有计划地推进优质科学教育资源的区域化共享。

(2)师资力量

区域学习中心的人员由园长、园长助理、外聘专家、教研组长、科研组长、年级组长、后勤主管、家委会代表、全体教职员工等组成,上述人员共同参与科学游戏体验中心建设的全过程,如下图所示。

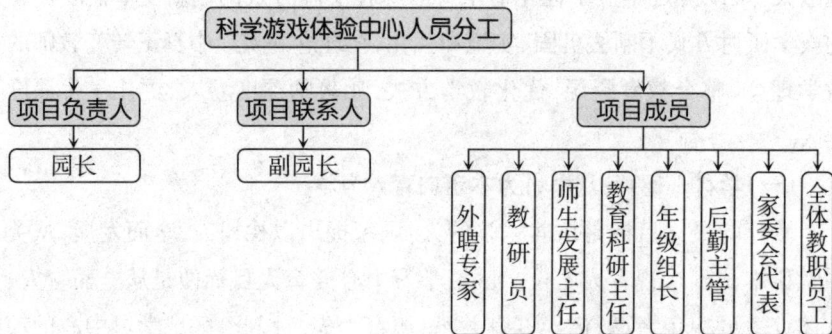

有着这样的组织架构,各区域学习中心开发的课程才能真正实现笃行养德、深度体验、全域协同的理念,聚焦核心价值观的24个关键词进行优化。如中华传统文化学习中心,以礼仪导行,让学生体悟中国传统的"礼""雅"文化;又如戏剧体验活动中心通过"剧场演艺"让学生从历史旁观者化身为角色演绎者,以亲身经历缩短学生与历史事件、英雄人物、传统文化的时空距离,引导学生发现中华传统文化之美,传承红色革命文化的精髓。

(二)学科+学科:从单科教研走向协同教研

与传统的课程实施方式相比,项目化学习经常会涉及不同学科,这不是简单的叠加,而是需要将不同学科的知识和技能进行有机的整合与融合,这就需要在教学研讨时从单科教研转变为跨学科的协同教研,突出不同学科知识之间的相互衔接与联系,以及不同学科之间教学方法、经验的相互借鉴与吸收。同时,跨学科教研更彰显灵活性与综合性,综合提高教研效率,进而促进学生综合素质的全面发展。在具体实践中,基于区域学习中心开展协同教研包括四个基本要素:主题与问题、观摩与体验、观点与探讨、综述与反馈,如图5-10所示。

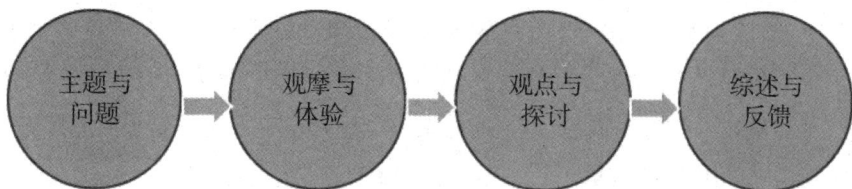

图5-10 协同教研实施要素

例如,"未来科学+"探究厅在设计施工之初就集结了科学教研员、信息技术教研员、设计师、建筑师、科学教师等多学科、多领域的专家力量,不断地交流沟通、达成共识,最终实施。在教学研讨中更是聚集了省小学科学教研员喻伯军、华东师范大学教授陈向东、杭州植物园园长余金良、浙江教育出版社副总编邱连根以及各级各区的领导和教研员们,研讨项目化学习的案例,探索项目化学习的模式与路径,促进其更优化地发展。

又如,儿童艺术学习体验中心以美育引领诸育融合,以美树德、以美增智、以美强体、以美育劳、以美创新,融合发展。因此在课程架构和实施上,他们紧密联合了各学科教师以及西泠印社、中国美术学院等专业组织和人员,通过研讨和诊断,融合课堂,从艺术、数学、体育、语文、美术、应用等多角度思考世界,欣赏美。

区域学习中心需突出综合、实践、灵活的课程,这让协同教研走向必要和必然。戏剧体验活动中心课程融合了戏剧、语文、英语、音乐、美术、信息技术等多门学科的课程内容和师资力量;创意智造学习中心课程集科学、数学、技术和艺术等学科于一体;民族游戏体验中心课程由历史、语文、艺术、体育等学科教师协同开展。

为建设高品质的区域学习中心课程,区域每月开展一次学科协同教研,组建以中心所在学校教师、学科研究员和相关学科骨干教师组成的研究团队,共同研讨区域学习中心的课程设计和实施。

(三)学科＋技术:从技术保障走向技术赋能

区域学习中心对"学科＋技术"的定义,是打破学习时空的边界,以现代教育技术实现生活与学习、问题解决与知识应用的交互生成。基于智能技术的区域学习中心所产生的学习行为数据,是研究学生学习与发展的重要数据,也成为学习分析、资源调整、效果评价的重要依据。这个过程需要技术资源与课程、课堂的灵活融通。基于区域学习中心建设,上城区细化并推广了凸显技术的教研流程,包括问题聚焦、经验分享、模仿创新和反思跟进,实施模式如图5-11所示。

图5-11 技术赋能的实施模式

例如2019年11月,在云栖科学实验学习中心组织的"基于区域学习中心的技术应用"主题教研活动由三个环节组成。第一环节是由建兰中学王艳老师、杭州第六中学夏克锋老师和周晓青博士跨校教师共同执教,联动实施项目"疯狂过山车"展示,聚焦了项目技术在课堂教学中的应用;第二环节是建兰中学陆韵副校长向大家介绍建兰大脑的应用,介绍数据的产生与分析等;第三环节是综合课程的学习,教师们就如何让技术促进学生学习展开研讨,总结经验并在实践中不断模仿创新、反思跟进。

STEM智慧生态学习中心需要运用多种信息技术,如农场安装的信息传感器用于各种农场信息的收集和分析,用信息技术设计植物名牌和二维码,用信息技术设计植物观察箱,对农场进行测绘规划等。学生在学习技术解决项目问题时,还会将相关的方法和技术应用到自己的生活问题中,从技术保障走向技术赋能,如图5-12所示。

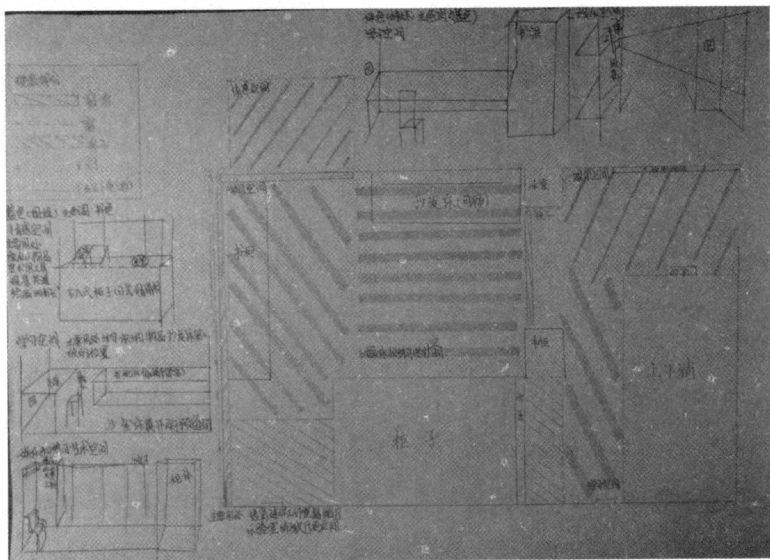

图5-12　学生将农场的规划布局应用到家庭房间的设施布局

学科＋德育、学科＋学科、学科＋技术,多方人员深度卷入的教研方式是为了实现对教师与学生的深度参与和积极变化,发挥区域优质教育资源的辐射功能。

区域学习中心的教学研讨是在多学科、多层级人员的共同协力下打磨而成,高度融合跨学科和全人教育的教学样态。教师参加这样的教研时便可以跳出自身职位或学科所带来的思维局限,将教研观察和体验到的内容与自身个人经验和思维互碰,深度卷入,积极发展。

教育的主体是学生,教研与教师深度卷入的最终目标是学生的深度参与和积极变化。在区域学习中心,学生没有学业测试的压力和被动"填鸭式"的学习,而是转为更加自主、个性、全面的学习,在项目化学习方式的引导下,投入更好的学习状态,发现更多的研究问题,进行更深入的实践研究。

三、教学评一致：创新评价方式

教、学、评一致是由目标导向的教学、学习、评价两两相一致，进而组合成一个整体，基于标准进行教学与评价，以学定教、以评价促进教与学，形成教、学、评相一致的教学模式。区域学习中心的评价是基于综合性、实践性和灵活性的课程理念开发的以生为本、以学定教的评价体系，不仅关注学生知识的测试，还重视学生能力与品德的测量；不仅重视总结性评价，还重视形成性评价；不仅由教师做出评价，还倡导学习者的自我评价和相互评价；不仅评价学生的学习，还评价课程、教师教学和教育的各个方面。

（一）以过程性评价贯穿始终

过程性评价是渗透在学习过程中的，包括学习的各个环节以及知识、能力、思维、情感等多维内容，以促进学习者发展为目的的评价方式。

评价内容上，过程性评价包括学习方式、学习过程、与学习密切相关的非智力因素等评价内容。区域的各个学习中心都非常关注这方面的评价，如"未来科学＋"探究厅将德育融入过程性评价，关注学生学习的行为规范，从规则意识、节约材料、语言文明等方面进行评价；云栖科学实验学习中心则重视学生的学习方式，从自主学习、合作学习和探究学习三种方式来评价学习的过程，并制定评价量表进行积分制评价，见表5-5。

表5-5　云栖科学实验学习中心对学生学习方式的评价量表

学生项目完成情况评价表				
	评价维度	评价内容	小点得分	项目总分
项目名称	自主学习（5×5分）	1.预习有记载、有问题，准备有序		
		2.学生自学有时间和效果		
		3.能利用工具书及网络查找信息，解决疑难问题		
		4.自主学习投入，能完成学习任务		
		5.认真思考，能及时发现问题并记录		

学生项目完成情况评价表				
评价维度		评价内容	小点得分	项目总分
合作学习 (5×5分)	1.小组成员分工明确,人人参与			
	2.小组积极进行互相讨论与学习,互帮互助			
	3.小组汇报声音洪亮,表达流畅,内容完整丰富			
	4.组间讨论认真倾听,有效点评			
	5.能顺利完成完整的学习任务			
探究学习 (10×5分)	1.能在小组内积极讨论探究性问题			
	2.能通过收集资料等途径帮助解决问题			
	3.能提出创新可行设计点,完成完整的设计图			
	4.能完成完整的创新制作任务,提交项目成果			
	5.发现问题及时纠错与反思,进步明显,能力提高			

STEM智慧生态学习中心则从项目化学习的过程和结果两个方面细化评价量规的标准,进行等级评价,见表5-6。

表5-6 STEM智慧生态学习中心对学生学习的评价量表

评价要素:项目化学习过程			
主要指标	初级	良好	优秀
分工合作	小组分工不明确,成员之间缺少沟通	小组分工模糊,成员之间有少量的沟通交流,任务完成合作度低	小组分工明确,成员之间有较多的沟通交流,能合作完成任务
设计图	缺少设计示意图,没有必要的文字、符号标记	能画出简单的设计示意图,文字、符号等标记不全	能正确画出清晰的设计示意图,有必需的尺寸、文字标示,并且标示规范

评价要素:项目化学习过程			
主要指标	初级	良好	优秀
制作模型	模型组装跟设计意图不契合,成品搭建错乱	模型组装基本达到设计意图,但还需要进一步完善	能高效地按照设计意图组装模型,并且实现了每一项要求
学生手册记录	在整个设计过程中,学生只记录了很少的细节	学生记录了大部分项目过程的细节	学生记录了设计过程的全部数据,并分析了自己作品的优缺点

评价要素:项目化学习成果			
任务一:种子观察箱			
观察箱可视性	不易观察到种子在箱中的生长情况,观察不到细节	可以观察到种子的部分生长情况,根、茎、叶只能显示部分	可以观察到大部分种子的生长细节
观察箱整体承重性	只能填入少量土壤,承重不够	能填入较多土壤,但部分箱体有不牢固的趋势	能按照种子的需求填入土壤,且承重良好
观察箱外形	箱体组装错乱,外形不够美观	箱体组装基本整齐,外形欣赏性不高	箱体组装良好,有产品化的质感
任务二:植物展示架			
展示架结构	整体尺寸与实测场地不符合,基本构型不美观	整体尺寸可放置在场地中,基本构型欣赏性不高	展示架与场地融为一体,具有欣赏性
展示架稳固性	展示架摇晃明显,不能放置重物	展示架出现摇晃,放置的重物不多	展示架稳固,填土的观察箱能全部放置在上面
展示架展示效果	观察箱在其中过大或过小,展示效果不佳	观察箱中生长情况基本能展示,但是展示架发生形变	观察箱的展示效果好,展示架也没有发生形变

这些评价量表的具体内容可能不同,但基本都瞄准了区域学习中心的素养目标,围绕着学习的过程和结果两个维度进行。

评价主体上,过程性评价有教师评价、学生自评、学生互评、家长评价等多方人员参与。例如,戏剧体验活动中心结合教师对小组、学生对自己、学生对组员的评价综合检验和反馈学生的学习效果,以促进学生对自己表现的反思,培养学生的戏剧兴趣;英语戏剧学习中心搭建了"云评价"栏目,学生将自己满意的戏剧作品上传至评价共享空间,在云端展示学习成果,发表入选宣言,这既是学习共享、展示交流的平台,又是教师点评、学生互评的媒介;"小河坊"社会体验活动中心十分注重学生对杭州本土环境、生活和文化的体验与了解,因此评价时还引进了家长的反馈和建议,了解儿童的成长和疑惑。

评价方式上,过程性评价有逸事记录、课堂观察、成长记录、个别交流、态度调查、辩论演讲、作文比赛、模型制作等。例如,魅力击剑成长中心除了对学生的参与兴趣、情绪表现、技能和策略等方面进行课堂观察与反馈外,还为每一位体验学生建立了一个成长记录袋,将学生的学习记录、学习过程和学习成果以照片或视频的形式上传至线上;数学小实验体验中心有游戏积分、星级挑战、小组竞赛等多元评价方式;科学游戏体验中心还以图文结合的方式,用比较优美的语言记录学生在区域学习中心的学习过程,及时将学习故事反馈给带队教师和幼儿家长,以便他们及时了解幼儿的体验活动全过程及体验效果。

【案例5-2】 科学游戏体验中心"爱探索的女孩"学习故事

卿卿没有从简单的三角形开始拼搭,而是直接做了一个正方形,但这个正方形不稳定,容易变形。经过认真思考,她拿出一根长棒放在正方形中间,发现图形不像四边形那么晃动了。她用同样的方法又加了一根小棒,但她似乎不满意这样的效果,一直念叨有点不稳,于是,思索着又拿出一个棒子固定在菱形的中间。"哈哈,成功啦!"

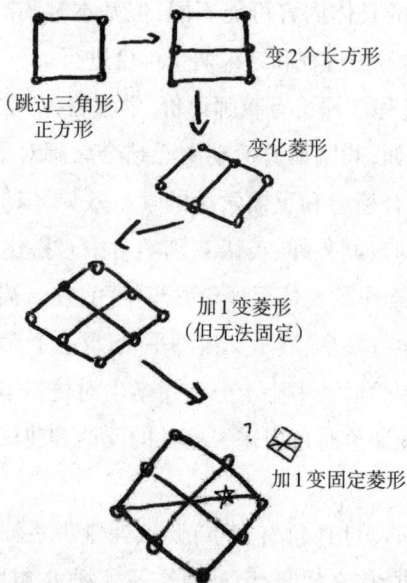

（跳过三角形）
正方形

变2个长方形

变化菱形

加1变菱形
（但无法固定）

加1变固定菱形

形状变变变是一个注重幼儿创意表达的项目，只要求拼搭出来的图形是稳固的，没有统一的标准答案。在这个项目活动中，卿卿发现自己的操作没有达到预期的效果时，便停下来思考观察，再次尝试自己想到的方法，不断进行调试。对于个别爱探索的孩子在日后的项目中还可以加大难度，通过教师的引导，鼓励他们不断探索，玩中学，学中乐。

（二）以总结性评价综合反馈

与过程性评价相比，总结性评价更具概括性和总结性，它强调学习的目标和结果，包括了对学习结果、教师教学工作和课程建设等方面的评价。

学习结果上，各个区域学习中心会对学生的学习结果进行综合性的分享、展示、评价和反思。为了让学生得到更多的学习反馈和激励，创意智造学习中心还发放区STEM研学护照，将区域学习中心的学习经历认证辐射到全区；数学与科学创新研究中心还会根据学生的表现和最后的成果，进行分层式的综合评价，将学习成果以《创新研究室论文集》入册发表、《小学生学习报》推荐发表、年级巡回演讲、创新研究室发布会主题TED演讲等多种方式，让每个孩子都有展示的机会。

教师教学上，戏剧体验活动中心从教学目标、教学内容、教学实施、教学管理来综合评价和反馈教师的教学情况；"Active Family"亲子共育学习中心则设计涵盖教学能力和育人能力的教师评价框架与星级标准，以此促进教师的反思和发展，框架如图5-13所示。

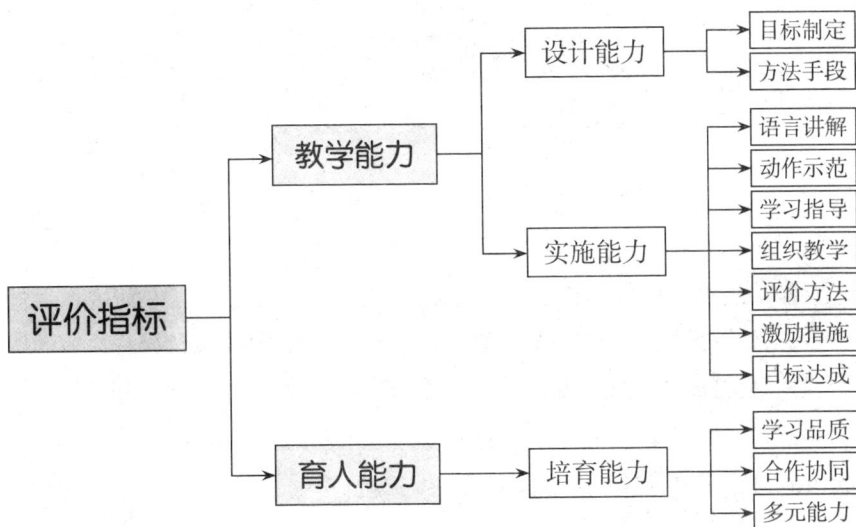

图5-13 "Active Family"亲子共育学习中心的教师评价表框架

科学游戏体验中心基于AHP理念（The Analytic Hierarchy Process，层次分析法）从教师教学能力、幼儿学习品质、课程相关资源对课程进行综合性评价，进而积极促进课程的调整和修正、教师的教和学生的学，如图5-14所示。

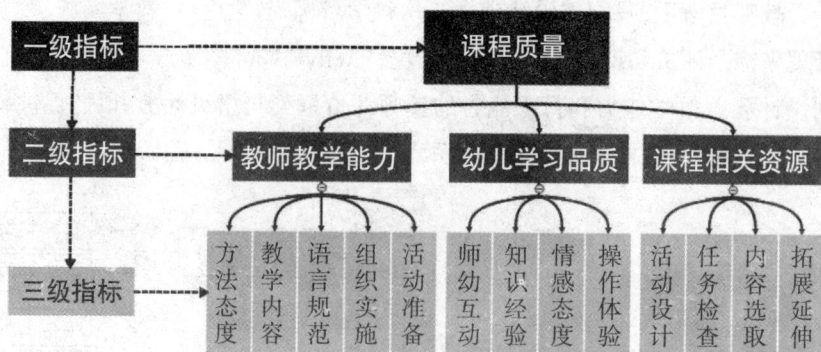

图5-14　科学游戏体验中心的课程评价体系

　　除了过程性评价和总结性评价以外,各区域学习中心还在研究增值性评价。目前,区域学习中心的课程设计和实施初有成效,围绕课程内容的综合性、课程开展的实践性和课程结构的灵活性等课程设计原则,开发形成了"1+3+22"课程体系,并在实践过程中通过创新的教学方式、探讨方式和评价方式为区域学习中心的课程实施保驾护航。

第六章
科技:指向创意智造的学习中心

随着社会进入信息化时代,科技迅猛发展。教育、医疗、交通等行业因科学技术的应用发生了翻天覆地的变化。学生在日常学习、生活中都能明显地感受到科技对人类生活的影响。在这样的背景下,只有从小培养学生良好的信息素养与科学素养,才能使学生在繁杂的现代社会中,透过各类有趣而与科学技术相关的现象,发现和揭示科学技术的本质,养成热爱科学,勤于探究的良好习惯;运用科学的思维方式和方法尝试解释并解决学习和生活中的问题;在浩瀚的信息海洋中,从容、淡定地对获得到的信息资源进行辨析整合,正确地加以评估处理;进一步地表达属于个人的想法和思维,并乐于与同伴交换分享不同的观点和信息;最终形成较强的问题解决能力和不断进取的创新精神。

科技创造类学习中心,聚焦创新创造的思维形成,关注信息赋能的技能培养,强调基于问题的合作学习,构建技术赋能下的多元互动学习空间,以"精品化课程式体验""创新性项目式预约""导师制个性化指导"三种学习样态来进行项目开展,着力引导学生以跨学科项目进行任务驱动,以真实性情境开展问题解决,以工程化思维贯穿探究实践,助力其面向未来的学习。

第一节　概述：高阶思维引领下的变式与创新

世界范围内的竞争力、综合国力的提升,其关键核心为科学技术的不断发展,而培养人才是其基础,科技进步和创新能力是增强综合国力的决定性因素,增强创新能力关系到中华民族的兴衰存亡,深度发展教育与科学,是推动文化建设持续进步的基础工程,是推动经济和社会发展的决定性因素,持续加强教育创新和科技创新,有助于发展教育事业。

一、科技创造类学习中心的内涵与特征

随着社会的高速发展,单一性、浅表性的学习已不能满足学生面向未来的学习,学生的学习应走向深度化。"深度学习"不同于传统的被动接受、灌输式的"浅层学习",它是指向学生核心发展的"深度学习",即在真实情境下的学习中,学生能运用已获得的知识与技能,通过思考、讨论、交流、互动等活动,去解决存在于身边的实际问题,从而培养学生的批判性思维、合作意识、创新精神和学习方法的迁移能力。科技创造类学习中心内涵指向的就是"深度学习",在科技创造类学习中心,深度学习的特征可以具化为:以跨学科项目进行任务驱动、以真实情境开展问题解决、以工程化思维贯穿探究实践。

(一)以跨学科项目进行任务驱动

以做中学、经验学习、高阶思维培养为特征的深度学习时代已经来临。科技创造类学习中心是基于采用跨学科项目开展,促使深度学习真实发生。与传统分科学习相比,跨学科项目化学习中融合了不同学科知识背景,学生学习时更能突出不同学科知识之间的衔接与联系,以及不同学科之间

学习方法、经验的相互借鉴与吸收。同时，跨学科项目化学习在教学内容上更彰显灵活性与综合性。在综合提高教学效率，促进学生综合素质全面发展方面更具优势。学习中心强调以学习者的经验、个体生活和核心素养为基础，打破学科界限，注重学科的融合共生。目前，上城区指向科技创造学习中心设置的课程充分体现学科融合的特点。

一个好的驱动问题是项目学习成功的一半。STEM智慧生态学习中心就以"智慧生态"为主题设计了贴合学生校园生活的项目任务，并以此来驱动学生开展自主探究。该项目将物联网技术和STEAM项目研究结合，进行园林设计、自动浇水器的制作、农耕养殖等学习实践活动，实现项目活动过程数字化、智能化支持，并对学习内容实现多维度分享和交流，有效培养学生综合能力，为培养综合型人才做一些尝试。积极探索信息技术与学科融合教育，在实践、探究过程中实现新模式下的德育、智育、劳动教育等，在区域范围内实现引领、带动、辐射作用。

（二）以真实情境开展问题解决

"教师当然须教，而尤宜致力于'导'。导者，多方设法，使学生能逐渐自求得之，卒底于不待教师教授之谓也。"叶圣陶先生这样说过。在学习中心开展的项目化学习亦是如此。教师作为学生学习的引路人，在教学中应充分激发学生的学习原动力，并引导其长时间保持这一学习积极性；通过创设符合学习内容的真实情境，有效链接学生学习与生活实际之间的联系。只有真正贴近学生生活的情景，才能帮助学生清晰地了解探究内容，从而激发学生的探究欲望，也更易形成具有"有效限制"的情景群，有明确的限制条件促使学生逐步深入地进行探究。在"做中学"，在"学中做"，让学生真正成为探究的主人，利用多元的学科知识，通过实践探究去进行实际问题的解决。

例如，杭州市教科所附小的学习中心在项目开始前，会请每位学生从目前的校园环境、校园生活出发寻找存在的问题，通过集体讨论，进一步筛选，分年级提炼出关键性问题，作为项目化学习研究的问题。只有结合学生实际生活的问题，才能最大限度地激发学生的元认知，让他们利用所学知识针对真实问题进行分析与解决。通过这样的方式让项目化学习在真实的情境中发生,转变学生学习方式,重组学生的学习时空,培养学生在真实的系列情境下,解决复杂、综合问题的能力,在问题的迭代中发展学生的高阶思维以及元认知。

(三)以工程化思维贯穿探究实践

工程设计是一个通过不断构思、建模、测试、改进、再建模,不断迭代最终解决现实问题的过程,是连接创意与产品的脚手架。完成一项工程是一个漫长复杂的过程,学生在这个过程中收获的不仅仅是相关的学科知识,更多的是技能与方法,长期以来形成的是一种为改造世界而产生的思维方式,具有极重要的价值。

云栖科学实验学习中心"疯狂过山车"项目就是将工程思维贯穿项目学习的始终,根据真实情境,学生经过前期的观察测量、实验探究,团队制定出了最符合本团队想法的项目架构,并设计出了相应的图纸。团队成员收集整合身边能获取的资源,按照设计图制作模型。模型制作过程中,也会与图纸发生偏差、遇到新的问题。如设计图纸中的一环,在现实中无法实现怎么办?原先设想的方案实际效果并不好怎么办?计划中的材料现实无法找到怎么办?这个过程是学生不断迭代成果、发展思维、培养科学素养的必经之路。正是这一次次不断地建模、推翻、再修改、迭代,学生的动手实践和审美创造都得到了极大的锻炼,并在这个过程中逐步形成了工程设计思维。

二、科技创造类学习中心的价值与意义

以"深度学习"为内涵指向的科技创造类学习中心以"以跨学科项目进行任务驱动""以真实情境开展问题解决""以工程化思维贯穿探究实践"三个特征来强化自身特别标识码。学生在拥有这样特别标识码的科技创造类学习中心进行浸润式、包裹式的学习与探究,他们将在"深度学习"中逐步具备面向未来的素养与技能,其价值与意义不仅仅限于单一学科知识或技能的掌握或是某项项目的完成,更深远地指向对于"未来人才"的培养,并以此为触发点,为构建"教育创新",发展"科教兴国"助力。

(一)指向科技创造的学习是发展"科教兴国"的有力支撑

走向21世纪的教育正在出现一系列新的变革趋势。近年来,创新教育

作为世界教育改革热点,被各国确定为教育的基本目标和根本目的。在未来已至的今天,聚焦学生创新意识和问题解决能力的教育异常重要,它是关系国家前途和命运的一把"金钥匙"。实施创新教育,就是要从培养创新精神入手,以提高创新能力为核心,带动学生整体素质的自主构建和协同发展。开展指向科技创造的学习则是创新教育的有力抓手,也是发展"科教兴国"的有力支撑。

(二)指向科技创造的学习是构建"教育创新"的核心要素

百年大计,教育为本。习近平说过,"教育是对中华民族伟大复兴具有决定性意义的事业。"教育作为国家科学持续发展的基石举足轻重。在当前的社会发展背景下,全新的社会问题、新兴的工作行业及突发的国际事件都对社会教育提出了系列挑战,同时也为教育变革提供了巨大的动力与全新的契机。为了更好地应对社会变革提出的新问题和新挑战,教育应该积极地做出相应调整,以教育革新促使人才革新,更好地促进社会发展。因此教育创新对教育的发展乃至社会的发展都异常重要,只有突破原有的教育教学模式,才能激发学教变革的教育活力,赋予面向未来教育的全新动力。而指向科技创造的学习就是构建"教育创新"的核心要素,它旨在基于学习者的兴趣、天赋、爱好,给予他们充足的学习时空,进行或独立、或合作的思考模式,形成具有个人特色的能力与思维,培养热爱创新创造的素质、能力和潜力。

(三)指向科技创造的学习是培育"未来人才"的有效途径

时代越是向前发展,社会对于知识和人才的需求就越大,教育的地位和作用就越发凸显。21世纪的社会发展和变化将会更加日新月异,对国民教育的要求也逐步提升,对于未来人才的培养更注重科技创新能力和创新意识的有效提升。指向科技创造的学习是素质教育的重点,在创新教育中,以培养学生创新精神为核心目的,通过科学家精神的引领,以多元的学教方式,让学生在发现问题、解决问题、延伸问题的过程中,形成勇于探索的科学精神、求真务实的科学态度、善于革新的科学素养。培养学生的科学素质和创新意识的起点则需依托于兴趣,"兴趣是最好的老师"。一个人一旦对某事物有了浓厚的兴趣,就会主动去求知、去探索、去实践。在求知、探索、实践中获得愉快体验并产生进一步深入研究的内生动力。保护学生的学习兴趣,并鼓励其一以贯之地持续性探究是创新创造的有力保障。

三、科技创造类学习中心的目标与方向

在当前新技术、新思想、新生活方式的不断冲击下,现在的学生约有2/3未来会从事目前尚未出现的工作。要在变化如此快速的世界适应并高效地解决问题,创造性思维和行动能力变得异常重要。面临科学技术不断变化迭代和层出不穷的新问题,现在的学生需要做好准备以应对那些当下还未出现的工作及挑战,即无论学生将来面对的现实问题是什么,其都必须具备综合全面解决问题的能力,这便意味着面向未来的学习的重要性。让学生在日常学习过程中不断地建立问题的提出、研讨、解决及延伸的思维方式,才能使其在今后具备解决未知问题及挑战的能力。指向科技创造的学习中心建设的目标就是为了培养面向未来的学习者。

(一)聚焦创新创造的思维形成

当前,教育如何培养创新人才至关重要。创新人才需要培养其必要技能以产生新的想法,再将这些想法转化为可行的方案、产品和系统。因此在指向科技创造的学习中心,所有的学习过程都聚焦于学生创新创造的思维形成。

指向科技创造的学习中心支持学生创新创造思维形成的策略也是有多种形式的,一是构建有助于学生自主探究的空间资源,使其不受环境空间的制约,提供学生创新创造的空间支持;二是丰富的有层次的材料辅助,用多元材料激发学生形成有层次、结构化、可扩展、能持续的创新思维,将其贯穿探索实践的过程中,并通过系列问题的解决,追求创新想法的有效落地;三是富有创意思维的课程助力,学习中心的课程无论是内容、学习方式及评价方式,都应引导学生走向创新、走向创造,并提供一些有效的支架去助力这种创新创造的发生。基于学习中心这个特殊的学习空间所打造的多维度共建策略体系,可以作为学生日常课堂学习外培养创新创造思维的有力补充。

(二)关注信息赋能的技能培养

能迎合未来社会需求的人才一定需要具有合作协调意识、创新创造能

力、信息整合分析能力、强大的领导能力、敏锐的市场需求意识及项目统筹能力。因此,学习中心的学习方式需要更加注重培养学生发现问题、创新想象、动手创造、资源整合、沟通协调的能力及项目化生产的能力。在当下的社会背景下,这样综合型人才的培养需要借助信息技术赋能,更为有效地进行多学科融合的单项目实践式学习。

特别是指向科技创造的学习中心,更需要构建凸显信息技术的学习环境,在这样的环境中可以支持学习者自由选择学习,能激发学习者学习兴趣,便于其在学习探究过程中根据学习主题、材料及进度进行合理适宜的变化式学习,而不是完全按照线性的资源呈现方式进行固定的学习,同时环境可以支持学生进行小组讨论,支持合作学习。并且,在这样的信息元素丰富的环境浸润下,不断激发学生学习技术、使用技术的兴趣,在不断推进迭代的项目实践中实现信息技能的提升以及信息素养的形成。

(三)强调基于问题的合作学习

学习中心的任务设计强调基于真实问题的解决,而团队合作是项目化学习中以融合的方式来获得问题解决的最佳途径之一。在团体协作中,学生可以碰撞出更有效的解决方案,做出更明智的选择,在不同的学科元素融合中合作,并在过程中获得更多的智慧和知识。在区域学习中心的项目学习中亦是如此,学生自主选择适合自己水平的任务,组建不同的合作团队。团队组成之后成员们进行自我介绍,并根据各自的特长进行任务分工,形成团队合力。团队在明确任务后合作探究,自主实践并完成任务单的填写。真实的情境、具体的任务、自行组建的团队,让学生有充分的时空自主探索,独立思考,合作学习,最终解决问题。学习中心是"学习共同体""项目研究小组",更是"学习社群",学生与学生、学生与教师之间的交流自由且主动,合作顺畅且积极,是一种"项目学习""合作学习""混合学习""深度学习"。

第二节　样态:基于体验式、创新型、个性化的学习

　　目前,上城区指向科技创造的学习中心共有11个,根据其项目开展的形式可以分为三种学习样态:精品化课程式体验、创新性项目式预约、导师制个性化指导。

　　精品化课程式体验:学习中心已形成较为成熟的精品化课程内容,学生可以通过学校集体预约、个人报名等方式以线上、线下等多元平台进行课程体验。

　　创新性项目式预约:学习中心为学生的创新性项目提供学习助力,学生在日常学习或学习中心课程体验过程中产生了新的想法及研究点,可向学习中心进行预约,借助学习中心的资源、设备、场地及师资进行创新性项目的研究。

　　导师制个性化指导:学习中心以导师制的学习方式来开展相应课程,每轮活动的初始导师都会与学生双向选择,以线上(网络通信)与线下(面对面)相结合的形式来对学生项目化学习进行一对一指导,满足学生自主探究的个性化需求。

一、精品化课程式体验

　　精品化课程式体验的典型项目是"'未来科学＋'探究厅:像科学家一样去探究"。该项目聚焦学生核心素养,以项目化合作式的自主探究为主要学习方式来推进学教方式变革、多元化学习空间打造的典型场所。通过多途径、多平台来实现空间、项目、师资、学生的流动,形成项目式、分享式、场馆式、合作式、问题化五种学习方式共融的课程多样化建设,助力学生面向未

来的思维、能力的发展。为了适应多种教学活动的开展,满足学生的个性化学习需求,学习中心内部设置多个活动区域,学生在不同区域经历多次选择。同时为了契合有明确功能区域划分的学习空间,学习中心通过分析学生兴趣点确定课程内容方向及所用材料,以区域原有课程为基石,设计整合为有层次的系统性的课程体系,并在课程开展过程中不断地迭代优化,形成具有代表性的精品化课程。

(一)一般运作流程

"未来科学+"探究厅作为区域学习中心是面向区域校内校外学生全面开放的,其中对于校外学生的体验采用了线上线下联动的方式进行报名与体验,以促使学生区域流动。在每期课程体验前,学校都会在微信公众号中发布活动主题信息,校外学生可通过微信抢课的方式获得体验机会,在活动前一周学校微信公众号会公布本期活动参与名单。同时也可通过学校集体预约方式进行体验报名。在每个学期初,学习中心会将本学期推出的精品化课程项目清单,结合区域平台提供给区内周边学校,其他学校可以根据校内学生需求进行学校集体预约(见图6-1)。

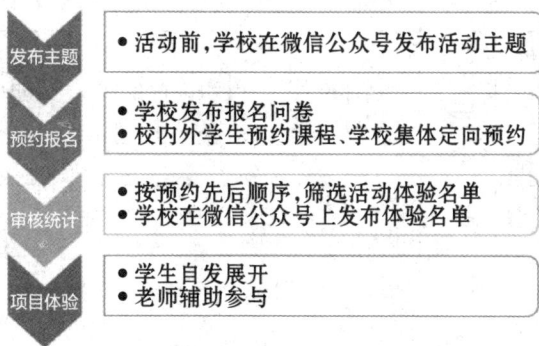

发布主题	●活动前,学校在微信公众号发布活动主题
预约报名	●学校发布报名问卷 ●校内外学生预约课程、学校集体定向预约
审核统计	●按预约先后顺序,筛选活动体验名单 ●学校在微信公众号上发布体验名单
项目体验	●学生自发展开 ●老师辅助参与

图6-1　校外学生体验参与流程

(二)实施样态

1.教师配置

为了更有效地开展课程,精心选拔热爱教育事业、思想素质好、有较高专业技能和丰富教学经验的区内知名资深教师任志愿辅导教师。不但有核心课程建设团队,还有校内1+X志愿者教师、区内优秀志愿者教师、家长志愿者及学生红领巾志愿者。这样的人员配置在保证了校内课程实施的同时,也支持区域内其他学生的走校体验,发挥"未来科学+"探究厅区域辐射作用。

2.学习支架

教师在引导学生探究的过程中,让其经历"问题提出—资源准备—阐述制作—展示评价—拓展提升"的五步流程,逐步形成系统化的探究规范,掌握内化经验的方式方法,让其综合实践能力、问题解决能力及个性化得到发展(见图6-2)。

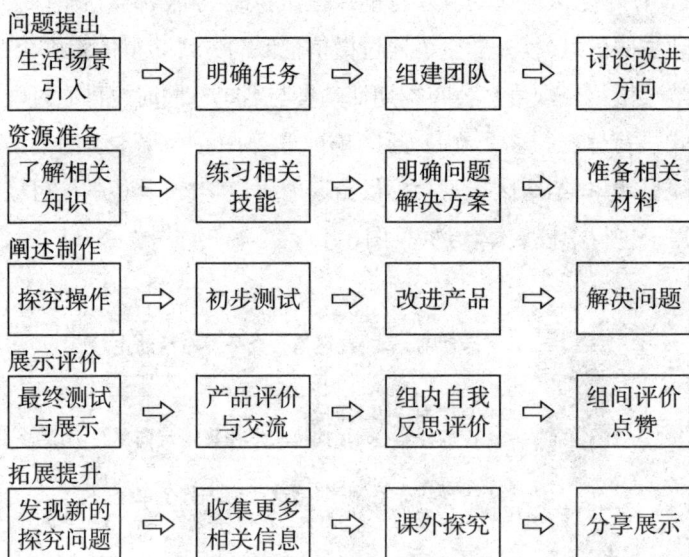

问题提出

| 生活场景引入 | ⇨ | 明确任务 | ⇨ | 组建团队 | ⇨ | 讨论改进方向 |

资源准备

| 了解相关知识 | ⇨ | 练习相关技能 | ⇨ | 明确问题解决方案 | ⇨ | 准备相关材料 |

阐述制作

| 探究操作 | ⇨ | 初步测试 | ⇨ | 改进产品 | ⇨ | 解决问题 |

展示评价

| 最终测试与展示 | ⇨ | 产品评价与交流 | ⇨ | 组内自我反思评价 | ⇨ | 组间评价点赞 |

拓展提升

| 发现新的探究问题 | ⇨ | 收集更多相关信息 | ⇨ | 课外探究 | ⇨ | 分享展示 |

图6-2 "未来科学+"探究厅项目学习五步流程

学生在学习中心进行合作探究,自主实践探究并完成任务单的填写;如果在实践操作过程中学生遇到问题,可以选择利用iPad观看微课视频、提示卡等锦囊资料或向现场及线上指导教师寻求帮助。通过提供微视频、提示卡、上网查阅、名师连线、团队互助等多种学习支架满足不同水平的学生的需求,促进个性化发展。

此外,学习中心内还设置了普通挑战区及终极挑战区,适合不同层次水平的学生根据自身情况进行选择。每个操作分区都设置摄像头,可捕捉记录学生探究发现的精彩瞬间。区域内学生自主进行探究,为学生留出自由的探究空间,指导教师通过视频观测学生探究的实时情况,若学生需要帮助,指导教师再进行适当引导。

3.课程资源支持

"未来科学+"探究厅的打造除了明确功能区域划分的物理空间外,其核心就是与之相契合的课程开发。通过特色的空间打造、STEM及理综科项目的开发及学习材料的配备,最终促使学生的综合实践能力、问题解决能力及个性化得到发展。

为了进一步明确学生的学习需求及兴趣点,在项目开发过程中对学生进行调查,通过大量数据分析确定项目方向及所用材料,以区域原有课程及项目为基石,针对物理空间区域功能设计整合为有层次的系统性的项目体系。同时将项目课程与学校问题化学习育人思想进行结合,即带着问题来——在问题中学习——解决核心问题——带着问题离开。

为确保课程不断完善提升,由专人负责课程项目。但在实施过程中加强课程实施团队成员的交流,及时发现问题,及时改进。积极发展课程纲要和教材的编撰设计,使课程的开发与实施科学、规范并具备一定的创新。学习中心具有明确的系统设计,完善的课程规划和推进方案,借助规划推进,使学习中心逐步完善(见图6-3)。

图6-3 "未来科学+"探究厅规划推进流程

(三)评价机制构建

1.评价原则

传统的教学模式对学生学习过程的评价只停留在对结果的评价,过于片面,无法体现学生整体的学习过程及思维、能力的发展。较多学校在实施项目评价时开始对学生活动过程进行评价,而不仅仅针对他们获得的结果。有时"有效失败"也是学生学习探究的宝贵财富,学生在按照既定方案进行探究的过程中可能并未获得所谓的"科学"结论,但只要学生在经历中获得了实际的体验,在技能、情感、思维上都得到了提升,即为"有效失败",也应给予他们积极正面的评价。

而STEM项目更注重多学科的融合、实际问题的综合性解决、过程性的能力提升,因而其评价模式应趋于多维度的过程性评价。项目活动中,学生以小组为单位,完成教师预设的学习任务。期间学生可以通过课程任务卡、平板电脑等查看学习要求与学习资源。在学习过程中,师生采取"四维三层"评价模式,开展学习评价。

2. 评价方式

(1)搭建评价框架,明确评价方向。项目学习评价注重项目实施的过程性体验、实际问题的综合性解决。为帮助教师明晰STEM学习机制,细化评价标准,结合核心素养指向和STEM项目学习特点,学习中心搭建了STEM项目学习评价总表。评价总表采取"四维三层"模式,即从行为规范、团队合作、探究成果、展示分享四个维度来进行评估。每个维度分为三个层次,层层递进,导向明确,以"一星级""二星级""三星级"评价等级实施评价(见表6-1)。

表6-1　STEM项目评价表

评价维度		评价层次		
		一星级 ☆	二星级 ☆☆	三星级 ☆☆☆
行为规范	规则意识	能较为有序地进行项目探究,没有破坏公共设施的行为	能有序地进行项目探究,没有破坏公共设施的行为,在离开时能做初步的清理	有序进行项目探究;探究结束后将桌面清理干净,并把垃圾分类放入垃圾桶内,将桌椅归回原位

评价维度		评价层次		
		一星级☆	二星级☆☆	三星级☆☆☆
行为规范	节约材料	根据探究内容获取材料,但在探究过程中有浪费材料的现象,节约材料意识不强	根据探究内容获取材料,探究结束后未将使用完的剩余材料及工具按要求归回原位	根据探究内容获取适量材料,不多拿多取,不随意浪费材料。探究结束后将使用完的剩余材料及工具按要求归回原位
	语言文明	有时会大声喧哗,有不文明用语	不大声喧哗,有少量不文明用语	不大声喧哗,用语文明
团队合作	分工合作	团队分工不明确,成员间没有很好地达成合作意识	分工较为明确,能进行有序合作	有合理分工,成员各司其职,形成良好合作氛围
	参与程度	成员参与度不高,很少提出自己的建议和想法,部分成员未对团队提供帮助	每个成员参与度较高,能提出自己的建议和想法,为团队做出一定贡献	每个成员参与度高,积极提出自己的建议与想法,均为团队做出不同贡献
	沟通协调	与同伴沟通不顺畅,没有进行交流与合作	与同伴沟通一般,参与任务交流讨论积极性不够	与同伴沟通十分顺畅,氛围和谐,乐于参与任务,相互尊重和信赖
探究成果	项目设计	能设计与探究主题相关的简单的实施方案	能设计与探究主题相关的较为精细的实施方案	能设计与探究主题相关的精细的实施方案,图文并茂
	项目完成	在规定时间内能完成探究任务但完成度较低	在规定时间内能完成探究任务且完成度较高	在规定时间内能根据项目情境完成探究任务且完成度很高
	成果分析	能对结果进行简单分析	能对结果进行较复杂的处理分析	能对探究得到的结果进行准确处理分析

第六章　科技:指向创意智造的学习中心

评价维度		评价层次		
		一星级☆	二星级☆☆	三星级☆☆☆
展示分享	表达呈现	表达状态不稳定,紧张,与观众的眼神交流有限	运用创造性的方式吸引观众,略显紧张,有眼神交流	表达清晰易懂,声音响亮,与观众有良好的眼神交流。创造性的方式吸引观众
	展示方式	展示方式未能帮助理解,造成误解	展示方式合适,但未与整个展示过程整合	展示方式与探究成果完美结合,组织合理,有丰富的信息量
	展示内容	展示没有包括主要信息及内容	信息完备,传达部分展示内容	信息完备且详细,明确传达展示内容

(2)结合项目环节,细化评价标准(见图6-4)。STEM项目实施有五个环节,即"提出问题""准备阶段""阐述制作""展示评价""拓展提升",相应评价标准的制定也应细化至每个环节,行为表现指向明确的分环节评价标准是项目学习的关键元素。针对项目具体内容及学生情况分环节进行评价标准的细化。目标的层级分解,项目的组块达成,评价的环节细化,三者相辅相成、互相促进,进而促使学生多元能力的提升。

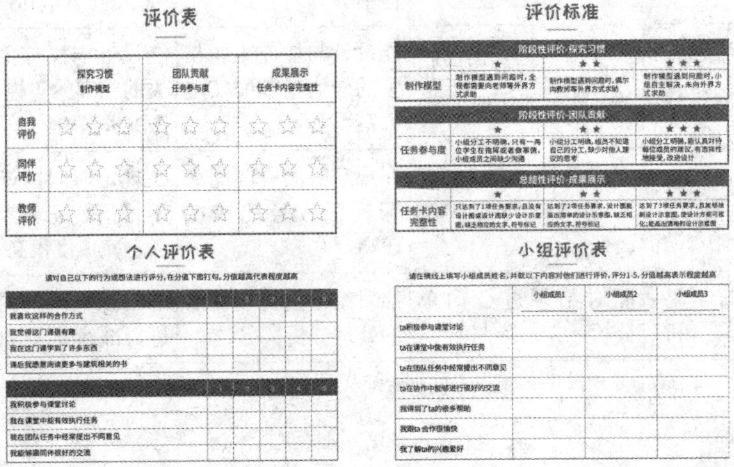

图6-4 评价量表

156

3.提供实施策略,完善评价过程

项目学习评价注重学习的过程,关注成果的迭代与完善。项目评价贯穿学生的整个学习过程。整个评价过程包括了评价前置、过程评价、课后评价三个阶段。

评价前置,即将评价标准置于项目开展前,让学生在操作前了解评价标准。该模式有助于学生设计、操作更具针对性,减少教师的干预和影响,保证学生活动的连续性和完整性。学生能掌握学习反馈细节,进行有意识的改进,训练批判性思维,培养合作能力。

过程评价,采取组内与组间评价相结合的方式,更准确地评估学生学习活动的参与情况。在项目学习过程中,教师以口头评价方式对学生即时性的行为表现进行实时评价反馈,便于学生及时进行调整。同时以书面形式将学生阶段性表现进行记录,形成长期、过程性的评价记录,可对比进行评价分析。在项目学习过程中,利用摄像头及配套软件时时捕捉记录学生学习过程,提高及时评价的精准度。

课后评价,采取成果展示的方式评估学生的学习情况,展示形式包括作品展演、学生现场汇报、学生现场答疑、作品投票情况等,从而客观地评估学习状况和学习结果。

(四)提升策略

目前,"未来科学+"探究厅已面向校内及校外学生开放,有上百名学生参与体验,收集了一定的实践数据。学校通过对数据的整理分析,将参与学生对空间区域设置、配套课程及运行机制的意见反馈进行思考,发现了存在的问题及可以进一步改进提升的方面。

1.构建网络平台

寻求区域帮助,将形成的项目体系与网络平台结合,学生可通过触摸屏点击浏览项目主题视频介绍,根据自己的兴趣选择项目主题,并根据自身的水平选择相应的子项目进行探究。网络平台的开放性也促使学校层面的各种项目资源流动起来,达成资源共建共享,进一步丰富课程项目内容及层次。

2.增加支架梯度

通过分析参与学生的反馈信息,梳理学生在项目学习过程中产生的问题,更有针对性地增加不同层次的学习支架,完善梯度建设,形成层次分明的学习支架库,而不是仅仅依据教师的判断来搭建相应的学习支架。

3.寻求专业支持

借助区教育学院、华东师范大学等专业力量,提升评价体系的科学性。根据"未来科学+"探究厅的教学模式、环境特点、运行机制对评价体系进行全面升级,使其更适合短期长时探究的特点,也更便于开展学生自评与互评以及指导教师的评价。评价反馈的方式也需要寻求突破,利用奖励徽章、奖状的颁发激励学生活动后的进一步探究。也可在徽章或奖状之后附上学习中心的专属微信二维码,让学生增加获取探究内容信息的机会。

4.完善管理机制

完善教师志愿者招募及积分记录工作。健全教师、学生、家长志愿者的培训管理机制,出台明确的"未来科学+"探究厅志愿者服务细则。

希望通过构建网络平台、增加支架梯度、寻求专业支持、完善管理机制等方式来进一步完善学习中心的环境构建及运行模式。最终通过合理的区域划分、丰富的项目资源、多维的评价体系、完善的机制建设使学习中心的效能最大化,使"未来科学+"探究厅成为学生真正的探究乐园。

二、创新性项目式预约

创新性项目式预约的典型项目是"创意智造学习中心:为每个孩子播下一颗创客的种子"。创意智造学习中心是通过线上、线下广泛存在的课程资源,支持学生在空间内开展自主学习,学习材料可以是纸质的、数字的;课程可以是在线的、本地的;教程可以是校本的、学生自主开发的。这些泛在的课程资源支持着学生按需开展学习,同时也培养了学生的自主意识与合作学习的能力。学习中心设计短周期、具有挑战性的任务,以提升项目的吸引力。借助课程项目的推进,项目复杂度逐渐上升,以培养学生使用基本工具的能力,培养学生编程、建模、传感器应用等创客素养,体验STEM学习方式。

(一)一般运作流程

创意智造学习中心设置有精品课程体验与创新性项目预约两种学习途径,区域内的学生通过学校预约或个人报名均可参加。学生以项目学习的形式,通过层层递进的任务开展学习。学习过程按照"提出任务——分析任务——解决任务——再提出任务"循环展开。充分利用学习中心的空间资源,引导学生通过自主探究、微课导学、同伴互助等形式开展学习研究。线上与线下相结合,为学有余力、富有兴趣的学生提供所需的学习资源。同时鼓励学生在掌握基础知识后的创新实践,为学生的创新性项目提供学习助力。学生在日常学习或学习中心课程体验过程中产生了新的想法及研究点,可向学习中心预约,借助学习中心的资源、设备、场地及师资进行创新性项目的研究。

(二)实施样态

1.人员配置

为了更好地助力学习中心的运作,创意智造学习中心设置完善的人员配置,由校长作为学习中心总负责人,由学校骨干教师作为项目联系人及项目主实施者,并形成了不同学科教师的课程实施团队,以确保课程开展的多元化(见表6-2)。

表6-2　创意智造学习中心人员配置表

	姓名	职称或职务	分工	学科
负责人	张浩强	高级	总负责	数学
联系人	余国罡	一级教师	联系人、项目实施	信息
骨干教师	李雪慧	高级	科研引领、课程指导	语文
	王司闫	二级教师	课程实施	科学
	赵皆喜	二级教师	课程实施	科学
	李菲菲	二级教师	课程实施	科学
	祝超俊	一级教师	课程实施	综合
	黄建	二级教师	课程实施	数学
	冯骏驰	二级教师	课程实施	数学

2.学习支架

学习中心划分为科技制作、劳技手工、创客空间、数字加工四大区域,空间设计智能化,将空间环境变为课程资源之一,成为学生的学习支架。中心的物理空间资源,诸如作品墙、日光灯、气象站等元素设计成学习项目的一部分。作品墙陈列历届学生所创作的创意智造作品,同时通过云盘向学生提供项目相关资源,营造创客氛围的同时,鼓励学生持续开展创新创作。空间内醒目的四盏云朵灯、八盏月球灯,可以让学生实时编程控制,从而体验到物联网编程的原理,也可以作为Appinventor学习项目的环境支撑,学生可以设计安卓手机App直接控制教室内的灯光。学习中心外侧还设计安装了气象站装置,学生在室内可以直接读取气象站的数据,成为学生玩转scratch的一部分。同时在学习中心设置了丰富的软硬件设备,满足学生在进行创新性项目自主探究过程中对于物联网、人工智能、机器人、编程、开源硬件等学习需求。

3.课程资源支持

创意智造学习中心的主要课程是"创意智造初体验",课程希望学生能综合运用创意设计、在线编程、三维建模等方面的知识,完成产品制造的全过程,让学生深刻体验到造物的乐趣。

课程共分为四个单元。第一单元《让灯亮起来》,主要带领学生制作功能各异的灯和用各种方法控制灯。第二单元《数字加工》,主要是3D建模技术和激光切割技术的简要介绍,通过一些常见物体的建模练习,帮助学生掌握3D建模和激光切割加工的常用技巧。第三单元《猜拳神器》,通过一个案例的学习研究,给学生提供一个造物的示范,以激发更多的创意。第四单元《创意智造》,是一个开放式的项目,学生在创意智造指导手册的帮助下,经历造物的全过程(见表6-3)。

表6-3　课程具体安排

单元	主题	课时	内容简介
第一单元《让灯亮起来》	功能各异的灯	1	• 点亮LED灯 • 闪烁灯 • 呼吸灯
	用各种方法控制灯	1	• 光敏路灯 • 手势控制灯 • 旋钮灯
第二单元《数字加工》	三D建模	1	• 基本造型设计 • 创意设计 • 模型打印
	激光切割	1	• 基本操作 • 快速造盒
第三单元《猜拳神器》	项目实战	4	• 软硬件调试 • 外观封装 • 路演测试
第四单元《创意智造》	关怀世界,幸福你我	4	• 主题选择 • 方案确定 • 方案实施 • 测试迭代

4.评价机制构建

　　学生创意智造的成果是课程实施的重要组成部分,是创客教育实践的宝贵财富。我们要格外珍惜学生的作品,并力所能及地创造各种平台,给予学生展示的机会。学习中心通过《创意智造手册》形成对学生项目制作过程的跟踪,最终形成个性化的过程性评价与多元的整体性评价。过程性评价占50%,整体性评价占50%。学生可选择以下一种形式开展整体性评价:全班展示、小组互评、TED演讲(作品路演)、向来访宾客做介绍、校园创客嘉年华展示、录制宣传片(海报)等方式。通过层次分明的展示评价手段,能让学生的作品得以分享彰显价值;同时,评价活动的开展也能进一步提升学生的表达能力与语言文字组织能力,彰显创客教育在学生多元智能发展中的作用。

(三)提升策略

创意智造学习中心通过一段时间面向校内外学生开放,已有大量学生进行了体验,对学生体验情况进行梳理分析,发现了存在的问题及可以进一步改进提升的方面。后续,学习中心将基于创意智造的特色,继续开发短周期、可复制、低成本的项目,计划尝试开展亲子创客工作坊,并与上城区星级家长执照考核相结合。当然,亲子工作坊并不是让家长在旁陪读,而是通过设计亲子共同合作才能完成的任务,用项目激发家长的学习兴趣,使家长与孩子成为一个学习共同体,甚至形成家庭创客实验室机制。

学习中心的评价机制一般是过程性评价与终结性评价结合,对学生的引导激励作用时效不够,很难让"种子"在学生心中持续发芽!下一阶段,学习中心计划将项目学习经历和区域STEM研学护照相结合,实现学习中心学习经历的认证与区内流通,形成如下评价体系,以达到持续激励的作用(见图6-5)。

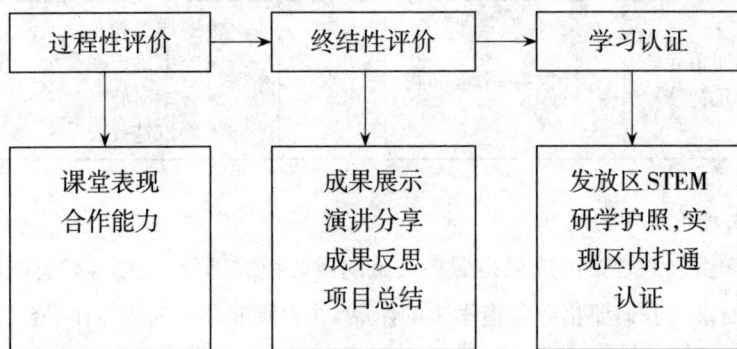

图6-5　创意智造学习中心的评价改进

三、导师制个性化指导

导师制个性化指导的典型项目是"数学与科学创新研究中心:特别的私人定制,为个性化发展"。数学与科学创新研究中心着眼于核心素养的培养,构建起了自主、合作、探究的学习方式,在研究过程中实现知识与技能、过程与方法、情感态度与价值观、行为与创新的四维目标,它为学生提供的个性化定制最大限度地满足并促进了人的最优发展。学习中心提供体现私人定制的个性化课程,促进学生个性化发展。学生在学习中心的学习周期为一年,通过自主探究、合作学习、导师个别指导完成研究。其学习成果形式为结题报告或研究性文章,主要涉及数学、科学及信息的学习领域。这样的开展模式为广大学生搭建多元化的研究型平台。

(一)一般运作流程

数学与科学创新研究中心设置了私人定制式的学习平台,根据学生研究的经历,架构相关的学习区域,通过项目制学习、导师制指导、多角度评价实现学生个性化的学习。校内校外学生通过报名,在学习平台进行研究主题及导师的选择,并根据学习中心授课计划进行为期一年的项目化研究,对最终的研究性成果进行展示评选(见表6-4)。

表6-4 学习中心授课计划一览表

项目名称	时间	具体内容	
我的选题我做主	4月	交流讨论自己感兴趣的话题,初步确定研究方向	选题区
研究团队组建(一)	5月	学生汇报初期想法,指导教师与学生进行双向选择,并跟进指导	
研究团队组建(二)	6月	学生汇报讨论后的想法,指导教师与学生进行双向选择,并跟进指导	
文献查找指导	7月	教师对文献查找的方法进行指导	研究区
资料收集与前期研究开展	8—9月	学生根据研究内容自主查阅相关资料,开展研究	
中期汇报	10月	学生展示中期研究成果,导师现场提问并进行指导	
写作规范指导	11月	教师对论文写作的规范和格式进行指导	
TED演讲指导	12月	教师对论文演说的语言表述、体态动作进行指导	

项目名称	时间	具体内容	
阶段性成果演讲	1月	学生对自己的阶段性研究成果进行巡回演讲	发布区
研究成果修改	1—2月	在教师的指导下,学生对自己的研究性成果进行修改完善	
期终汇报	2月	学生对最终的研究性成果进行展示,导师们评选出优秀作品进行分层展示	
创新研究室发布会	3月	对评选出的杰出成果作品进行发布并颁奖	

(二)实施样态

1.人员配置

数学与科学创新研究中心由专门的项目组进行管理,分设教学、后勤、技术三个部门,定期召开例会了解项目推进,展开服务规划。

师资包括校内导师和相关领域的校外特聘专家。在创新研究完成过程中,可根据活动需要配备不同的导师对学生的创新项目进行帮助。目前,师资库中一共有80名左右的校内导师和10名左右的校外特聘导师资料。以本校教师为主,外聘教师为辅;以数学、科学、信息教师为主,其他学科教师为辅的师资结构,形成数、科、信教师+其他学科教师+外聘教师的"三方介入辅导结构"。后勤部门由后勤处主要负责,为项目推进提供材料、资源等支持。技术部门由信息处主要负责,为项目实施提供信息技术层面的支持。

2.学习支架

(1)尊重人的发展,一人一定制。学习中心的学习平台设计是以学生的身心发展规律为基础,以学生的个人兴趣爱好为前提,运用科学的方法引导个体生命的独特发展。它以尊重差异为前提,以提供多样化教育资源和自由选择为手段,以促进个体生命自由而充分地发展。在学习的过程中,每个人的逻辑起点和发展方向都是不同的。

(2)个性化服务,一人一项目。依据课程特点、学生需求和学习成效等多个维度,开创性地实施课程并灵活地组织教学方式,由原来的相对固定的方式走向可供学生多选择的教学方式。每个人都有自己从属的研究项目，研究过程的开展可以是独立完成，也可以是合作完成。

（3）导师制学习，一人一指导。学习中心的课程以师徒学习方式进行，教师适时指导、组织，帮助、引导学生完成研究。每一轮活动的初始导师都会与学生在创新研究室这个平台双向选择完成结对，为一对一的活动提供指导保障。

与传统的教学方式相比，通过线上（网络通信）与线下（面对面）相结合的形式，打破时空限制，建立多元学习支架，因此学习的途径更为广泛，学生拥有更多的学习自主权（见图6-6）。

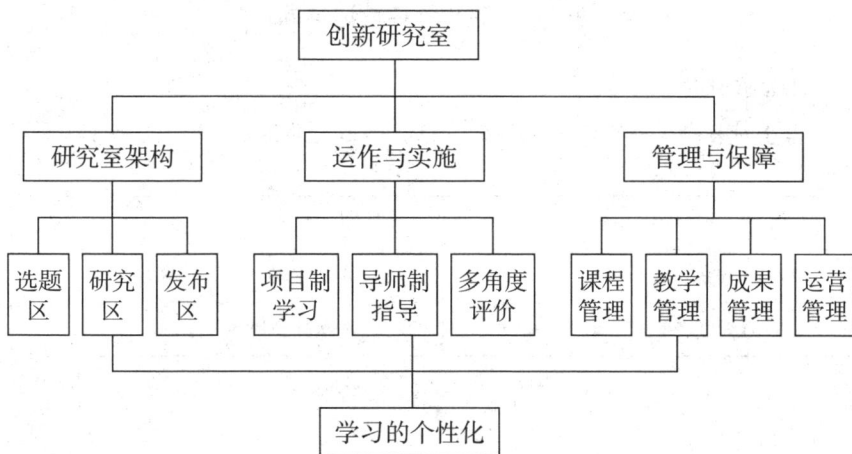

图6-6　创新研究室建设技术线路图

3.课程资源支持

导师团集体研发系列课程，包括12节线下必修课和30节线上选修课。必修课主要围绕选题、规范写作、研究发布等主题进行集中授课，选修课则围绕创意、社会热点、导师研究特长等录制成微课，供学生在网上自主点播。套装型的课程设置方便学生自主选择所需课程，保证了项目化学习的顺利开展。

4.评价机制

（1）评价原则。数学与科学创新研究中心对学生在整个阶段的进步幅度进行评价,关注的是个体的纵向成长。通过记录单(见表6-5)的过程性评价,确保评价主体的多样性,记录每位学生的成长足迹,聚焦人的成长,关注学习过程中的增量。

(2)评价方式。

一是过程性评价,即对追踪为学习持续续航。历时一年的研究学习主要经历"确立研究主题——指导论文撰写——展开研究活动——学习信息技术——召开学术发布"五个阶段。在这五个阶段中,学习中心会对学生的主题研究项目进行持续追踪,通过成绩报告单和成长档案袋来记录过程,形成反馈与评价,及时帮助与指导学生,为其保驾护航。

表6-5 过程性评价记录单

①自我评价

学生对自我完成整个研究性学习过程的监控和评价。

开题方案: ☆☆☆☆☆	期中汇报: ☆☆☆☆☆
修改方案: ☆☆☆☆☆	最终成果: ☆☆☆☆☆
努力程度: ☆☆☆☆☆	整体满意度: ☆☆☆☆☆

②同伴评价

如同一个课题中有合作伙伴,同伴对完成整个研究性学习过程的监控和评价。

开题方案: ☆☆☆☆☆	期中汇报: ☆☆☆☆☆
修改方案: ☆☆☆☆☆	最终成果: ☆☆☆☆☆
努力程度: ☆☆☆☆☆	整体满意度: ☆☆☆☆☆

③家长评价

家长对孩子完成整个研究性学习过程的监控和评价。

开题方案：	☆☆☆☆☆	期中汇报：	☆☆☆☆☆
修改方案：	☆☆☆☆☆	最终成果：	☆☆☆☆☆
努力程度：	☆☆☆☆☆	整体满意度：	☆☆☆☆☆

④教师评价

开题方案评价。

评价维度	★	★★	★★★
可行性			
结构合理			
研究价值			

中期汇报评价。

评价维度	★	★★	★★★
完成程度			
阶段成果			
现实意义			

修改过程评价。

评价项目	★	★★	★★★
第一次修改			
第二次修改			
第三次修改			

二是结果性分层评价,让每个孩子都有展示的机会。结果性评价会根据学生的表现和最后的成果进行分层发布(见表6-6)。发布途径多样,主要

有：《创新研究室论文集》入册发表、《小学生学习报》推荐发表、年级巡回演讲、创新研究室发布会主题TED演讲等方式。

表6-6 "创新研究室"课程学习综合评价单

课题名称			
课题组长	CW501XXX	指导教师	
评价内容	评价记录	反馈指导	标准参照
选题及文献			能够有思考地进行选题考量；能够依据主题进行多样方法的文献查阅及信息选择
研究方法			合理、规范、多样化
材料收集			能围绕研究的主题进行研究素材的合理选择和有效收集
研究过程			根据研究计划执行，主动与指导教师探讨课题问题
小组合作			分工与合作清晰协同，通过总结或对学生的访谈进行评价
回答问题			能抓住关键问题，讲解有条理、有逻辑，小组能有效配合
报告撰写			表达清楚，文字简洁流畅，格式规范，观点鲜明，有见解
报告陈述			表达清楚，有条理，语言简洁流畅，语态自然，仪表端庄
非预期成果			研究过程中所取得的各类有意义的进步、成长或成果
成果创新性			新颖、独到的见解，能在实践中有较深的体悟
时间运用			恰当，不超时

成果发布	A参加班级发布会(　　　) B参加年级发布会(　　　) C参加学校发布会(　　　)(校园网络发表/校园成果汇编等) D参加区级及以上发布会(　　　)(推荐给杂志社公开发表等)		
研究起讫	2020.01—2020.03	综合评价	(等级ABC)
导师签名			

(三)提升策略

　　个性化教育是必要的,这不仅仅是时代进步和教育转型发展的客观要求,更是未来教育改革和发展的重要趋势。与此同时,创新研究室的优化发展也面临着不少困境,其中,最主要的就是学生个性学习的巨大需求与创新研究平台有限资源的矛盾。创新研究室满足了学生的学习需要,促进了学生个性化发展,架构了一个适合学生展示与交流的平台。随着学生的潜在需求被激发,越来越多的学生想加入创新研究室,完成自己的探究,而课程师资主要来源为学校数学、科学、信息教师及有兴趣、有能力的教师参与。有限师资与巨大的学生需求产生矛盾。目前的研究基本由本校教师对学生进行指导,但一线教师的理论水平不够高,选题的指导和来源也存在一定的局限性。如果有更专业的专家或高校教师来指导,会进一步拓展学生研究的角度,加深研究的点,让学生的研究开展更多元化、深入化。为此,如何让创新研究室服务于更多学生是目前亟待解决的问题。针对学生个性化学习的巨大需求与创新研究平台有限师资资源的矛盾,创新研究室正在积极开辟更多途径。从原有的一对一的导师制转向搭建学习共同体,以一师带一团队的方式进行研究,以此满足更多学生的个性化需求。

　　未来已来,将至已至,学生作为未来世界的主人,他们的学习更应该指向应对未知问题的解决。科技创造类学习中心形成了三种典型学习样态,以"以跨学科项目进行任务驱动""以真实情境开展问题解决""以工程化思维贯穿探究实践"为主要路径助力学生聚焦多学科知识、技能的运用,关注团队协作、操作体验、反思迭代中的问题处理,着力培养学生的实践能力、团队合作能力、审辨式思维和创新能力。学生在探究过程中,不断适应未来社会,终将成为引领未来社会发展的强大力量。

第七章
博雅：指向人文艺术的学习中心

    《辞海》中提到："人文是个动态的概念，指的是人类社会的各种文化现象。文化是人类或者一个民族、一个人群共同具有的符号、价值观及其规范。符号是文化的基础，价值观是文化的核心，而规范，包括习惯规范、道德规范和法律规范则是文化的主要内容。"这一定义为本章中的"人文艺术"的概念界定所引用，依据分类包括文化、艺术、美学、教育、哲学、国学、历史、法律八个类别。

    结合基础教育人文学科特点，上城区人文艺术类学习中心提出"六向三式"的运作机制及"双循环四互动"的支持机制。实践重点指向"文化体验、艺术浸润、美学启蒙"三个维度，提出基于项目渐进与共生的学习样态，针对"单项目渐进式"、"单项目共生式"以及"多项目选择式"三个模式，以"渐变构成、具身认知、快题设计"三种学习范式，从项目设计、过程实施及评价三环节，推进学习中心运作，实现人文艺术的无边界学习，促进人与空间环境、学习资源、智能技术的充分交互，服务于学生全面而有个性的发展。

第一节　概述：素养立意下的追求与重塑

在满足学生全面而有个性发展需求的前提下，区域人文艺术类学习中心建设着重彰显人文素养的培育功能。2016年9月，中国学生发展核心素养研究成果发布。中国学生发展核心素养以培养"全面发展的人"为核心，综合表现为人文底蕴、科学精神、学会学习、健康生活、责任担当、实践创新六大素养。其中将"人文底蕴"排在首位，具体阐述中也提到了"人文艺术"的情怀格局为必备素养特质，可见其重要性。

一、理论：人文艺术素养培育的发展视野

学生发展核心素养中的人文底蕴主要是指学生在学习、理解、运用人文领域知识和技能等方面所形成的基本能力、情感态度和价值取向。在人文艺术类学习中心建设过程中，我们从人文艺术素养培育的视角出发，思考理论依据和实践落点。

(一)理顺人文艺术学习的逻辑理路

通过对人文底蕴的相关理论的深入研究，我们确定从人文积淀、人文情怀和审美情趣这三个基本要点入手，通过学习中心的运作，培养学生的人文底蕴。

1. 从教学到生活，营造人文积淀的培育生态

人文积淀的内涵主要是指具有古今中外人文领域基本知识和成果的积累，能理解和掌握人文思想中所蕴含的认识方法与实践方法。人文艺术教育的推进不仅表现为知识的掌握、能力的提高、情感的发展，更重要的是生活常态的提升、教学行为的改善、生命质量的提高。毋庸讳言，当前我国的

人文艺术教育存在任务化倾向,片面追求课堂实施,过于关注学生知识与技能层面的成长,忽视价值观的并行提升,这不利于学生核心素养的可持续发展。由于校际存在差异,若用统一的模式打造,用统一的标准来评价学校人文艺术教育开展,必将因缺乏足够的自主判断,导致学生的人文底蕴素养评价变得缺少灵动的气息,不能给学生带来幸福感。

2. 从无形到有形,构建人文情怀的培育载体

人文情怀主要是指具有以人为本的意识,尊重、维护人的尊严和价值,能关切人的生存、发展和幸福。人文艺术教育由学校教育、家庭教育及社会教育三部分组成。当下人文艺术学习普遍由学校、家庭承担,面临人文艺术教育中功能的人为分离现象,其存在的直接原因是三方尚未建立联动机制,人文底蕴素养的培育轨迹被割裂。同时,学校、家庭的人文艺术因为"空间受限、时间冲突、隔代宠爱"等各种原因,内部协调性、系统性也未建立,导致效能较低。

3. 从被动到主动,打造审美情趣的培育组织

学生发展核心素养中的审美情趣,其内涵主要是指具有艺术知识、技能与方法的积累,能理解和尊重文化艺术的多样性,具有发现、感知、欣赏、评价美的意识和基本能力,具有健康的审美价值取向,具有艺术表达和创意表现的兴趣与意识,能在生活中拓展和升华美。近年来,由于升学热的存在,家长对青少年人文艺术学习存在功利心态,导致在一些青少年中对人文艺术学习存在被动现象,人文艺术的独特育人价值在一定程度上被忽视,人文艺术教育被淡化、弱化。结合实际情况,学生仅仅是意识到人文艺术实践的重要性,但是缺乏人文艺术实践的习惯和能力,尚未将认识上的转变上升为经常自主的行为。

(二)把握人文艺术学习的实践进路

身处教育4.0时代开端,新技术层出不穷,移动互联、云计算、人工智能等新型词汇介入传统教育中,催生未来学校的构架以及新型学习方式的变革。依据人文艺术学习特点,区域人文艺术学习中心的建设将体现以下三个新走向。

1. 儿童本位：从B端提供走向C端定制

进入21世纪，国内外教育研究者对"生物进化视域下儿童脑、认知综合发展、社会互通视域下的儿童认知与情感发展、学校及社会机构环境中儿童认知与情感的相互作用"等问题进行了深入的研究，强化用科学与文化融合的研究为儿童发展提供新视野，在教育过程中要把握社会性互动与儿童发展的动态关系。依据以上观点，人文艺术学习要从儿童本位的视角出发，在内容选择和方式支持等方面，借用C端定制理念，解决儿童在人文艺术学习上的需求痛点。在不同的学习场景下，学生可依据自己的选择进行学习，引领者可定制相对应的学习内容为学生提供个性化的学习，从而确定自身价值，丰富优化学习体验。

2. 多元表征：从传授体验走向表现设计

在未来学校的背景下，体验学习强调"主题性、趣味性、应用性、情境性"，具体是指学习者在虚拟或者现实的情境下通过动手实践而获得新经验的过程。而针对人文艺术学习这一特定领域，还需引入"表现学习"与"设计学习"两种方式。表现学习是源自儿童爱表现的天性，鼓励儿童多表现有利于正确对待并保护儿童的表现欲，张扬儿童个性。设计学习则是体现工程思想、设计思维的学习。将人文艺术学习的目标从传授体验提升到"表现设计"有助于发展学生高阶思维，提升创造力。

3. 统整实践：从分科学习走到跨科应用

我国古代设置了"礼、乐、射、御、书、数"六艺，这是最早的分科课程，也隶属人文艺术的分科课程。这样的分科学习方式固然能够让学生在较短的时间内系统学习及掌握这一门知识的基本结构与内容，但存在"忽略知识的联系性、违背知识发展规律"等缺陷。随着教育改革的不断深化，STEM课程、项目化学习的兴起，促进了课程整合的趋势。未来的人文艺术学习将逐步打破学科壁垒，增强学科间渗透，强化内容的综合性与开放性，在跨学科应用的基础上进行知识重组。

二、目标：人文艺术学习变革的价值追求

高质量教育不仅仅是为了知识而教学，更多的是为了人的发展而教学

的生命化体验学习。要让人文艺术教育从教学走向生活，不仅要在追求儿童得到完整生活的教与学的过程中使师生双方生命价值都得以生成，更要努力追求一种充满生命体验与生命关怀、感悟生命意义、富有生命活力的理想境界。而变革学生人文艺术学习方式是实现我国教育高质量发展战略的重要环节。

（一）聚焦"博雅"，践行五育融合视域下的学习中心

2020年10月，中共中央、国务院印发《深化新时代教育评价改革总体方案》。该方案中特别强调了"以德为先、能力为重、全面发展"的全人发展理念，"创新人才"在新时代背景下的新定义明确为"德智体美劳全面发展的人才"。相较于其他两类学习中心，人文艺术类学习中心则将更多地借鉴"博雅"理念，强化基于社会中的人的通才素质教育。

1. 建立学习内容的有机关联

在区域人文艺术类学习中心建设过程中，我们有机整合了区域发展规划与中心建设场地特点，将其纳入课程学习内容中，最终实现学习内容的有机联系。例如，民族游戏体验中心基于建设场所杭州市回族穆兴小学的民族学校背景，设置的"民族游戏坊"学习项目中就包含了民族知识、民族服装等初步体验，培养学生理解、尊重不同民族文化并外化于行。戏剧体验活动中心则是将"玩转童话"引入戏剧体验，成为学生表达自我、认识和思考世界、解放天性的艺术符号，走向一种深度的基于情感体验的"用整个身体来表演"的全人课程。

2. 实现学习目标的整体融通

在设置学习中心课程学习目标时，我们立足学生视角，遵循儿童成长规律，满足学生的成长需求，关注个性化需求、融合教育价值，培育学生素养。其中英语戏剧学习中心的课程学习目标为感受地道英语培养语言能力、分析戏剧人物培养思维品质、挖掘戏剧情感培养文化意识、自导自演戏剧培养学习能力，就是使学生在真实的情境中通过人物体验换位思考，提升英语语用能力，发展核心素养。中华传统文化学习中心提出"明德正己、习艺立志、知礼识美"的学习目标，在彰显五育融合的育人理念的同时，也融通了古老而深厚的书院历史与宋韵文化。

175

3. 优化学习评价的综合渗透

学习评价要反映学生在学习中心的学习水平、学习过程及学习结果,同时还要用表现性评价方式评价能力、方法以及情感态度、价值观等无法用量化手段精确测评的学习表现。"小河坊"社会体验活动中心通过幼儿学习手册、反思性情境评价、幼儿学习故事评价三种方式,评估幼儿在传统手工艺、传统小吃课程中的成效达成情况以及评估传统文化实践活动对幼儿全面发展的意义和价值。绘本艺术体验学习中心根据语言绘本艺术体验坊、表演绘本艺术体验坊、实用绘本艺术体验坊、综合绘本艺术体验坊类型,以"便捷""普及"为体验特征,以培养审美认知、审美理解、审美创造为目标,拓宽体验时间,提供多样绘本艺术体验活动。儿童艺术学习体验中心着力于"篆刻"项目建设,在评价过程中提倡对不同学生采用不同的评价标准和方法,以促进学生都在"最近发展区"获得充分的发展,使学生感受到书法、篆刻美的陶冶,增强民族自豪感。

(二)践行"学习",建设未来教育视域下的学习中心

教育4.0时代如约而至,《未来学校:为第四次工业革命定义新的教育模式》白皮书发布。在推进人文艺术类学习中心建设过程中,我们需要重新弄清学习本质,梳理出人文艺术学科特有的学科特点,厘清相互之间的关系,严选学习范式,处理好学习范式间的迁移问题,让学生能够在人文艺术学习中,博古通今,对话未来。

1. 基于项目的选择式学习

选择式学习是指学生根据自己的兴趣、爱好和智能优势来选择适合自身发展要求的学习内容、学习方法、学习伙伴、评价内容等的学习方式。当前主流的项目化学习更强调设计思维和核心知识的理解,在做事中理解概念,形成高阶思维,引发跨情境的迁移。在人文艺术学习过程中,学生通过选择进行项目化学习可以在迭代设计中凸显深度学习特征,强化体验理解,聚焦学科关键概念与能力,进行学科与学科、学科与生活、学科与人际的联系和拓展,用项目化的形式呈现出来。

2. 基于混合的渐进式学习

渐进式学习是指在时空持续变化的基础上,深入推进同一项目的学习,确

保学生在持续一段时间内实现学习方式的优化和本质认识的升华。随着网络技术的迭代更新,网络化、数字化、立体化、虚拟化、互联化正逐渐走进课堂,线上与线下相结合的混合式学习将成为学习样态的主流。通过借鉴混合学习方式,恰当结合传统学习手段和在线学习手段,让学生在人文艺术学习中可以在校内学习资源的基础上,选择校外的课程资源,享受优质的社会资源。

3. 基于融合的共生学习

共生学习是指学习者为了满足人的发展与人类社会可持续发展双重需要,以和而不同、万物并育为核心理念,谋求人与自我、人与人、人与社会、人与自然、人与其他等和谐共处,促进共建共享、共赢共荣的虚拟与现实相融合的学习活动。在人文艺术学习中,无论是体验观察、本质回归还是基本规律的理解,都脱离不了教育实践的深耕,都需要找到、学习与实践之间的关联,以帮助学习者掌握自我学习的能力以及解决问题的能力。

三、路径:人文艺术中心建设的样态探源

上城区在推进学习中心建设中重视把握育人方向,全过程融入爱国主义、社会主义核心价值观等元素,将学习中心分为科技创造、人文艺术、社会实践三大类,培养学生创新素养、合作与沟通素养等终身学习能力,促进学教方式变革,提升区域教育服务品质。随着实践的深入,在人文艺术学习中心的建设过程中,上城区不断完善相应的顶层设计与机制优化。

(一)区域人文艺术学习中心的分类标准

1. "六向"学习内容

人文学科包括文化、艺术、美学、教育、哲学、国学、历史、法律八个类别。结合区域学习中心建设的要求以及基础教育学段学科特点,现将上城区人文艺术类学习中心分为文化体验、艺术浸润、美学启蒙、哲学明理、国学养正、历史弘道六类(见图7-1)。

图7-1 上城区人文艺术学习中心"六向"分类

文化体验学习中心：包括传统文化、国际理解等内容。艺术浸润学习中心：包括语言文学、美术、表演、综合艺术等内容。美学启蒙学习中心：包括理论研究、作品鉴赏等内容。哲学明理学习中心：包括思政学习、核心价值观学习等内容。国学养正学习中心：包括唐宋诗词、元曲与明清小说等内容。历史弘道学习中心：包括历史、四史教育等内容。

2. "三式"运作体系

相较于科技创新与社会实践类，人文艺术类学习中心有其独有的特点，如主题离散、体验要求高等，通过对人文艺术类学习中心体系的探讨，厘清了运作体系的概念，从学习发展方向、课程推进类型两个方面入手，现将人文艺术学习中心分为：单项目渐进式学习中心、单项目共生式学习中心及多项目选择式学习中心（见图7-2）。

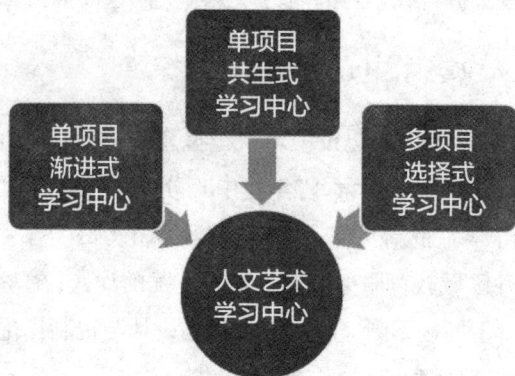

图7-2　上城区人文艺术学习中心"三式"分类

（二）区域人文艺术学习中心的内容架构

根据以上分类标准，将上城区现设人文艺术类学习中心根据课程内容进行分类。根据运作体系分，现有单项目渐进式学习中心3个、单项目共生式学习中心2个、多项目选择式学习中心2个。根据内容设计分，共有文化体验类学习中心4个、艺术浸润类学习中心2个、美学启蒙类学习中心1个（见表7-1）。目前，区域范围内尚无哲学明理类、国学养正类、历史弘道类学习中心。随着中心建设工作的推进，后期也将陆续补充。

表7-1　上城区人文艺术类学习中心的分类

	分类	
	六向	三式
英语戏剧学习中心	艺术浸润	单项目渐进式
戏剧体验活动中心	艺术浸润	单项目共生式
中华传统文化学习中心	文化体验	多项目选择式
儿童艺术学习体验中心	美学启蒙	单项目渐进式
民族游戏体验中心	文化体验	单项目渐进式
"小河坊"社会体验活动中心	文化体验	单项目共生式
绘本艺术体验学习中心	文化体验	多项目选择式

第二节　样态：基于渐进式、共生型、选择性的学习

　　学习样态是指不同情境下学习的状态，是对学习的一种自然状态的描述。学习方式、学习形式、学习类型、学习模式、学习风格都是一种学习样态，它们被包括在学习样态的范畴之中。通过学习中心建设工作的推进，上城区人文艺术学习中心从初期的课程建设阶段过渡到对学习样态的深度研究，现以举样的方式向大家介绍"单项目渐进式、单项目共生式、多项目选择式"人文艺术学习中心的学习样态。

一、"渐变构成"渐进式学习样态

　　"渐变构成"这一概念来自绘画领域，是指基本形或骨骼逐渐地、有规律地循序变动。将渐变构成这一概念引入单项目渐进式学习中心课程学习样态，就是借助这一方式，将单一项目进行持续学习，实现学习目标的螺旋式上升。上城区现有英语戏剧学习中心、儿童艺术学习体验中心、民族游戏体验中心三个学习中心课程采用"渐变构成"这一类型。现以英语戏剧学习中心举例说明。

（一）运作流程：解构—重构—变构

　　"英语戏剧学习中心"是上城区借助区域名师工作坊资源开发英语戏剧课程，为英语基础课程做补充，通过混合式学习的教学方式，倡导体验式学习方式，通过初步体验、观察反思、形成概念再到检验不断循环的过程，着力打造全面发展学生核心素养的英语戏剧课程，致力于提高学生英语知识水平，转变英语学习方式。其中在"云剧场"，学生的知识和认知技能在解构、重构和变构中习得、深化并内化巩固。

1. 解构:戏剧知识的学习

"云剧场"教学中的解构,即是以教师为主导和以学生为主体,以问题引导的形式,学生习得戏剧知识,形成初步概念。戏剧知识学习既包含在情境教学中解构戏剧技巧,也强调引导学生对比母语和英语的语用异同,解构英语使用者如何在对话中运用语用能力,从而习得戏剧人物特征和矛盾冲突等戏剧要素。

【案例7-1】 台词解读

在"云剧场"第四期课程里,学生欣赏经典戏剧视频后,教师以问题为导向,指导学生解读关键台词,分析Hans使用的语言技巧,如重音、停顿等,以及分析Hans肢体动作的变化,解构台词、语言和动作等戏剧技巧对人物塑造的重要性。此外,教师引导学生回顾先前的人物分析过程,概括归纳如何解读人物情绪,如何抓住主要矛盾,解构戏剧人物特征和矛盾冲突两个戏剧要素。

2. 重构:戏剧知识的内化

在解构和建构的基础上,学生梳理戏剧情节,解析人物特征,理解并掌握戏剧技巧及戏剧要素。但基于学习体验及思维方式的个体差异,学生对戏剧知识的理解也存在个体差异,因此学生在拍摄前会深入分析角色和剧本,对戏剧技巧和戏剧要素进行筛选、调整及重组,形成个人的独特见解,重新建构个人思维产品,深化戏剧知识,为塑造角色、演绎剧本奠定基础。

【案例7-2】 戏剧要素学习

在"云剧场"第四期课程里,学生习得的戏剧技巧有三个:Key line(聚焦关键台词);Language skills(选择语言技巧);Body language(使用合适动作)。学生掌握的戏剧要素是如何突出角色的邪恶,以使戏剧片段达到高潮。学生根据个人理解和体验,对戏剧技巧和戏剧要素进行重组,有的学生侧重通过聚焦关键台词突出角色的邪恶,有的学生凸显动作,有的学生倾向于通过重读、停顿及降调等语言技巧来呈现,各有风格,各具特色。

3. 变构:戏剧知识的深化

在戏剧学习中,学生还要观察戏剧表演评价量表,并参照量表对个人戏剧设计和表演进行变化调整,促使戏剧知识的内化。通过对照评价量表,学生站在质疑、确认、证实或更正自己的立场,自觉监控自己对戏剧的认知、在作品中运用的要素以及推导出的技能是否准确运用,反思自己的戏剧设计是否达成目标,如是否有重点演绎关键台词,是否有运用恰当的语言技巧,是否有使用合适的肢体动作等。学生基于个人观察和反思,评判是否要对个人设计及表演进行自我修改,内化所学戏剧知识,向系统的认知体验式学习迈出重要一步。

(二)实施样态

1. 教师配置

本中心是上城区第一个初中英语学习中心,团队教师为来自区域初中骨干英语教师,参与区引进的英国 EFEC 机构的戏剧直通车师训项目,提升英语与戏剧表演的专业技能,并定期开展教研活动。

2. 体验流程

线上报名,学习微课:学习中心通过互联网发布本周线下体验课程,包括时段、人数、难度、适宜学生。学生通过学习中心报名平台选择报名英语戏剧课程。随后就可以随时随地打开移动设备学习微课程,根据自己的节奏播放或暂停,或反复播放,成为学习的主人。

线上测试,获得成就:学生在观看微课视频后,进行模仿朗读、选择题等形式的题目测试,能够"会读""能懂""敢说",系统及时反馈给学生目前的学习状况,落实巩固微课教学成果,也是线下课程前的预演,让学生自信地参与线下课堂活动,把舞台表现力释放出来。学教方式的变革,让不同水平的学生在课堂上都能有收获、有意义。大数据技术也可以反馈给授课教师,了解学情,为线下课程做好"备学生"的准备,以解决由于对学生不了解而影响课堂体验的问题。

线下活动,体验戏剧:作为活动性较强的课程,线下课程仍有其不可替代性,线上微课程只是为线下课程做辅助加成。在扫清了知识与技能的障碍后,学生可以全情投入研究型、项目化、合作式的戏剧课堂中,全情体验戏剧学习的魅力。

3. 课程资源

"英语戏剧学习中心"线下体验课程主要以体验式教育戏剧活动为主,同时设置线上微课程,在知识上和技能上为线下课程做补充。结合英语学科的核心素养,线上微课程分为以下四种类型。

文化浸润型:由于英语戏剧的特点,学生在表演戏剧前需要了解剧本背后的文化现象或文化背景,这对理解剧本大有裨益。

角色剖析型:英语戏剧主要以人物展开情节。部分学生可能因为语言表达的障碍,无法对角色有较为深刻的理解。因此,角色剖析型微课程可以针对剧本中的典型人物进行深入的分析,让学生抓住人物的特点,将有助于学生在线下课堂活动中展现表现力。

语言突破型:英语戏剧课程的难点在于语言的灵活应用。大班授课无法关注到学生的个体差异,无法保证每位学生"会读""能懂""敢说"。语言突破型微课程可以帮助学生掌握剧本中的难点发音,扫清发挥表现力的部分障碍,自信地参与线下课堂活动,最终培养语言能力。

兴趣导向型:针对学习能力的培养,将课程中讲解所学语言迁移至生活情境中,让学生活学活用,甚至可以从英剧、美剧中学习多样的表达方式,拓宽学习资源。生动有趣的内容,激发学习兴趣,充分发挥学生学习的主观能动性(见表7-2)。

表7-2　线上线下结合模式范例

线上微课程	线下体验课程"The Little Mermaid"
(兴趣导向型)如何表现期待	第一幕 Under the Sea
(兴趣导向型)如何表现惊讶	第二幕 Out of the Sea
(语言突破型)饱满的元音	第三幕 At the Shore

线上微课程	线下体验课程"The Little Mermaid"
(角色剖析型)如何抓住角色表情特点	第四幕 In the Sea Witch's Cave
(角色剖析型)如何抓住角色动作特点	第五幕 At the Shore
(文化浸润型)西方宫廷探秘	第六幕 In the Palace
(语言突破型)弱读与连读	第七幕 At the Shore
(文化浸润型)童话的潜在象征	第八幕 In the Prince's Room

4. 评价机制

学生创意呈现的英语戏剧作品是课程实施的重要成果,是学习中心教育实践的宝贵财富。学生在英语戏剧课上尽情地体验不同的情感,用英语表演做事,全面发展英语学科核心素养。因此,我们要格外珍惜学生的作品,并为学生打造尽情展现自我的平台,为他们提供展示的机会。戏剧作品的评价可分为自评、互评和师评。

自评。最终表演结束后,小组可派出一名代表,发表"入选宣言",为自己小组的作品进行拉票,突出说明作品的亮点、创新点,培养创新思维。

互评。在观看完同龄人的表演后,小组之间进行互评,以"1优点＋1缺点＋1建议"为模式进行点评,并以不记名的方式投票。

师评。授课教师发表专业指导意见。教师的评价以鼓励为主,根据师生合作设计的戏剧表演评价量表妥善地指出学生可以提升的方面。

通过三评互补的展示评价手段,最终每节课根据小组投票与教师投票评出最佳作品与最佳演员。学生在评价活动的开展中,进一步提升戏剧鉴赏素养,也能进一步提升学生的语言表达能力,同时在获取他人的评价与欣赏他人创意表演的过程中,彰显分享的价值,体现英语戏剧课程在学生多元智能发展中的作用。

(三)提升策略

下一阶段,对于单项目渐进式人文艺术类学习中心而言,需要破解如何打通学段壁垒、促进上下连通的问题,促进同一项目能形成学前教育、义务教育阶段的螺旋上升的模式,同时也要厘清不同学段间同一项目内容的目标定位,防止出现"知识重叠或知识超纲"现象。

二、"具身认知"共生式学习样态

具身认知理论是指生理体验与心理状态之间有着强烈的联系。将具身认知理论纳入区域人文艺术单项目共生式学习中心课程学习样态,就是要建立人与自我、人与人、人与社会、人与自然、人与其他等和谐共处关系。上城区有戏剧体验学习中心及"小河坊"社会体验活动中心两个单项目共生式学习中心,现以戏剧体验活动中心为例来说明。

(一)运作流程:认知觉醒—想象再造—具身创作

戏剧体验活动中心是上城区有机整合"创意阅读"和"教育戏剧",为实现学生表达自我、认识和思考世界、解放天性的目标,而建设的基于情感体验的"用整个身体来表演"的全人课程体验学习中心,旨在通过各种创意活动,对学生进行剧目理解、剧本创编、舞台管理、剧化表演等戏剧素养的培养,让每个孩子通过课程学习,构建一种独特的人文素养,培养活泼、乐观、会合作、会探索,具有恢宏前瞻、创造进取本领的健全小国民。

1. 基于身体与表演的认知觉醒

从"身心的分离"到"身心的回归"再到"认知的觉醒",戏剧教学注重学生情感的发生,戏剧课程更加关注身体"在场"的诉求,也是"具身化"戏剧课程形态的诉求。

【案例7-3】 身心合一的学习

在《我的身体学汉字》戏剧活动课中,教师带领学生围成圈站立,教师告诉学生,今天我们要用身体来表演汉字"人""大""天"。这时,音乐响起了,教师边做动作边讲述:"人"这个字在中国很特别,左边一撇代表过去,右边一捺是现在,"人"字代表我们的行动力,要通过智慧与内心掌握它。教师站得笔挺,学生打开双脚,努力表演这个"人"字。教师接着讲述:当我们慢慢长大,内心就要有担当,平举双手,就是一个"大"字,它告诉我们要脚踏实地,学会谦卑、学会敬畏。你们看,在我们的头顶有一方青天,挺直脊梁,感受它的力量,这就是一个"天"字,指引我们做"清白之人"。

该案例体现出"身心合一"的戏剧学习中心具身化教学形态,实施者围绕学生身体性的活动,通过多感官的参与,这种融入感官学习元素的课程,能显著提高学生对知识的理解与感知。可以这么说,身体活动越丰富,感官参与越多,那么学生获取的信息就越丰富。

2. 基于经验与表演的想象再造

杜威提出"教育即生活",主张学校要安排适合学生的生活环境和生长环境;让孩子在情境中游戏,在角色扮演中学习,获得身心的愉悦与解放。对于戏剧的认知,我们一般选择先去讲解、阐述,这样的判断、推测、证实,忽视了身体的作用,缺乏感官的证明。戏剧体验活动中心的"具身化"提倡学生亲身体验,依赖感官的经验,让一切可见的东西呈现在学生面前,一切可触摸的东西呈现在学生面前,激起他们对生活经验的回溯。

【案例7-4】《三个儿子》的体验性学习

《三个儿子》是戏剧体验活动中心的一堂经典体验课,这节体验课中要指导孩子表演拎一个重重的水桶。王老师为了调动学生的生活体验,设计了"提水桶"的情境游戏。第一次,老师先请学生提装满水的水桶,学生们提得面红耳赤,非常吃力。第二次,老师让孩子回忆刚才的提水经验,尝试提一提空的水桶,强调要演出水桶很重的样子。学生的创作激情被点燃了,学生A脸涨得通红,好像提不起水来。老师问:水桶重不重? 学生说:重极了! 学生B提着水桶,拎起来,又放下,拎起来,又重重地放下。老师问:你怎么了? 学生回答:这水桶实在太重了! 孩子们通过生活经验,对水桶进行想象补白,再现了水桶的重量。

传统的戏剧课通过师生的对话开展活动,潜意识地把身体拒绝在外,课堂是以教师为主导的戏剧排练模式;而具身理论视野下的中心戏剧课程注重"身体经验"与"感官经验"的联动,从而激发了学生的创造性思维,让师生关系趋于和谐,课堂轻松愉悦(见图7-3)。

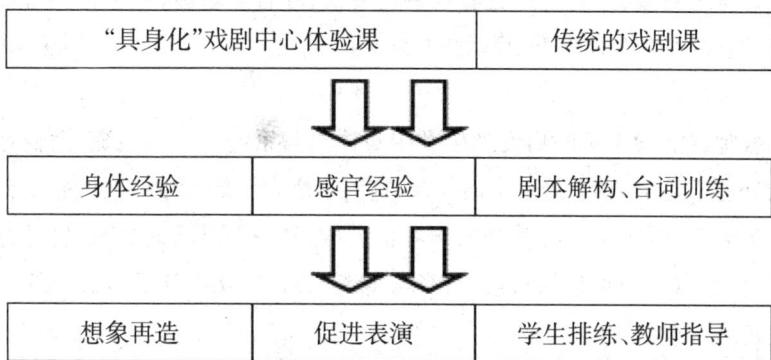

"具身化"戏剧中心体验课	传统的戏剧课

⬇ ⬇

身体经验	感官经验	剧本解构、台词训练

⬇ ⬇

想象再造	促进表演	学生排练、教师指导

图7-3 传统戏剧课与"具身化"戏剧中心学习样态的比较

3. 基于体验与表演的具身创作

曾经有个实验,让参加测试的大学生分成两组,分别扮演"囚犯"与"看守",实验揭示了,当我们扮演一种新的角色的时候,刚开始或许不太适应,但是我们可以很快地进入角色,成为"另一个我"。"具身化"戏剧中心课程注重"角色体验"的戏剧课堂,以角色重塑和角色表达推动情节发展,在假装游戏——角色游戏——戏剧性游戏的课堂序列中,从"我"到"虚拟角色"的入戏过程是一个"具身化"的创作过程。

【案例7-5】 戏剧学习中的具身

以中心戏剧课《失落的一角》为例,如果这个戏剧只是让学生演一演,那么故事中的哲理——"缺陷中的完美",孩子不仅无法体会到,而且和原有的生活经验相悖。因此,《失落的一角》的设计非常强调"角色重构"这一点。活动的第一阶段是"你喜欢这个绘本中的哪个角色"。该阶段在阅读的基础上,学生利用身体与道具再现绘本中的角色,如不停奔跑的圆、飞来飞去的小鸟、可爱的小松鼠。第二阶段是"这个角色是谁",在这个阶段,学生要进一步地了解每一个角色以及角色的背景,包括性格、爱好、与他相关的人或事物。教师可以指导学生设计角色地图、思维导图等方式,把握角色的行动线索。第三阶段,学生可以进行故事的表演,并进行创编,把台词、动作、神态等语言写在角色地图上,推动情节发展。

教师在活动中不断启发学生利用身体感官系统与感知系统,大脑对信息的处理不是单向的,趋于多而复杂,这对于激发深层思维的发展非常有价值。另外,学生既是一种认知的学习状态,更是一种对话的状态,自身与身体的对话、自身与角色的对话、自身与他人的对话,从而让更有意义的学习发生。

(二)实施样态

1. 教师配置

课程师资采用学校戏剧教师与外聘教师二位一体的形式。学校戏剧教师对体验内容进行再设计与打造,不仅要把课程内容实施下去,更要努力提升课程质量。外聘教师是从师训这一方面思考的,通过专业的戏剧专家的引领,提升戏剧教师的教法与理念,提升区域戏剧的品质。其中,校内师资团队按照不同任务分工(见图7-4)。

图7-4　戏剧体验活动中心团队配置任务分工表

2. 体验流程

戏剧中心围绕主题活动开展,课程设计的构想如下:每一个戏剧内容都具有相当的独立性与完整性,可以作为独立的主题来实施。同时也可以根据学生的需要,三个内容流转体验,从而经历整个领域的活动学习(见图7-5)。我们理想的学习中心不是一种综合课程的统整,而是紧紧围绕儿童的戏剧经验的构建,开拓出一系列"小项目"式的活动。

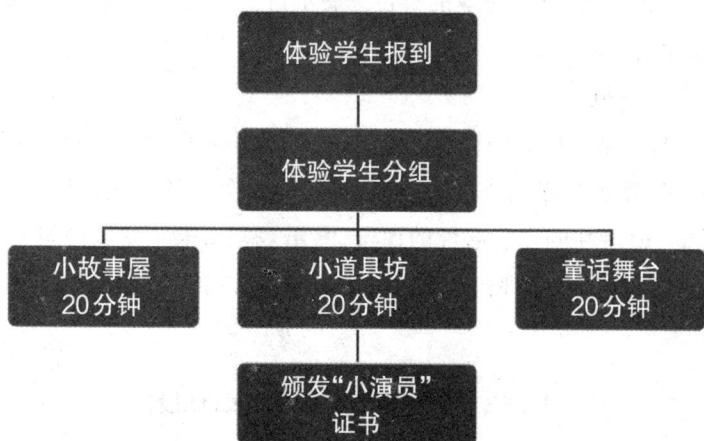

图7-5　戏剧体验活动中心流程图

3. 课程资源

戏剧体验活动中心课程遵循小学生的戏剧天性,根据小学生的身心特点,分为低、中、高三个学段课程资源(见图7-6)。

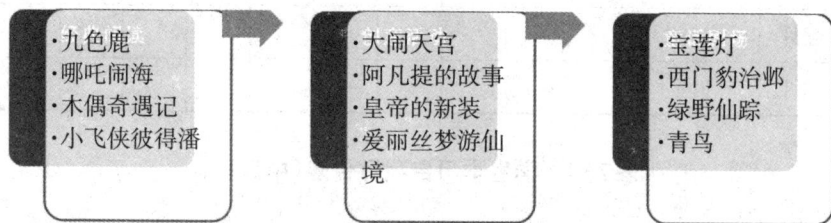

图7-6　戏剧体验活动中心课程资源图

"经典阅读"用童话故事激发学生对于阅读的兴趣,注重学生对于故事的理解,同时拓展学生对于童话、戏剧相关知识的了解。"创意活动"注重学生在戏剧主题活动中进行戏剧表达,通过肢体律动、五官认知、即兴哑剧及对话创编等戏剧表现形式,运用自己的身体和声音去传达或解决童话人物与故事情境中的问题。"童话剧场"让学生根据编者所提供的童话改编剧本,

189

进行戏剧的排演。注重戏剧基本功及核心能力的培养。通过专门的"儿童剧场"戏剧排演,给学生专业的舞台去展示自我。三个领域互相渗透,由浅入深、循序渐进。

4. 评价机制

戏剧体验活动中心课程的评价方式,根据不同年龄学生特点,按照课程的目标和戏剧的组织形态,改变一般课程等级分数的量化评价,启用一种描写性的、邀请性的和唤起性的评价,突出戏剧追求儿童灵性与人文精神的内核,采用教师日志评价与学生学习自我评价相结合的方法(见表7-3至表7-5)。

表7-3　学生学习自我评价表(低段)

评价方式	评价指标											
	戏剧课兴趣			游戏中的你			故事中的你			表演中的你		
	你真棒	很好	加油	你真棒	很好	加油	你真棒	很好	加油	你真棒	很好	加油
自评												
互评												
师评												

表7-4　学生学习自我评价表(中高段)

自评表		小组自评表		
项目	评分	座号	评分	说明
我了解故事结构				
我了解歌舞剧的含义及作品的形式				
我了解戏剧的语言 (定格、走位、舞台区位等)				

自评表		小组自评表		
项目	评分	座号	评分	说明
我能够将音乐转化成故事 并通过戏剧呈现				
我能够积极愉悦地与同学讨论创作				
我能够自信地在舞台上演出				
我喜欢这个课程,也觉得对我有 帮助				
心得或建议				

表7-5 教师日志评价表

教师日志评价
戏剧主题活动: 活动类型: 引领教师: 体验学生: 体验日期: 活动来源: 活动设计说明: 活动中的呈现与分析:

(三)提升策略

下一阶段,单项目共生式人文艺术学习中心需要重点解决"如何更有效实现素养培育中的合一路径优化"的问题,针对不同维度的目标发展,充分思考。

三、"快题设计"选择式学习样态

"快题设计"这一概念来自高等教育设计专业入学入职测试必考科目，是指在较短时间内将设计思路和意图用徒手绘制的方式快速地表达出来，并完成一个能够反映设计思想和理念的设计成果。上城区在多项目选择式人文艺术学习中心引入"快题设计"这一形式作为该类中心的学习样态，倡导"作品即学习"的理念，既能充分体现人文艺术学科的表现设计的独特需求，也能规避多项目选择式学习中心"因选择多样造成的体验不充分"，现以中华传统文化学习中心举样。

(一)运作流程:知识聚合—勾勒塑形—衍生创见

中华传统文化学习中心是上城区基于传统文化建设的育人项目实践基地，致力于链接书院传统与教育未来，通过混合式学习模式，整合书院旧址、书法实践基地、射击馆、茶艺室等场地优势，依托之江汇教育平台，建立学习中心双循环体系，以使参与学生达到"明德正己、习艺立志、知礼识美"的学习目标。其中在"茶香四溢"项目中设置了"茶饮调配"的线下项目探究内容。结合"快题设计"这一学习样态，设计了以下三个环节。

1. 知识聚合:积累"茶饮调配"的匹配知识与技能

在知识大爆炸时代，对教育的要求越来越高，而现代人没有足够的精力去持续不断地接受教育，造成人的知识结构很难适应社会发展需要。这种情境，在线下项目探究过程中会越来越显著。因此需要组织学生提前完成知识的聚合。

【案例7-6】 "茶饮调配"学习内容

在"茶饮调配"线下项目探究中，学生需要积累大量关于茶饮的知识，教师将项目总目标定为:1.了解茶的成分及功效，配料与茶的化学反应情况。2.了解配制茶饮料的基本原则，掌握调制调饮茶的技能。3.小组合作设计并调制适合不同季节饮用的健康、美味、价廉的调饮茶。4.在活动中学会交往与合作，学会关心他人、欣赏他人，增强统筹意识和团队意识，养成耐心细致的学习习惯和生活习惯。同时将设置"茶品调配、茶品营销"等线上学习内容以及"前期调研、茶品品鉴"等线下学习内容(见下表)。

"茶饮调配"学习内容表

分项目名称	学习内容	实施方式
茶品调配	1.茶与健康; 2.基本调饮方式	线上学习
茶品营销	1.营销涉及生产与销售; 2.生产、销售需要关注的内容	线上学习
前期调研	1.教师设定项目:设计适合不同季节饮用的调饮茶,分组讨论项目实施流程; 2.学生进行分组,确定对应季节及小组成员	线下学习 线上学习
茶品制作	1.制作调饮茶,改进配方,完善分工; 2.了解调饮茶中的化学反应	线下学习
茶品品鉴	1.海报、台签、问卷制作; 2.场地布置、调饮、问卷调查、人员引导、现场调控等事宜的分工安排	线下学习

2. 勾勒塑形:打磨"茶饮调配"的最优方案与设计

为了激发学生的热情,如何开展这堂课为好呢?常规的方式是限定一个范围,即单一学习调饮茶的知识,制作调饮茶。这种学习方式较为机械,限制了学生的思维发展。在一定的前提条件下,小组合作独立设计调饮茶的配方,并通过调制不断改进,最终形成一个产品,对其进行设计、包装、销售。学生的角色在生产者、设计者、销售者三个身份中不断转换。这种真实情境下的学习无疑更为真实、有效。

【案例7-7】 茶饮调制的学习

在第一次项目实施调饮时,由于前期准备不足,小组合作中工作分配不均,对调制的流程不够清晰明确,组长与组员之间的沟通交流不够,导致有的小组成员过于繁忙,有的小组成员比较空闲;调饮口感欠佳。小组成员及时进行总结、反思,寻找解决问题的方案,迅速调整配方及分工,在第二次调饮时喝到了美味的茶饮。学生在项目实施过程中不断深入实践,思考、讨论后得出茶饮料在调配的过程中数量、时间、流程都会影响调饮的结果。

核心素养的培养包括:批判性思维与问题解决、创造性与主动学习、交流与合作、跨文化理解与全球视野。其中,学生在项目化学习中突出表现为批判性思维与问题解决能力提升。

3. 衍生创见:实现"茶饮调配"的精细制作与推荐

在项目学习活动中,项目组成员在课间、放学后到茶饮料店、超市等向不同年级的学生、老师、家长、顾客、店员等了解各种对茶的喜好、品种等信息数据的收集,为后面的设计配方提供有利的数据依据。问卷的设计由学生自主开展,最初设计问卷存在选项不够全面、内容不够精准等问题,导致调查数据不够准确,可信度不高。

【案例7-8】 茶饮学习的评价

市场上面的碳酸饮料较多,碳酸饮料中的碳酸会影响钙吸收、胃肠道吸收,容易出现蛀牙,引起肥胖。除此之外,大量添加剂、色素和防腐剂,不但不解渴,反而让自己更渴,还含有大量色素,对皮肤也不好,容易引起肾结石。健康调饮茶使用茶作为主要原料,茶含有大量人体必需的微量元素,配合花、草、水果、牛奶等辅料,兼顾色、香、味。学生通过自己喜爱的口味进行设计并调饮,深入了解茶对人体的健康功效,体会茶文化的博大精深。在品鉴会上,有老师说:"这个茶真好喝啊,能让我带些回去给儿子喝吗?"有小朋友说:"我想把这个茶带回去给爷爷奶奶喝。"还有小朋友说:"我愿意用一周的零花钱(30元)来买这杯茶。"

该项目成果评价表见下表。

创意调饮茶项目成果评价表

序号	评价内容	分数分配	A (1)	B (0.8)	C (0.5)
1	茶味与季节的关系	20	符合季节	较符合季节	不符合季节
2	茶味与健康	20	合理、健康	较合理、健康	不合理、不健康
3	茶叶选择与冲泡技艺	20	恰当、娴熟	恰当、不够娴熟	不恰当、冲泡顺序错
4	茶的色、香、味	20	色、香、味佳	色、香、味一般	色、香、味差
5	解说	20	正确、清晰、流畅	正确、较清晰、流畅	较正确、不清晰、不流畅
6	小计				
说明	1.设计的调饮茶须符合相应的季节。 2.设计的调饮茶须符合健康的要求。 3.调饮茶注重如何科学冲泡好色、香、味俱佳的茶汤。 4.解说与演示配合,内容正确,普通话标准、流畅。				

(二)实施样态

1. 教师配置

中华传统文化学习中心为"一中心多项目"设置,在师资配备过程中强化"一项目一负责人"的并行管理,并按照"1+N"的形式在每一个项目中配置"一位实践导师+N位理论导师",同时根据多项目的动态更新原则,每学年将定期论证项目推进的可行性并及时增设或减少项目导师(见图7-7)。

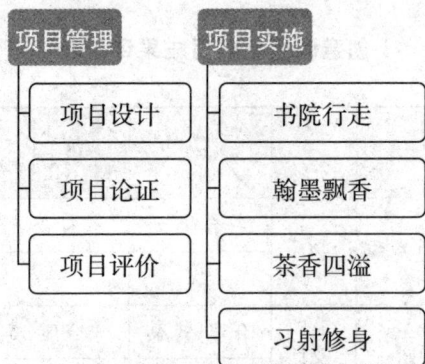

图7-7 中华传统文化学习中心师资配置图

2. 体验流程

中华传统文化学习中心面向小学三至六年级学生开设"书院行走、翰墨飘香、茶香四溢、习射修身"四个主题项目,其中,"茶香四溢""翰墨飘香"与"习射修身"为"3基础＋3进阶"线上学习内容,"书院行走"项目为线下体验内容,将组织学生走进紫阳书院原址,访书院寻根铸魂,品茶韵习礼修心,惜笔墨挥毫怡情,练射艺健体明德(见图7-8)。

图7-8 中华传统文化学习中心体验流程图

3. 课程资源

中华传统文化学习中心为彰显"线下实地体验全覆盖、线上专项学习可选择、线下项目探究重实践"三项原则,重点开发了线下体验的场馆资源及线上学习的微课资源两类课程资源(见表7-6)。

表7-6 中华传统文化学习中心课程资源表

序号	项目名称	课程资源		资源类型
1	书院行走	访书院 寻根铸魂		场馆资源
		品茶韵 习礼修心		场馆资源
		惜笔墨 挥毫怡情		场馆资源
		练射艺 健体明德		场馆资源
2	茶香四溢	启蒙课程	茶史茶类	微课资源
			茶道礼仪	微课资源
			三享茶事	微课资源
		进阶课程	清香绿茶	微课资源
			香韵红茶	微课资源
			仿宋斗茶	微课资源
3	翰墨飘香	启蒙课程	书法起源	微课资源
			历史演变	微课资源
			学习方法	微课资源
		进阶课程	基本笔画	微课资源
			间架结构	微课资源
			章法审美	微课资源
4	习射修身	启蒙课程	射以观德	微课资源
			传统射术	微课资源
			现代射击	微课资源
		进阶课程	射击姿势	微课资源
			瞄准动作	微课资源
			击发动作	微课资源

4. 评价机制

中华传统文化学习中心的评价依据多项目选择式特点,分为线下体验评价与线上学习评价两部分,引入表现性评价方式,通过对过程及结果的评价,以期实现"明德正己、习艺立志、知礼识美"的育人目标(见图7-9)。

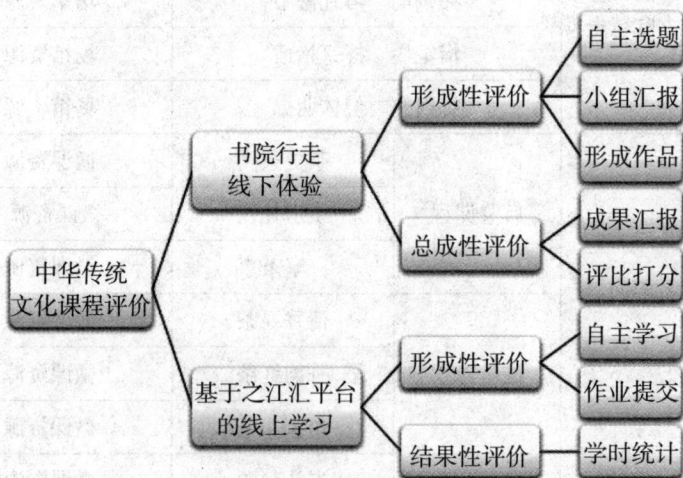

图7-9 中华传统文化学习中心课程评价

(三)提升策略

下一阶段,对于多项目选择式人文艺术中心而言,需要进一步强化"大概念整合"理念,促进中心子项目的阶段性更新,同时也需强化"社会互动",促进学习内涵的丰富。

第八章

社会:指向实践应用的学习中心

　　随着时代的演进、社会的变迁,创新人才的培养越来越受到社会各方面的重视。创新人才需要有好奇的眼睛,发散的思维,独到的见解,较强的动手动脑操作能力。陶行知先生就曾说:"中国教育之通病是教动脑的人不用手,不教用手的人用脑。中国教育革命的对策是手脑联盟,结果是手与脑的力量都可以大到不可思议"。

　　社会实践类学习中心从儿童的家庭生活技能和社会生活技能的培养出发,以有目的、有组织的劳动实践活动、职业体验活动、亲子体育活动等为载体,遵循儿童身心发展规律,通过项目化学习、模拟式体验、游戏化活动等方式,尊重儿童天性,发展儿童主体性,促进儿童社会化,开发学习潜能,激发学习兴趣,使儿童学会用手实践,善于动手实践,实现"做中学,生活中学"。

第一节　概述：生活教育理念下的做学用合一

伟大的教育家陶行知先生提出"生活即教育""社会即学校""教学做合一"的观点，形成了深远影响中国教育实践的"生活教育理论"。他认为，生活就是教育，"从定义上说，生活教育是给生活以教育，用生活来教育，为生活向前向上的需要而教育。从生活与教育的关系上说，是生活决定教育。从效力上说，教育要通过生活才能发出力量而成为真正的教育"。"生活即教育。到处是生活，即到处是教育；整个的社会是生活的场所，亦教育之场所。……我们要想受什么教育，便须过什么生活"。

一、社会实践类学习中心的内涵与特征

社会实践类学习中心关心学生的家庭生活和社会生活，着重关注学生的家庭生活活动、社会生活技能和社会生活体验。社会实践类学习中心目前有四个，由于生涯探索体验中心还在建设中，所以主要介绍其中三个学习中心。

（一）社会实践类学习中心是链接儿童与社会生活、家庭生活的重要渠道

社会实践类学习中心联系现实生活，践行"生活即教育""社会即学校"的理念，让儿童与家庭生活、社会生活发生充分链接，让教育融入生活之中。它的学习活动内容来源于生活，为生活服务，面向生活、面向社会，充分利用社会、家庭和学校的各种资源为儿童发展亲子关系与生活技能，熟悉社会生活的运作方式开辟广阔的空间（见图8-1）。

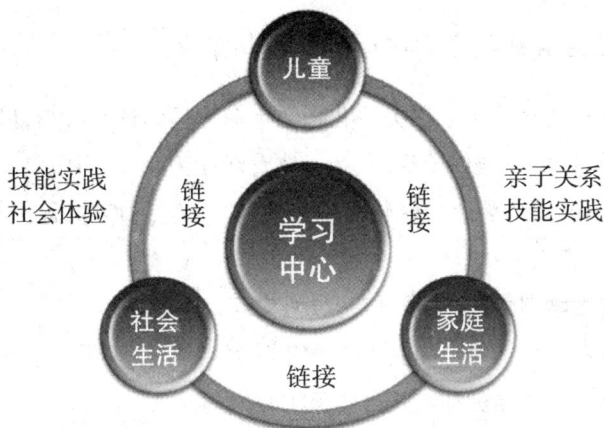

图8-1　社会实践类学习中心链接儿童与社会生活、家庭生活

(二)社会实践类学习中心让儿童在"做中学,生活中学"

社会实践类学习中心践行"教学做合一"的理念,通过项目化学习、模拟式体验、游戏化活动等方式,实现"做中学,生活中学"。

新劳动实践力体验中心从学生的社会生活技能入手,以"悦耕园"的劳动实践活动为载体,学习内容的选择及情境创设贴近学生已有的生活经验,以解决真实问题为依托,通过小组合作学习的形式进行项目式学习,让学生从中体验劳动的辛苦、学习劳动的技能、享受劳动的快乐,培养学生的实践能力、创新创造能力和问题解决能力。

生涯启蒙体验中心从学生的社会生活体验入手,加强体验活动,在实践中贯彻落实生涯教育。通过阅读了解、自我认知、校内外职业体验等方式,让学生感知各种职业的特点,寻找个人职业兴趣点,积累更多技能与经验。特别是通过社区嘟嘟街等活动,让学生通过模拟各种职业进行职业体验,切身了解不同职业所需能力的差异。

"Active Family"亲子共育学习中心从幼儿的家庭生活活动入手,根据幼儿阶段是儿童身体发育和技能发展极为迅速的时期,也是形成安全感和乐观态度的重要阶段这一特点,通过研发和开展线上线下联动的运动游戏活动,发挥了幼儿园教育辐射的作用,为家长提供了一种科学育儿的方法,有利于家长协作参与幼儿运动技能发展,也为家园共育开辟了一条途径。

二、社会实践类学习中心的价值与意义

社会实践类学习中心以关注儿童的生命成长为核心,以有目的、有组织的劳动实践活动、职业体验活动、亲子体育活动为载体,指向善于解决问题、擅长动手操作、能够将思想转化为现实的"实践力"的培养,促进儿童全面发展,实现全面育人。

(一)开发学习潜能,激发学习兴趣,实现自主学习

社会实践类学习中心坚持开发学生学习潜能,激发学生学习兴趣,实现学生自主学习。以新劳动实践力体验中心为例,

新劳动实践力体验中心的活动除了活动性强外,还富有创意性、个性化,有助于开发学生的学习潜能,非常适合中小学生动手能力、创造能力的培养。

新劳动实践力体验中心是学生主动学习的重要载体,学习的内容往往包含数学、科学、语文等多学科知识,在教师和同学的指导下,学生往往会主动产生了解、运用这些知识的内在动力,从而极大地激发学习兴趣、提高学习效率。

新劳动实践力体验中心还完善了小组合作学习机制,制定了小组合作学习的一整套操作规程,充分发挥了同伴互助、团队协用的作用,充分培养了学生自主学习能力。

(二)发展主体性,促进社会化,实现可持续发展

社会实践类学习中心坚持发展学生主体性,促进学生社会化,实现学生的可持续发展。以生涯启蒙体验中心为例,

心理学研究表明,儿童具身的参与和体验对其认知、个性及社会性的发展有广泛而重要的影响。生涯启蒙体验中心通过职业体验活动,让学生在真实的情境中体验社会角色,感受社会文化的地域特色,了解不同行业的价值,促进自我认知,发展内在自我。

生涯启蒙体验中心又通过职业体验活动,培养与人诚信交往的能力,培养社会发展与个人发展相统一的意识,促进社会化发展。

生涯启蒙体验中心还通过职业体验活动,帮助学生形成职业发展观,为

他们未来的职业生涯提供了选择和可能。

(三)尊重儿童天性,实现多元能力发展

社会实践类学习中心尊重儿童天性,促进儿童多元能力发展。

以"Active Family"亲子共育学习中心为例,

爱玩本身就是孩子的天性,"Active Family"亲子共育学习中心孩子在游戏中学,在游戏中探索,在游戏中与人交往,学会相互帮助、相互合作。

"Active Family"亲子共育学习中心通过运动游戏能让孩子在愉悦的氛围中掌握各项运动技能。运动游戏是众多游戏中的一种,也符合幼儿身心发展和多种技能学习,是孩子们喜欢的游戏种类之一。

在"Active Family"亲子共育学习中心的活动设计与实施过程中,更多关注促进幼儿多元能力的发展,强调幼儿的学习品质、态度、情感、交往能力的发展。

三、社会实践类学习中心的目标与方向

三个社会实践类学习中心的具体内容有所不同,但就其目标指向而言,具有共同性,即都是着眼于学生的核心素养,着眼于学生的能力培养。

(一)关注学生发展核心素养

社会实践类学习中心根据中心建设的实际情况,围绕中国学生发展核心素养,聚焦科学精神、学会学习、健康生活、责任担当、实践创新等素养,培养学生良好的人格品质。

新劳动实践力体验中心以树立正确的劳动观念、习得必备的劳动技能、培养良好的劳动品质为目标。而生涯启蒙体验中心则重视增进学生对现代职业理解、提高职业选择兴趣。"Active Family"亲子共育学习中心则在发展幼儿体能的同时,促进运动技能和品格、智慧、健体与情志四大能力目标的发展。

(二)关注学生的差异发展

新劳动实践力体验中心的活动特别重视个性化评价,通过开展学习评价和实施结果评价,既体现能力,也体现学习增量。学习评价采用"三印"评价方式,即花圃劳育——劳动印记,花圃双节——高光印象,花圃PBL——成

203

第八章　社会:指向实践应用的学习中心

长印章。劳动印记是指学生和老师利用表格形式评价花圃劳育板块中学生能力的达成;高光印象是指花圃小劳模以自我描述的形式在他人面前进行宣讲,留下高光印象;成长印章是结合卡证章一体化评价机制,对项目化学习过程中表现突出并有一定研究成果的同学授予"能创章"。实施结果评价包含学习情况和学生个体发展2个一级指标,其中学生个体发展指标下有兴趣的培养、特长的培养、个性的发展3个二级指标以及相应的12个三级指标。

生涯启蒙体验中心的体验活动要求在活动实施过程中充分发挥学生的主体作用。教师在设计任务时会考虑把每位学生都当成活动、游戏的主角发挥各自独特的优势。学生也很自然地在轻松活跃的活动中积极主动地获取、运用知识。学生面对体验任务能展开独立思考,进行多向思维,能从多种角度去认识同一事物,并善于把它们综合为整体认识,能创造性地运用所学到的内容去适应新的情况,探索新的问题,使自己的视野不断拓宽。

"Active Family"亲子共育学习中心始终以"全纳"的理念去设计、实施、反思、评价活动,在目标设计上体现"所有人""大部分人""少部分人"三个层次,满足不同幼儿发展的需求,有利于让幼儿在学习中不断积累进步,找到自信,不断提升。在活动中,教师也会根据不同的家长和幼儿,因材施导,让每位幼儿和家长都有不同的收获。每当幼儿在参与"活跃家庭"活动之后,教师即可借助图标对每位幼儿进行评估,按周、月评出"品格之星""智慧之星""健体之星""情志之星"等单项奖励以及"活跃之星"的综合奖励。

(三)关注社会适应

生涯启蒙体验中心通过社区嘟嘟街等活动,让学生亲自参与实践,通过模拟各种职业,进行职业体验,切身了解不同职业所需能力的异同点,培养学生的实践能力。通过职业体验活动,使学生认识自我、了解缤纷的世界,使学生对职业有一定的认识与了解,增强社会适应性,培养学生的职业意识与敏感度,理解社会上各种各样的职业都是平等的、光荣的,劳动者都在凭借自己的力量为社会创造价值。

"Active Family"亲子共育学习中心注重在亲子体育活动发展幼儿社会

适应性。在家长的口头语言和肢体语言的指挥下,幼儿主动地把动作"标准化",强化动作。当家长在指导幼儿进行动作时,使用的关键词会转换成幼儿的具体动作。提高家长的语言表达和观察能力,将家长与幼儿的互动方式设计到教学中,使幼儿在家长引导的作用下逐渐学习欣赏和模仿他人的优点,幼儿的语言表达、思维能力、社会适应性也在潜移默化中得到提升。

第二节　样态:基于生活化、社会性、共育式的学习

社会实践类学习中心的指向是通过各种实践操作活动,让学生动脑动手,获得一些基本的生活能力和社会适应能力。

一、在劳动生活中改变学生:新劳动实践力体验中心的运作

加强劳动教育是全面贯彻党的教育方针的基本要求,是贯彻落实立德树人根本任务、实施素质教育的重要内容,是培育和践行社会主义核心价值观的有效途径。为实现劳动课程教学实践化、校内劳动常态化、家庭劳动经常化、社会劳动实践多样化,通过创设"梧桐花圃"课程,突破场域限制,促进学生主动开展劳动实践,以劳促德、以劳增智、以劳强体、以劳益美,以此推进学科育人、协同育人,构建五育融合的育人机制。

(一)背景

新劳动实践力体验中心通过设置由易到难的进阶活动项目,整合班级、基地、家庭和社区的劳动实践共育学生劳动观,培养学生乐于尝试、坚韧不拔、勇于探索、积极向上、充满自信的精神品格。它为学生提供了充分的时间和空间,让学生在劳动实践中掌握知识和技能,走进社会生活,走进真实的世界,为学生的知识延伸与迁移提供情境,为学生综合运用各种感官完成实践任务提供平台,最终实现"深度学习"。

(二)项目开发与设计

1. 学习内容源自真实生活

新劳动实践力体验中心以开展花圃种植等活动为主线,让学生在劳动中发现真问题,通过项目化学习等方式解决真问题,感受劳动带来的收获与

快乐,体会劳动创造美好生活。新劳动实践力体验中心以"悦耕园"内优美的自然生态环境,让孩子们回归自然、融于自然,享受大自然的恬静和暗香,寓学于乐。

2. 学习目标体现劳动价值

新劳动实践力体验中心从思想认识、能力习惯、情感态度三个方面提出教育目标:

树立正确的劳动观念。认识劳动创造人、创造价值、创造财富、创造美好生活的道理,尊重劳动,尊重普通劳动者,牢固树立劳动最光荣、劳动最崇高、劳动最伟大、劳动最美丽的思想观念。

习得必备的劳动技能。掌握与花卉种植相关的基本劳动知识和技能,正确使用相关的劳动工具,增强体力、智力和创造力,具备完成一定劳动任务所需要的设计、操作能力及团队合作等关键能力。

培养良好的劳动品质。能够自觉自愿、认真负责、安全规范、坚持不懈地参与劳动,形成诚实守信、吃苦耐劳的必备品格。珍惜劳动成果,养成良好的消费习惯,杜绝浪费。继承中华民族勤俭节约、敬业奉献的优良传统,弘扬开拓创新、砥砺奋进的时代精神,成为德智体美劳全面发展的新时代少年。

3. 活动设计彰显五育融合

基于五育融合视角,以劳育融五育,以"梧桐花圃"课程为载体,凸显实践性、体验性、创造性、探究性和融合性五大特点,探索以劳育融五育的新路径。该课程指向小学生劳动技能、工艺美术、职业体验、设计创造和项目研学五个维度,开设花圃劳育、花圃双节、花圃PBL三大课程板块。"梧桐花圃"课程旨在让不同学段的学生选择性地体验,让不同兴趣特长的学生创造性地实践。课程框架如图8-2所示。

(三)项目实施机制

1. 项目化学习机制

项目化学习是通过一系列任务的完成,最终达成项目目标的学习方式。"梧桐花圃"的活动常常需要基于真实问题,进行学习内容的创生,学习空间的创设,学习方式的创新,建立学生学习共同体,突破时间和场域的限

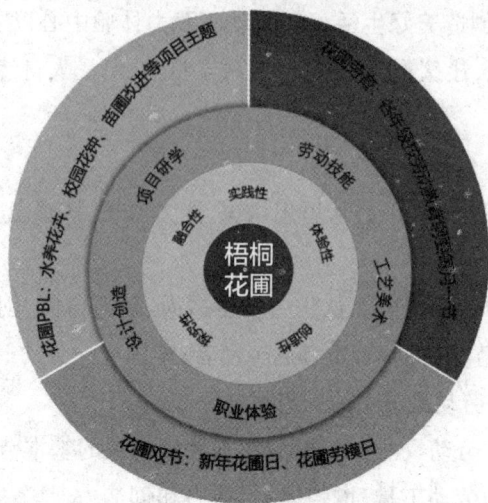

图 8-2 "梧桐花圃"课程框架

制,在学校、家庭、社会等多个场所进行学习。在学习过程中,通过学生不断提出问题、分析讨论问题、解决问题的过程,凸显学生批判性思维养成和创造能力培养,发展合作沟通能力。

2. 评价机制

"梧桐花圃"课程学习评价采用"三印"评价方式。

(1)劳动印记。以成果展示为评价形式,每项活动内容从作品完整、工具使用、创新创意、合作沟通四个方面进行评价,采用自评、师评和互评三种形式相结合,每项内容满分三分,分别对应优、良、合格三个等级。

(2)高光印象。每班推选出一名花圃劳模候选人,其作品及学习过程以文字描述视频介绍和广播的形式在全校师生面前展示。最后,全校师生通过无记名投票从每个年级中各选出一名花圃小劳模,在花圃劳模日进行表彰。

(3)成长印章。结合卡证章一体化评价机制,对在研学活动中表现突出及有一定研究成果(研究成果经有关专家评审优秀或参加相关比赛获得荣誉)的同学授予"能创章"。

3. 保障机制

新劳动实践力体验中心通过实施有效的教师培训、硬件配套服务、搭建成果交流平台,保障学习中心项目的开展。

(1)教师培训。开展对"梧桐花圃"课程教师的全员培训,明确培训目标,努力提升教师的跨学科知识整合能力,观察、研究学生的能力,指导学生规划、设计与实施活动的能力,课程资源的开发和利用能力。

(2)硬件配套。学校后勤部门为"梧桐花圃"课程的实施提供配套硬件资源与耗材,并积极争取校外活动场所支持,建立课程资源的协调与共享机制,充分发挥悦耕园、专用教室及各类教学设施在课程实施过程中的作用,提高使用效益,避免资源闲置与浪费。

(3)成果交流。开展学生学习成果展示交流活动,激发学生实践创新的潜能和动力。结合学校卡证章评价机制,对优秀成果予以奖励。发挥优秀成果的示范引领作用,激励教师持续性从事"梧桐花圃"课程研究和实践探索。

(四)典型案例:金牌小厨师

为了使大家能够更好地了解新劳动实践力体验中心的运作情况,我们选择了一个典型项目"金牌小厨师",作为案例,介绍给大家。

1. 问题驱动,发散思维:确定项目主题与流程

(1)创设真实情境,引发共鸣。学生在悦耕园收获亲手种植的作物时,非常激动。教师引导学生说一说这些蔬菜可以加工成哪些菜肴时,学生们都滔滔不绝。此时,教师顺势而导,引导学生去思考美食背后需要付出的劳动,如果在品尝美食的时候加入自己的劳动成果,这样的美食吃起来会更香甜。中高年级的学生对食物制作有了浓厚的兴趣,甚至有一些浅显的经验,经过榜样伙伴与教师的引导,更是跃跃欲试。于是,引出了项目化学习的主题——"金牌小厨师"。

(2)发散创造思维,聚焦问题。当明确项目主题后,需要确定各学习小组的研究主题,确保能开展有目的性的研究。大部分学生都是第一次尝试这种完整流程的美食制作,经过教师的引导,学生们决定从基本食材入手,如鸡蛋、青菜、鱼、排骨、面食等。项目主题从聚焦到发散再到聚焦,经过三阶段的讨论,学生们对项目学习主题也有了深入的认知。

(3)利用微课资源，了解内容。虽然各组选定了项目主题，但怎样分步骤进行研究，还不是很清楚。于是，教师引导学生讨论梳理了研究步骤。由于打破了时间与空间的限制，学生可利用微课资源进行知识点或要点的复习或预习。这些微课有的解决共性问题，有的则对各组的个性化问题进行了解答。值得注意的是，这些微课的制作不仅来自教师，各组学生也加入了微课资源的制作。他们把查到的一些资料或经验录制下来，丰富到微课资源包中，以供其他小组参考。通过学教一体化，激发了学生的学习热情，能够全情投入项目研究中，他们不仅是研究者，也可能是其他小组的指导者。这种既是学生又是老师的身份转换，让学生真正地成了项目研究的主人。

2. 小组合作，任务分配：推进项目实施与完善

先明确本项目利用一个月的时间完成研究，各组在校可利用每周劳技课时间进行资料整合、问题汇总或教师答疑。在课余时间，每周可利用一小时在线上或线下进行资料查阅、讨论、实操等学习。具体每周研究内容如图8-3所示。

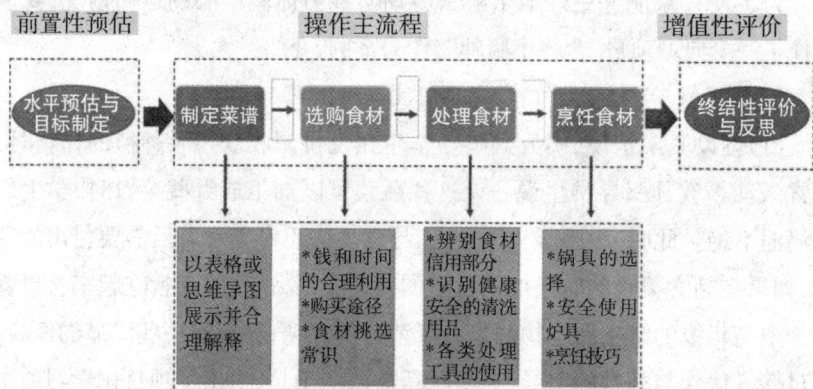

图8-3　项目研究流程

在研究初期，各组要进行一次前置性预估，对本组能够达到的目标水平做一次分析。主要回答如下几个问题：你们最终能完成这道美食吗？能够认真、按时完成各项任务吗？是否能熟练掌握各项技能？每个问题的完成度满分有三颗星，每组根据自我水平的认知进行预估。这种环节设置能

够让学生对自身知识水平及经验技能有一个基本的认知,在项目完成后,学生可以根据最终的完成度进行对比,明确自己的成长,看到自己的增量。

在实践操作流程,第一环节是制定菜谱。小组根据本组选定的主食材进行配菜、调料的选择。菜谱可以根据学生的经验,回忆之前吃过的美食中有哪些配菜和调料,也可以采访家长甚至饭店厨师,或者利用网络资源进行搜索。这一环节需要学生以表格或思维导图的形式展示,并能够合理解释。评价的依据则是配菜和调料的合理性。

第二环节是选购食材。其中融合了多学科领域的知识运用,如资金和时间的优化运用到数学知识,网购则考查学生的信息素养,食材辨别与挑选运用到科学知识。这种多学科综合性知识运用考查了学生对知识整体的把握与梳理。学生可以用视频、日记、小报的形式记录本环节学习成果。

第三环节是处理食材。该环节更多的是对学生劳动操作技能的培养,如清洗、处理食材的方法,各类清洗工具和安全用品的使用。学生也可以用照片、文字、视频等形式记录学习过程。

第四环节是烹饪食材。这一环节中还是要考查学生的工具使用,炉、锅、铲,甚至是新型烹饪工具的使用。学生在这一环节可以拍摄成品照片、视频。学生还要记录并反思整个项目过程,谈谈从中的收获与自身的成长,这一过程也是增值性自我评价。

学生在每一环节的研究过程中,都要注意对问题的质疑与解决。遇到问题先思考,然后查阅资料,再小组讨论,最后提出解决方案。这样的学习过程指向了学生的4C素养(批判性思维、协同与交往、创造与创新、跨文化交流),为提升学生的创新创造能力及全面发展能力提供了途径。

3. 成果展示,多元评价:贯穿项目阶段与整体

经过一个月的项目实施,学生们兴高采烈地带来了自己的作品。有的小组由于食材保存难度较大,没有带来展示现场;有的小组则带来了他们精心制作并保存的美食作品。但无论他们带来现场与否,他们的成果中都真实地记录了项目研究过程,这是他们自信的证据和傲人的成绩。在评价内容上,可能食物的味道没有那么重要,重要的是项目过程的参与度、学会的操作技能及综合性的能力。

首先小组代表展示解说了他们各个环节的记录,然后有每个成员的总结反思,最后有他们的自我评价。"金牌小厨师"终结性评价量表如表8-1所示。

表8-1 "金牌小厨师"终结性评价量表

成员	充分学习资料	积极动手操作	解决问题难点	合作顺利愉快

评价量表每项满分三颗星,评价主体分别是学生、家长和教师,每个主体一颗星,达到要求的获得一颗星,没有达到的要求不得星。值得强调的是,此评价量表仅仅是终结性评价,而表现性评价在每一个环节中贯穿始终。这种评价是随时的,可以是任意评价主体,目的是或让学生获得正向肯定,不断鼓励学生;或让学生认清不足,积极改进。例如,第一环节的制作配菜表格或思维导图,教师可以对各表或思维导图进行评价,学生可以对制作过程进行评价。选购食材环节,家长可以对学生的采购效率进行评价,学生可以对过程中与人沟通交流能力进行评价等。教师在终结性评价过程中要引导学生重新审视项目开始前的前置性预估,在前后对比中了解通过这次项目实践自身的成长与收获。

各小组的展示评价完成后,还可以让其他小组说说他们的优缺点。这样不仅做到了组内评价,还得到了全班同学的反馈,这样能够开阔小组的思维,拓宽组员的眼界,实现知识与意见的碰撞。

(五)实施策略

1. 借助网络信息技术,培养学生信息素养及问题解决能力

项目化学习打破了时间与空间的限制,让学生在任何空间都能够随时学习。在本项目中,借助网络信息技术的支撑,学生使用微课资源包在课后

随时回顾知识重点;还可以利用多种线上交流工具,如微信群、钉钉群、QQ群等进行问题讨论;选购食材可以采用线上购物的形式,如叮咚买菜、淘宝、美团等购物平台;作品展示可以上传到自媒体平台,如抖音、快手、微博等。但需要注意的是,学生在使用这些网络平台的过程中,需要有家长的监督,尤其是涉及购物的操作,家长要尤为谨慎。在信息爆炸的时代,这些信息素养将伴随孩子一生的发展,为培养全面发展的人提供了途径。

2. 利用多元方式及时评价,跟进学生阶段化成果促进研究兴趣

由于项目化学习历程较长,如果缺乏及时有效的评价反馈,学生可能会缺乏持续研究的兴趣。因此,在每一环节实践操作后,要跟进一次评价,评价主体可以是教师,可以是家长,也可以是学生。反思式的学生自评、交流式的学生互评、反馈式的家长评价和指导式的教师评价,这样的多元评价方式相互融合、相互补充,是新劳动实践力体验中心项目式学习的评价方式。各环节的评价以过程性评价和表现性评价为主。学生每人有一个电子版的评价手册,评价主体可以随时在评价手册中进行反馈或记录问题。"金牌小厨师"过程性评价手册如表8-2所示。

表8-2 "金牌小厨师"过程性评价手册

姓名

	营养搭配	调料选择	创意设计	作品物化	表现记录
制定菜谱					
	资金使用	时间花费	购买途径	食材认知	表现记录
选购食材					
	清洗方式	工具使用	切菜技能	案板整理	表现记录
处理食材					
	炉具使用	烹饪顺序	火候掌握	厨房清洁	表现记录
烹饪食材					

在每周的课堂交流指导环节,同伴之间还可以进行互评,充分交换意

见。这样的评价也突出了学生的主体地位,让学生之间获得平等交流的机会。教师在这个过程中是引导者和组织者,但必要的师评也要及时跟进。在项目结束时的终结性评价,教师要指导学生进行深入的学习反思,总结收获与不足,为下一次的项目学习做充分准备。

3. 创设深度学习空间,发展学生创新思维的综合运用能力

学习的发生不仅仅存在于学校课堂,在家庭、社会各处都能找到适宜的学习空间。对于本项目来说,超市、菜场、餐馆、厨房都是学生学习的场域。信息解读、节约意识、效率意识、沟通交流能力、观察能力、创新能力都是通过活动实践形成。所以,教师要全面规划可供学生学习实践的场所,充分提升学生的问题解决能力和劳动价值体认。

二、带着学生走进社会大课堂:生涯启蒙体验中心的运作

职业体验学习是生涯教育的早期阶段,是通过个人和组织相结合,对各项职业进行了解、模仿、体悟,以便对自己的兴趣、爱好、能力、特长、经历及不足等各方面进行综合分析与权衡,结合时代特点,根据自己的职业倾向,确定最佳的职业奋斗目标。

(一)背景

美国教育总署的原助理署长沃兴顿(Ram M. Worthington)博士认为,生涯教育是改变所有教育系统,以求造福全民的革命,它强调所有教育的经验、课程、教学及咨询辅导,是为个人将来经济独立、自我实现及敬业乐群生涯的预备,它通过改善职业选择的技巧与获得职业技能的方式,提高教育的功能,使每位学生都能享受成功及美满的生涯。

中小学阶段是青少年人生观、价值观逐步形成的时期,处于职业体验阶段,也是人生发展的最关键时期,这个阶段发展得是否顺利可以影响到人的一生。遵循中小学生的身心发展特性和生涯发展特点,在中小学阶段实施职业体验教育是一项具有切实意义又十分重要的问题。当然,对于自我的认识以及将来要从事的职业的预想可能会随时间而变化,因此职业体验既是一个不断自我实现的历程,也是一个不断自我追寻的旅程。

（二）项目设计

结合"心、体、礼、乐、习"理念以及和美人格培养需求,开发并设计生涯启蒙体验中心,在校园和社区中开展丰富的社会体验活动,让学生感受成人社会的劳动过程。学校将生涯规划教育与日常教育相结合,帮助学生体会社会各行各业的职业特点,引导学生根据自己的兴趣朝着正确方向努力前行,接触未来生存的基本技能,使每位学生都成为社会所需的人才。

生涯启蒙体验中心的主要学习内容由生涯主题阅读课程、学生自我认知课程、职业体验活动课程三大板块组成(见表8-3)。

表8-3　生涯启蒙体验中心的主要学习内容

课程内容	课题名称	内容简介			
生涯主题阅读课程	了解自己	了解自己的兴趣、特长,了解为什么要进行职业生涯规划,理解职业理想对人生发展的作用			
	了解职业	通过观看相关视频、阅读书籍,了解多种职业的工作性质、社会需求			
学生自我认知课程	理解职业	1.根据生活中或网络、电视等渠道看到的事例,写写自己对喜爱或敬佩的职业的理解,对该职业特点的认识 2.给某一职业的人写一封信,写写对他们工作的理解,表达敬佩之情 3.如果是……(职业),我将在该职业岗位上怎样工作,发挥力量,做出自己的贡献			
	职业启蒙	素养	基本要点	体验职业	学科
		心:现代公民	文明教养、家国情怀、健康生活	营养保健师	语文
		体:身心健康	健康体魄、意志品质、兴趣爱好	体验训练员	体育
		礼:人文交往	思维发展、语言习得、文化传承	新闻小记者	语文
		乐:艺术审美	审美判断、艺术表现、艺术通感	绘画小达人	美术
		习:科学思维	技术运用、问题解决、勇于探索	探索科学家	科学、数学
		对应不同的职业,融合不同的学科,开展无纸化综合素养活动。通过创设情境,以职业体验方式,让学生在轻松的氛围中灵活使用一个学期课内所学的知识点,达到寓教于乐的效果,为未来的健康成长和职业发展打下良好的认识基础			

215

课程内容	课题名称	内容简介
职业体验活动课程	职业体验	第一阶段:职业兴趣认知——竞争上岗 学生"求职"时,需填写《岗位竞聘申请表》,在简单明了地说明自己优势的同时,提出自己对应聘岗位的基本工作设想。职业体验项目组根据不同岗位的招录比实行择优录取,公布岗位人选名单。 第二阶段:职业内容认知——培训上岗 学生在正式步入职业体验时,要熟悉岗位要求的具体工作内容。同时,导师还会对学生进行"岗前培训"。将职业体验的理论知识传授给学生。 第三阶段:职业情境认知——正式上岗 学生对岗位有了清晰的理解,正式步入工作情境。 第四阶段:职业价值认知——感受岗位 学生在完成职业体验后,结合岗位要求做出自评,学生的自我评价是职业报告;不同岗位的导师结合学生的实际工作表现发放不同面值的"和美卡"。

(三)实施机制

1. 岗位竞聘

根据岗位设置表,采取竞聘上岗的方式招聘人员。班聘:由班主任组织学生进行竞聘,根据实际岗位需要,可适当调整人数。建议特殊的岗位可以自主准备相应服装。校聘:面向大队委员的岗位,由学校德育处负责组织竞聘;面向具体年级的岗位,由年级组长安排竞聘。校聘成功的学生,学校统一配备相应的服装及标志。

2. 岗位体验

岗位体验涉及行政、市场、教育、卫生、宣传五大领域,包含CEO、CFO、市场监督员、快递员、警察、记者、医生、教师、设计师、销售员等30个职业,共计110个校聘岗位。采取公平公正、竞聘上岗的形式,让学生从小体验入职过程,同时也推出销售员等人人可以参与的职业,让每位学生都能参与到自己喜欢的职业角色之中。

3. 项目化学习

职业体验的关键要素包括:选择或设计职业情境;实际岗位演练;总结、反思和交流经历过程;概括提炼经验,行动应用。而项目化学习是一种进行职业体验的方式。学科项目化学习的设计指向六个维度:核心知识、驱动型问题、高阶认知、学习实践、公开成果、学习评价。学科教学融入职业体验采用项目化学习的方式是指在特定的时间,为实现特定的目标,以任务为导向,以小组合作方式解决项目任务的学习方式。与常规课堂学习活动相比,跨学科项目式学习更注重职业技能和核心素养的培养。

(四)典型案例

建造"和美升降机"项目学习为期一个月,每位学生经历明晰任务、方案设计、模型制作和汇报反思四个阶段的学习,经历职业兴趣认知、职业内容认知、职业情境认知和职业价值认知的感悟,通过导师引领、家长协助、同伴互助等多样化的学习方式,培养学生的工程思维,初步感受职业自我认知。

第一阶段:职业兴趣认知——工程探秘

1. 职业兴趣认知:工程探秘

(1)项目描述。同学们知道历史上伟大的工程师和他们的作品吗? 中国作为基建大国,近年来完成了很多举世瞩目的工程,你知道它们的前世今生吗? 假如你是一名校园工程师,你想解决学校的什么问题?

(2)实施步骤。走进历史,了解工程师。知晓世界上著名的工程师及其作品。教师提供文字、图片、视频等,作为学习支架。支架主要有:观看《伟大工程》等纪录片片段、完成一项工程的基本步骤。

(3)实地调查。围绕"你觉得校园内有哪些亟待解决的问题"进行校园调查,并完成一篇小短文,内容要解决一个校园中存在的问题。

2. 职业内容认知:项目设计

(1)项目描述。学校的科学教室在五楼,每当有很多箱比较重的科学器材运送到学校后,如何运送到五楼是个难题。一箱一箱地搬送,不仅让老师和同学们很累,又容易损坏箱子里的器材,这让大家很苦恼。怎样才能解决这个难题呢? 升降机也许能解决这个问题。什么是升降机呢? 如何设计和制作呢?

（2）实施步骤。认识电梯升降机，包括认知电梯升降机的基本结构：曳引系统和轿厢等；掌握电梯升降机所蕴含的基本科学知识。教师提供电梯升降机的基本结构以及应用到的科学知识（文字及图片）作为学习支架。

（3）调查活动。以小组为单位对将要设计的升降机整体情况（如选址、用处、师生建议等）进行调查。教师提供调查报告撰写的指导文稿，必要时当面指导调查报告的撰写。

（4）绘制升降机设计图。以小组为单位到实验室查看材料；等比例缩小楼层和升降机的尺寸；根据教师提供的资料，小组讨论，选择升降机动力设备；小组经过讨论，选择合适的方案，绘制升降机设计图。

3. 职业情境认知：制作模型

（1）项目描述。做好了升降机设计方案后，接下来，依据方案制作模型。如果制作过程中发现了问题，可以修改设计图，依据修改后的设计图继续制作模型。

（2）项目步骤。制作升降机模型，依据设计图，小组合作制作升降机模型；修改设计图，小组继续完成升降机模型制作。教师提供学生制作所需基本材料；进行巡查，提供必要的指导，提醒学生注意安全；指导设计方案的修改。

4. 职业价值认知：交流汇报

（1）项目描述。学生已经做好了升降机模型，如何科学、清楚地介绍自己的升降机呢？撰写升降机产品介绍是非常有必要的。

（2）项目步骤。升降机产品说明撰写指导教师介绍产品说明书如何撰写以及产品说明书撰写的基本框架；学生撰写升降机说明书、演讲稿PPT；教师指导学生如何汇报。

（五）实施中需要注意的问题

1. 职业启蒙要注重体验学习

小学生正处于职业幻想期，对未来所从事的职业没有明确的方向，采用项目化学习的方式，通过问题解决来切身体验不同职业的特点。

2. 体验学习要渗透反思观察

体验式学习不是停留在体验的学习，而是通过一定的反思去催化后续的学习。反思能力是体验学习中的一项关键能力，通过在不同环节设计相应的教师支架,促使学生结合自身的经验对新得的感知进行内省与反思。在制作模型阶段,学生对上一阶段"设计图纸"的亲身参与或是观察所产生的感受进行分析与思考,将小组智慧进行整合与改进,明确自己学习到了什么、又发现了什么,强调思维活动的过程。在职业体验活动中,教师应当引导学生去反思与体悟。比如适时提供必要的指导,包括意见与建议,通过不断的对话去促进他们进一步思考,不至于使活动仅仅停留在学生身体力行的"体"而忽略了检验反思的"验"上。

3. 活动过程要伴随多元评价

职业体验不等同于职业工作,评价的标准不仅仅是完成的作品,也不是技能水平的高低。评价的内容既可以是学生的具体作品,也可以是无形的感知与认识提升。在四个阶段中都要体现多元性评价、过程性评价和发展性评价。在评价主体上,不仅是教师、参与活动的学生,也让全校学生成为共同评价的多元主体。在方式上,不局限于书面与自评,也让学生来介绍自己的作品与设计意图,让全校学生投票评选。同时在活动的不同阶段,侧重学生的阶段性体验,包括参与程度、表现状况等,应关注到活动过程中,学生的亲身体验及其获得的宝贵经验。

三、在家庭生活中促进幼儿发展:"Active Family"亲子共育学习中心的运作

"Active Family"亲子共育学习中心注重通过亲子体育活动发展幼儿社会适应性,因此在其运作过程中,主要是采用项目的方式,以游戏的形式进行活动。

(一)项目确定的背景

1. 体育游戏是促进幼儿身心发展的有效方式

健康的身心是幼儿学习和发展的基础。《3—6岁儿童学习与发展指南》指出:"发育良好的身体、愉快的情绪、强健的体质、协调的动作、良好的生活习惯和基本生活能力是幼儿身心健康的重要标志,也是其他领域学习与发展的基础。"《幼儿园教育指导纲要》指出:"开展丰富多彩的户外游戏和体育活动……用幼儿感兴趣的方式发展基本动作……培养幼儿坚强、勇敢、不怕

困难的意志品质和主动、乐观、合作的态度。"爱玩本身就是孩子的天性,孩子在游戏中学,在游戏中探索,在游戏中与人交往,学会相互帮助、相互合作。体育游戏是孩子们喜欢的游戏种类之一。符合幼儿身心发展规律的体育游戏能让幼儿在愉悦的氛围中掌握各项运动技能。

2. 亲子体育游戏是促进家长参与幼儿发展的有效手段

幼儿的发展离不开家长的支持。联合国教科文组织在《整体性早期儿童发展指标体系》中强调了母亲和家庭环境对幼儿发展的影响,将父母支持作为重要的检测指标。经济合作与发展组织也在《强势开端2017》中指出:家长参与对于确保儿童在家庭中的高质量学习以及家园沟通具有重要的影响。通过设计与实施亲子体育游戏,联通幼儿园、社区和家庭的活动,创建家长社区学习共同体,打破空间障碍,将家长参与纳入学前教育指标体系,考察家长在幼儿学习与发展中的参与情况,建立教师与家长之间更有效的合作,从而促进幼儿的发展。

(二)项目的开发与设计

1. 活动内容体现传统文化

"Active Family"亲子共育学习中心根据幼儿阶段动作发展年龄特点,借助中国传统文化,以十二生肖故事为主线,将走、跑、跳、投、掷、抛、接、爬、滚翻、拍球等基本动作及多元能力融入体育游戏之中(见表8-4)。同时创编了绘本,绘本画面突出动作技能、同伴互助、挑战等故事情境,帮助幼儿更好地了解体育的动作要领,规范动作,促进幼儿基本动作的发展,培养幼儿对体育活动的兴趣。

表8-4 "Active Family"亲子共育学习中心活动内容安排

序号	内容		序号	内容	
	生肖绘本故事	动作技能		生肖绘本故事	动作技能
1	《小羊打棒球》	接	5	《小牛宝宝去旅游》	搬
2	《跳跳兔》	跳	6	《聪明的小猴子》	投掷
3	《小黑马和足球》	踢球	7	《小龙游游乐园》	侧身翻
4	《小小萌鸡去散步》	走	8	《爱拍球的小老虎》	拍球

序号	内容		序号	内容	
	生肖绘本故事	动作技能		生肖绘本故事	动作技能
9	《花蛇突击队》	爬	11	《新年礼物(老鼠)》	抛
10	《小猪宝宝滚泥浆》	滚	12	《汪汪(小狗)救援队》	跑

2. 目标分层体现全纳育人

在教学活动目标设定上,包含技能目标和能力目标。其中技能目标指向动作运动能力发展;能力目标具体指向品格、智慧、建立、情志四个维度八种能力。在亲子游戏设计中有针对性地指向某一项多元能力的发展,在发展动作的同时促进幼儿某一项多元能力发展,从而达到身心健康的目的。每一类目标都有三个具体小目标,呈现不同的层级要求,体现全纳育人。

【案例8-1】《爱拍球的小老虎》教学目标

(一)活动目标

1.锻炼上肢的肌肉和关节,提高控球行走能力和手眼协调能力。

2.学习行进拍球的方法,能够掌握行进拍球的技能要点。

3.乐意参加体育活动,激发对体育活动的喜爱。

(二)技能目标

1.(所有人)上身自然挺立,五指张开,学习不间断地行进拍球。

2.(大部分人)上身自然挺立,五指张开,学习在直线通道上不间断地行进拍球。

3.(少部分人)上身自然挺立,五指张开,眼睛看前方,学习绕过障碍物不间断地行进拍球。

(三)能力目标(指向规则意识)

1.在老师的提醒下,眼睛看老师,耳朵听老师。

2.听到老师的口令后,能快速回到安全岛。

3.在老师和同伴的提醒下,能够按要求练习。

221

3. 多元评价促进目标达成

评价是"Active Family"亲子共育学习中心活动实现目标达成的重要手段。"Active Family"亲子共育学习中心活动的评价在评价指标、评价主体、评价时机、评价方式等方面体现多元。

评价指标围绕品格、智慧、健体和情志四大目标八个维度(品格:规则意识,安全防范;智慧:创造运用,合作交流;健体:运动能力,健康保健;情志:意志品质,情绪管理)设置四星评价指标,通过观察记录幼儿在运动中的表现,指导幼儿多元能力培养,促进幼儿核心素养发展(见表8-5)。

表8-5 "Active Family"亲子共育学习中心幼儿多元能力发展四星指标

发展目标		一星级	二星级	三星级	四星级
品格	规则意识	能在帮助下知道游戏和活动中的规则与要求,有及时改善、遵守规则的行为	知道游戏规则,并在提醒下能遵守游戏规则,努力完成要求	能说出游戏规则并能遵守,有错误能及时改正,进行同伴游戏时能提出简单的游戏要求	能理解一些运动规则,能借助提醒,在运动中改进行为,能在活动中爱护和帮助同学
	安全防范	能在教师的提醒下注意运动安全,不做危险动作,遇到困难主动寻求教师帮助	能识别常见的安全标志,在规定的安全区域进行活动,能分辨一些不安全行为	能自觉遵守安全规范和要求,不因自身的失当造成他人危险,能注意安全	学习运动和生活中有关安全避险的知识与方法,正确使用运动器材和摆放器材
智慧	创造运用	能模仿教师的简单动作,在教师的提醒下能识别游戏规则	能发现简单动作之间的不同,能努力尝试识别不同游戏之间的不同规则	能比较和分析简单动作的不同之处并简单描述出来,学习伙伴共同游戏时能相互制定简单的游戏要求	能够展示习得的动作,比较分析展示动作完成的优缺点,并不断完善动作质量,能识别比赛中犯规的种类,模仿教师做出合理裁判

发展目标		一星级	二星级	三星级	四星级
智慧	合作交流	对群体活动有兴趣,在教师的帮助之下能认真倾听、活动	主动参加群体活动,在教师的提醒下能认真倾听、活动。能肯定和赞扬同伴间好的行为	积极愉快地参与群体活动,能倾听伙伴的发言,分享自己的想法,在教师的提醒下能关注伙伴的情绪,有关心伙伴的行为	能适应新的合作环境,不随意打断别人,并适时表达自己的想法,关注学习伙伴的情绪,有帮助伙伴的行为
健体	运动能力	积极愉快地参加活动和游戏。在教师和家长的协助下完成简单的学习任务。说出常见的运动器械和名称	积极参加多种体育游戏和活动,在教师和家长的提示下完成简单的学习任务,能说一些常用运动名词	具有基本的活动和游戏能力。尝试独立完成简单的学习任务,说出一些运动项目的名称	学会或展示多种体育活动方法。描述基本的身体素质知识。描述基本的运动知识
	健康保健	在教师的帮助之下,保持正确的身体姿势,讲述日常简单的卫生习惯	有意识改善自己的身体姿势,能提醒自己主动地坚持简单的日常卫生行为	能保持良好的身体姿势,认识到锻炼身体的重要性。讲述简单的个人保健知识和方法	能讲述一些健康知识,描述常见的疾病预防知识。说明热身与放松的意义
情志	意志品质	能在教师的帮助下,较快地融入集体活动。能选择感兴趣的体育活动和游戏,尝试分辨活动行为的好坏	能在教师的提醒下,参与集体活动。能按照要求开展活动。为自己好的活动行为高兴	能独立进行简单的体育活动,活动中有思考。知道自己的优缺点	能主动完成学习任务,面对困难有主意、想办法。喜欢参加活动,乐意做得更好
	情绪管理	情绪较稳定,不因小事哭闹,能在教师或家长的安抚下逐渐调整较强烈的情绪	经常保持愉快的情绪,能较快缓解不良情绪,能在教师提醒下逐步平稳。能表达情绪,求安慰	知道引起自己不良情绪的原因,并努力缓解。能适度表达情绪,不乱发脾气。在活动中能转移情绪和注意	懂得体育活动和比赛有成功也有失败,能力有强有弱。能积极交流合作,体验体育活动对情绪的积极影响

第八章 社会:指向实践应用的学习中心

评价主体可以是幼儿自己或者伙伴,让幼儿进行同伴、自我、集体等多种评价,在评价的过程中,教师、家长始终是以参与者的身份和幼儿共同参与评价的过程。

评价时机打破了课后以教师或家长为主的评价,而是在某几个教学环节中都渗透了评价,让评价也成为教学的一种策略,激发幼儿内在学习的驱动力。

评价方式多用奖励点评幼儿在活动中的表现,以培养幼儿积极向上的行为习惯。可以选择的奖励方式有很多:目标奖励、语言奖励、任务奖励、肢体奖励、机会奖励、文字奖励、物品奖励等。

(三)项目的实施机制

1. 平台报名,按需参加

家长参与学习中心活动的流程是:学习中心每月一次向区星级家长执照平台申请二维码,在活动开展前一周开放二维码,全区家长根据需要通过扫描二维码报名。学习中心目前有12个亲子体艺游戏活动,每月组织开展一个内容,每次可以有10对亲子家庭报名参加。目前开放的年龄段是2周岁半至3周岁未入园社区儿童家庭。

2. 教师支持,助力共育

为更好地达成亲子共育成长目标,在学习中心的实践活动开始前,助教老师要对家长进行课程理念的介绍,帮助家长在活动中有效地对孩子进行指导。在活动过程中,助教老师需要认真观察家长和孩子在活动中的表现,及时记载,并结合亲子活动的具体事例对家长进行复盘指导,帮助家长在后续的活动中掌握有效指导孩子运动的方式方法。

3. 丰富资源,多维并进

"Active Family"亲子共育学习中心以"全纳·全面·全人"教育理念,设计、开发高质量的亲子陪伴"Active Family"家庭体育活动。运用新媒体平台,引导幼儿家长开展家庭体育游戏活动,丰富幼儿家庭体育活动的内容和形式。活动设计有层阶,适合家庭不同成员陪伴孩子游戏。活动内容考虑适合居家开展,避免天气变化、活动场地、游戏材料取得等因素对家庭体育游戏活动的制约,帮助家长充分利用闲暇时间开展家庭体育游戏活动,促进幼儿全面发展。

设计"Active Family"家庭游戏卡片,用于帮助家长在家开展亲子体育活动。卡片中的内容有游戏名称、游戏规则、游戏基本运动技能、游戏挑战、游戏需要的装备(常见物品取代游戏材料)及安全小贴士、技能实现途径等文字表述,也有孩子能看明白的游戏过程图片、运动基本技能图片(见图8-4)。

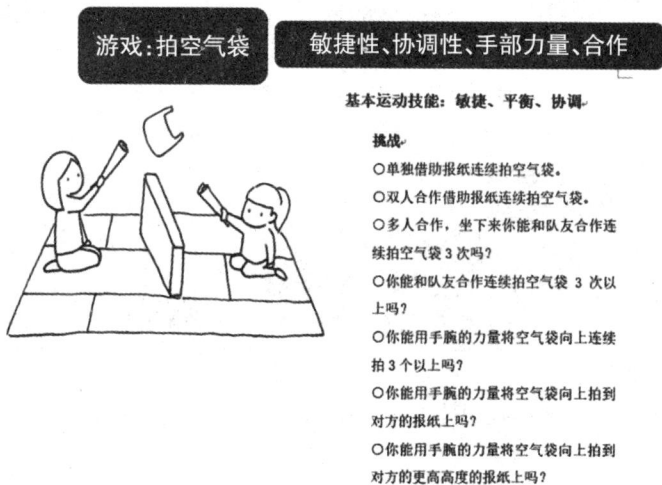

图8-4 "Active Family"家庭游戏卡片

开发"Active Family"亲子游戏视频。由幼儿和教师或家长合作,视频着重说明游戏的关键点,可以降低、增加的难度以及可以在家中找到的替代性游戏材料,以便家长学习借鉴。突出幼儿和教师的合作互学、责任转化、多元评价。指导家长与孩子在活动过程中如何进行有效互动,以达到高质量的亲子健体陪伴。

在完成游戏卡片、视频制作后,学习中心编制"Active Family"家庭体育游戏安排表,落实推广媒体平台,逐期开放。一方面通过幼儿园微信公众号、班级QQ群、微信群推广,教师开展本园幼儿家庭线上指导,获取线上指导经验及后续游戏完善。另一方面积极参与区星级家长执照平台课程资源共享,以辐射全区幼儿家庭。

(四)典型案例

为了能够使大家更好地了解"Active Family"亲子共育学习中心的运作,

225

我们选择了一个比较典型的案例"汪汪救援队",予以介绍。

【案例8-2】 汪汪救援队的跑步活动

活动名称:汪汪救援队
一、活动目标 (一)技能目标 1.跑步时,眼睛向前看,双臂前后摆动。 2.跑步时,眼睛向前看,双臂前后自然摆动,听指令做相应的跑步动作。绕障碍物跑。 3.眼睛向前看,双手持物绕障碍物跑。 (二)多元目标(合作交流) 1.在家长的鼓励下,较快地融入活动中。 2.在亲子游戏中,帮助幼儿挑战不同的任务目标。 3.在亲子游戏中,孩子与家长商讨,帮助孩子制定自己的跑步路线。
二、活动准备 1.标记一块安全区域,标记两条直线,距离10米左右。 2.长方形地垫10块。 3.大框一个贴有大象的图案。 4.救援图片2张,徽章、球若干个,篮子10个。眼睛、手、脚的图示各10个。
三、活动流程 (一)热身活动 1.队长带着"狗狗们"散步。家长和幼儿围坐在垫子上。 引导语:"狗狗们"快爬到队长这里来,跟着队长去草地上玩玩吧,出发咯! 哇,前面有好吃的快快爬。吃饱了,"狗狗们"快快去找到自己的妈妈休息一下吧。("狗狗们"会自己玩、自己回家,妈妈们给"狗狗"一个大大的拥抱表扬一下可爱的"狗宝宝"吧!) 2."狗狗们"带着妈妈散步 引导语:这一次"狗狗们"要带我们的爸爸妈妈去玩咯,妈妈们跟着我们的狗狗出发咯。("狗狗们"会带爸爸妈妈去玩了,爸爸妈妈用你的方式谢谢"狗狗"吧,爸爸妈妈会紧紧地跟着"狗狗们",我们也表扬一下爸爸妈妈吧!) 3.钻山洞 引导语:变变变,看队长变出一个大山洞了,爸爸妈妈们也会变出各种山洞,"狗狗们"去钻过爸爸妈妈们变的山洞吧。

活动名称：汪汪救援队

（二）跑步技能的学习

1.跑步机游戏

（1）动作说明：宝宝和家长一起面对面站好，妈妈当跑步机，宝宝在跑步机上眼看前方，抬高腿跑步，双手前后自然摆动的跑步（建议刚开始手扶妈妈的手臂进行跑步，主要是练习脚的技能，随后再放手，妈妈观察宝宝是不是有双手自然前后摆臂，听口令做相应的动作。

（2）跑步机游戏动作进程。扶手跑——放手跑——听口令变化速度跑——妈妈和宝宝互换角色。引导语：我们的跑步机要启动了，一二一二跑起来，小腿抬高！加速咯！减速了，跑步机停了。（提醒：在此过程中给予宝宝击掌、拥抱以及语言的鼓励）

（3）动感跑步机。加入道具，家长运用一根橡皮筋控制好宝宝的距离。

2.帮助大象运果子

（1）直线跑。引导语：刚接到小猫打来的求助电话，需要我们的帮助，"狗狗们"，准备出发！幼儿随意跑到果子地运回一个果子，将运回来的果子放到妈妈的篮子里。（2至3次）

（2）绕障碍跑。引导语：我们救援的动物原来是大象，它生病了没有办法摘果子，怎么办呢？"狗狗们"能帮助它吗？亲子商讨路线，根据路线跑运果子。（多次跑，直到运完果子）

（3）队长给完成任务的"狗狗们"分发徽章，并引导家长肯定孩子。

（三）评价和放松活动

1.回顾内容：请幼儿自由说一说为什么得到徽章？请爸爸妈妈们也自由肯定自己孩子的动作表现。

2.家长和幼儿一起整理器材，活动结束。

3.填写家长反馈表。

（五）项目的影响

1. 对幼儿发展的影响

"Active Family"亲子共育学习中心通过"学习运动"和"通过运动来学习"不仅能促进幼儿的身体发展，增强幼儿体质，还促进了幼儿多方面能力的发展。有趣的故事情境、各种竞赛形式使幼儿对学习中心的活动积极性很高，主动肩负起了学习的责任。他们在活动中充分锻炼了身体，表达了内心的喜悦和情感、独特的体验与对创造思想的理解。学习中心的活动让幼儿不断地进行自我尝试和实践，借助他人的帮助，培养自信心、社交能力和合作意识，使他们不断得到成长。

2. 对家长的亲子育儿影响

"Active Family"亲子共育学习中心的亲子育儿理念得到了较多家长的认同。在活动中，不少家长能很快领会亲子互学、责任转化、多元评价等亲子共育的方法和技巧。但同时发现祖辈育儿的方式方法比较难改变。今后要进一步研讨，针对不同育儿对象，如何跨越年龄障碍，开展亲子共育活动。

3. 对教师和学校的影响

"Active Family"亲子共育学习中心建设活动对教师的教学理念转变和教学能力提升起到了正向的引导作用。教师在进行活动设计时关注全体幼儿的能力，对动作设计进行分层，照顾不到能力较弱的孩子，让每个孩子都能得到肯定，获得成功感。教师引导同伴互学、责任转化、多元评价的能力增强。

学习中心活动不仅使教师的专业水平获得提升，同时也促进了学校教研文化建设，学习中心的理念也渐渐浸润在了日常教研活动中。同时，通过学习中心理论学习、活动研讨、观摩借鉴等，逐渐形成了基于研究的教研文化。

社会实践类学习中心的建设不仅源自生活，而且要引领生活；不仅关注儿童的当下生活，而且关注儿童可能的未来生活；不仅强调生活知识和技能，而且强调生活理念和素养，坚持在陶行知教育理念下寻求儿童的可持续发展。

第九章
成效:学习中心带来了区域教育发展的新面貌

　　从2011年区域大课程建设到2018年启动学习中心建设,我们实现了从重点关注课程到重点关注学习的转变。在学习中心建设的四年实践中,我们逐步清晰了儿童本位的学习中心的定位及价值追求、学习中心的基本框架及建设路径,完善了基于学习中心的课程体系及共享机制,构建了线上与线下相结合的学习空间,创造了有组织的"走校"学习新经验,为区域教育带来了一系列的转变和促进。由此也获得了学生的喜爱,学校教师、家长的称誉。"为孩子自由学习赋能——上城区基于新型学习中心建设的教研转型"被评为2019年浙江省教研亮点。特别是在2020年,上城区学习中心项目研究往纵深方向推进。以浙江教育之江汇为平台,建成学习中心网络社区,实现学生、教师、课程、资源、评价的互通互联。整整一年,区域22个学习中心努力打造"四化"云课堂,开发49个线上课程,参与学生29000多人;开展线下课程活动40次,辐射学生3470人,实现了优质资源的全区开放共享,课程的全科融合互动,教学的全程注重差异。5月30日在线上进行沪苏杭三地学习中心建设研讨,近千人参与网络研讨。11月6日,上城区以"预见未来:素养时代的学习中心建设"为主题,进行学习中心内涵建设的深度专题研讨。多家媒体对上城区学习中心建设进行报道。上城区面向未来的新型学习中心建设在省内逐渐具有了一定的影响力。

第一节　收获：学习中心建设的显著成效

　　学习中心建设的终极目标是为每位学生提供适合的学习。在实践探索中发现，学习中心建设解锁了学生的个性发展与综合提高，通过自选化的学习内容、自主化的学习方式，充分发挥了学生学习的自主与自控，推动了学生全面、健康地成长，学生的素质、能力得到了长足的进步。

一、五育融合，促进了上城学子的多样化发展

　　通过多年的实践与研究，逐渐形成并完善了学习中心整体性的培养目标、多样态的实施路径、多元化的资源合力、发展性的评价导向等显著特征，促进了五育融合机制的有效落地（见图9-1）。

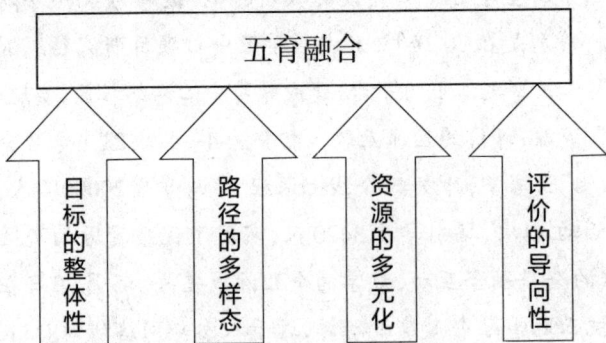

图9-1　学习中心的特征

（一）目标的整体性，立足全面发展

学习中心建设的价值定位基于人的全面发展，把学习目标统筹到全面

发展的范畴,共同服务于"立德树人"的根本任务,并在各目标之间实现有机的统一与衔接。如魅力击剑成长中心的建设目标不仅要使学生通过学习了解击剑文化,懂得击剑礼仪,学会穿着击剑服装,掌握击剑徒手操和击剑规范动作,更重要的是深切感悟"顽强拼搏、积极进取"的击剑精神内涵。在活动中,促进不同学校、年级学生"以剑会友",拥有开阔的胸襟、健康的心理、健全的人格、乐观向上的品质和质朴高雅的气质。又如,STEM智慧生态学习中心将物联网技术学习和科普教育相结合,将大自然的环境变化、植物生长等科学知识渗透到学科教学,使科普学习及活动内容得以充分拓展,以增强中学生对科普知识学习的积极性,培养学生科学的探索精神,提升智慧教育背景下学生的综合素养。

(二)路径的多样态,满足个性需求

目标的整体性是全面育人的重要保证,而"五育融合"的多样态实施路径则为学生的多样化发展创造了可能的环境与条件。有的学习中心突出某育带动、挖掘其他几育的元素,加以整合。如数学绘本阅读体验中心,从教育教学的目标、内容、方式等方面体现融合,把其他各"育"融入此"育"之中,作为有机的整体,寻找五育融合的生长点。杭州市天长小学张麟副校长说:"数学小实验体验中心的创建与开放,是为了让更多的孩子可以选择,在这里感受到数学是可以触摸的、可以操作的、可以玩起来的,让参与的每个孩子都能创造属于自己的学习数学的无限可能!"有的学习中心则设计适切的融合式课程,通过课程内容的设计、策略的实施,在同一课程内满足学生多样化的兴趣需求。如民族游戏体验中心,学生以游戏的方式在实践活动中了解民俗民风、民族礼仪,学习民族文字、民族图案,体验竞技类游戏、民族舞蹈、民族服装、民族美食,深化了对民族理解的认识,增进了同伴间的合作交流,提升了动手能力、协调能力,得到了艺术素养和身体素养的提升。有的学习中心则打破学科边界,五育共同发挥,使学生在解决复杂问题的过程中发挥特长。如STEM智慧生态学习中心将物联网技术应用于农场实践中,通过温度、酸度、湿度、二氧化碳浓度、光强等各种传感器,进行数据的采集与分析及应用,实现智慧种植。通过系列主题研究,开发基于智慧农场平台的课程,实现了多学科的深度融合,如信息技术、生命教育、劳动教育、工程技术、美化设计等的结合。学生在实践过程中根据自己的特长、兴趣爱好分工合作,在五育融合的基础上有了多样化发展的可能。

(三)资源的多元化,凝聚育人合力

学习中心建设充分考虑不同的资源主体的介入,不仅在校内建有不同的教育空间、场域和媒介,还充分利用社会、家庭等教育资源和学校形成"多元合力",校内校外、线上线下相融合,促进学生的多元化发展。如中华传统文化学习中心将所在学校杭州市紫阳小学的道观与传统文化课程结合,"未来科学+"探究厅将所在学校杭州市抚宁巷小学的蒋筑英科技馆资源与学习中心探究课程相结合,博·悟学习中心所在学校杭州师范大学第一附属小学则引入了省博物馆资源,创建了贝壳博物馆,将博物馆资源与学习中心的项目研究课程紧密结合,而在儿童艺术学习体验中心的"甄·美时空"古物陈列馆里,展品是由杭州市娃哈哈小学的学生家长捐赠的。上城区学习中心是多种资源合力促进学生五育并举、多样发展的最好案例。

【案例9-1】 校园里的博物馆

在儿童艺术学习体验中心的"甄·美时空"古物陈列馆,杭州市娃哈哈小学的小讲解员小何同学说,他梦想着长大能成为一名艺术鉴赏家。他告诉我们:"鉴赏是对放在眼前的古物、文物仔细观察、分析、评价,要用欣赏的眼光对待它!"在介绍宋代梅瓶时,小何同学说:"它釉面光洁,没有修饰,非常素朴。"面对国家督学成尚荣先生的问题:"这种素朴是美的吗?"小何同学说:"素朴当然也是一种美,就像我们常说的朴实无华! 素朴有一种自然美! 这些茶盏、酒瓶、公道杯、饭碗等是宋代人生活的真实反映! 常听我爸爸老柚子说,宋代是中国文化的高峰,其文化重要的品质便是素雅质朴之美,比如宋词、宋画、宋瓷等!"

该学习中心以美育为引领,以五育融合为导向,所在学校通过文物博物馆的建设,充分挖掘社会教育资源的育人价值。让学生与文物近距离接触,切身实地地感受艺术、欣赏艺术,触摸历史的脉息,寻文化之魂、探文化之根,感受中华民族生生不息的文化血脉。

(四)评价的导向性,激活发展内驱

学习中心的评价方式呈现多方位、多角度、多层次的特点,贯穿学生的整个学习过程,帮助学生知不足,激活学生发展内驱,促进学生在经历中获得不同的成长。在学习中心,学生的展示是很重要的一个环节,也是评价的重要内容。因为展示能力对于学生,无论是当下的学习,还是未来的深造,或是将来职业的发展都非常重要。如 STEM 智慧生态学习中心的过程性评价从"分工与合作""制图与汇报""聆听与思考""记录与展示"等维度进行。另外,学生对项目的坚持不懈、对自己的获得及存在问题的总结以及对项目未来可能性的预判也是评价的内容之一。如创意智造学习中心的学生谈到项目学习过程中最大的收获就是如何调动组内各成员的积极性。"未来科学+"探究厅的小讲解员在介绍自己的项目学习成果时谈到最成功的方面、最难的环节以及可以进一步改善的地方是体验到了团队的力量非常重要。

二、关注个性,凝练了学习方式转型的新样态

学习中心弥补了传统课堂的缺陷,学生可以从个性化需求出发,选择相应的学习中心,可以用适合自己的方式进行学习。学习中心在关注学生全面发展的同时重视学生个性的发展,为学生提供发展的多样化跑道,通过学习方式的转型,促进个性化学习,激发学生创新的意识和潜质,成为指向创新意识培养的新型育人载体。

(一)打造学教交互共同体

1. 变教室为学室

(1)重构学习空间。学习中心的"教室"不是传统意义上的教室,而是一个时时处处能学习的空间。在学习中心,一切"固定"都不复存在。学室,顾名思义是为学习而创,为学习而存在的空间。我们充分运用智慧云、大数据、物联网等信息化手段,打造融合网络空间与物理空间、正式学习空间与非正式学习空间,最大限度地满足学生各种学习模式的需求。比如"未来科学+"探究厅采用了多空间组合形式,分为活动准备区、任务领取区、探究材料区、实践操作区、展示评价区;数学绘本阅读体验中心以全景课堂为载体,

构建了线上线下全时空学习模式,学生可以不限场地、不限时间,线上线下阅读数学绘本,拓宽阅读。

(2)跨越学习边界。跨越学科边界,跨越班级边界,跨越学校边界,通过走班、走校、走社会的形式,充分挖掘学校文化、社区文化、地域文化,整合一切可能的学习资源,促进学生自主、和谐地发展。"小河坊"社会体验活动中心结合周边文化特色,根据幼儿的生活经验和探究兴趣创设了"王星记扇坊""燕春里印染坊""葱包桧""鼓楼木工坊""状元面馆""大宋影楼"等16个开放的学习活动场,幼儿通过混龄交往、同伴互助的方式体验学习、实践操作,在听听、看看、说说、做做、学学、玩玩的过程中了解本土文化、感受本土生活,在探究和发现中获得直接的感性经验。

2. 变教师为教练

传统的教师是知识的传递者。在学习中心,教师成为学生学习的创新引导者。

(1)从传递知识到培养学习能力。传统课堂,教师更多关注"教什么""怎么教"。在学习中心,教师更加关注如何培养学生的自学能力。学生更少依赖教师作为知识的来源,而将教师视作学习的促进者。教师提供学习支架,学生遇到难题时,可根据教师的学习支架,进行疑难问题解决,促进学生自主学习能力的提升。

(2)从生产静态资源到创新动态资源。传统课堂,教师向学生传递相对单一的、静止的知识。在学习中心,信息技术与课堂教学的深度融合使教学资源有了生命力,促使学习内容动态发展。教师可以通过平台随时发布和更新学习资源,学生能对教学资源提出建议与意见,学生的学习成果也可以成为学习中心的后续学习资源。

(二)凝练学教变革新样态

学习中心的学习基于真实的情境、具体的任务而展开,学生有充分的时空自主探索,独立思考,合作学习,最终解决问题。自行组建的团队里,学生与学生、学生与教师之间的交流自由且主动,合作顺畅且积极。学习中心是"学习共同体""项目研究小组",是"学习社群",更是深度学习真实发生的场所。

1. 定制型、项目化学习

根据学生不同的学习兴趣定制学习内容,根据学生不同的学习进度调整教学步骤,根据学生不同的学习特点调整教学方法。通过个性化学习计划的制订,辅助学生进行自我约束和提升。

杭州市饮马井巷小学小陈同学在参与了"未来科学+"探究厅的活动后说:"'未来科学+'探究厅内有很多项目可以让我们选择,实在太好啦!我们可以自己选择项目活动需要的原材料,进行探究实践。通过活动我深入体会到要完成项目任务,团结很重要,合理的分工很重要。完成任务,我体验到了成功的快乐。"杭州市时代小学的小王同学在参与小学数学实验体验中心的学习后说:"我在学习中心参与'名侦探柯南'数学项目学习,像柯南一样,集中大家的智慧群策群力地设计方案,以团队的形式在数学的世界里闯关。不知不觉我们已经闯到最后一关了,这是我们最难忘的一刻。我亲身经历了'快乐学习',真是收获满满。"

【案例9-2】 关注个性的学习方式新样态

小A是杭州市上城区S小学的一名学生。一次偶然的机会,她从数学老师那收到了"数学与科学创新研究中心发布会"的邀请函,亲临了发布会现场。看到发布会上那些与自己同龄的"研究者"自信地站在舞台上发布自己的研究成果。这种直观的视觉冲击与学术冲击,激发了她的研究兴趣,一颗爱研究、想研究的种子从那晚深深地种在了她的内心深处。

平时在班上,小A一直是个文静的女生,当然在班里她的数学并不拔尖,但是她却非常热爱数学,经常与爸爸探索生活中的数学问题。就在发布会结束的几天后,她从微信公众号中看到了数学与科学创新研究中心新一轮的招募海报。她内心深处的研究热情突然喷涌而出,通过自己班的数学老师介绍,与数学与科学创新研究中心通过双向选择,她如愿地加入数学与科学创新研究中心,开始了她的研究之路。

小A同学之前从未有过此类数学研究,因此在研究过程中不断遇到困惑。学习中心在每个阶段安排导师及时对学生进行指导,同时也兼顾与学生进行情绪沟通。每个学期至少有4次个别化指导,这是解决小A在研究过程中遇到困惑的重要一步。

对于研究的内容,小A居然将所学习的数学知识与家族生意扯上关系。因为数学课上学习的折扣和利润,让她对家族生意的利润有了想一探究竟的兴趣——到底服装生意能赚多少?她把想法告诉了指导老师,指导老师大大表扬了她的探究意识,告诉她要想知道实际的利润是多少,就得从源头开始调查了解一件衣服从原料到产品的整个过程。于是,小A确定了关于羽绒服与数学方面的问题进行研究,经过几个月的调研,又经历了几个月老师给她一对一的论文指导和修改,《羽绒服的前世今生》新鲜出炉……

这篇文章在"数学与科学创新研究中心发布会"上面向全区发布,并入选《小学生学习报》整版刊登。小A从来没有想过,一年前的自己还是台下一位小小的观众,而今天自己会在数学学习的舞台上熠熠闪光。如今的她正逐步拥有更多的自信和"可能"。小A只是数学与科学创新研究中心众多学生中的一个缩影,创新研究中心私人定制式的学习指导源源不断地为有需要的孩子提供帮助,为他们在探究上的"可能"保驾护航。

小A同学在数学与科学创新研究中心的研究成果《羽绒服的前世今生》由学习平台进行推广与传播。学有所成,学有所获,学校提供的多种评价方式,包括过程性评价与结果性分层评价也激发了小A同学持续的研究动力,让小A通过研究实现了自我价值的肯定。

数学与科学创新研究中心所在学校杭州市崇文实验学校孙旻晗老师说:"创新研究中心是我们试图探索科学、数学等学科整合的主阵地,是为促进学生个性发展,体现私人定制式的学习平台。孩子们通过自主选题,导师双向选择,项目化学习,最终完成主题研究,研究成果可被推荐到不同的平台进行发布。像这样私人定制式的学习指导,真正地将个别化教育落实到学有需要的孩子身上,激发他们的最大潜能,使其实现最优发展。"

在数学与科学创新研究中心学习平台完成基本建构的这三年中,有179位同学参与了定制课程的学习,共撰写170篇文章,有25位同学获学习中心颁发的"杰出成果奖"。每年都有学生将在数学、科学、信息技术方面的研究内容进行主题发布，发布会全球直播。中新社、《钱江晚报》《杭州日报》等多家媒体对此进行专访报道。

2. 体验式、具身化学习

体验是学习中心最基本的学习方式。"变学为教"则是体验活动的一种基本学习样式。在"小河坊"社会体验活动中心，幼儿通过"大手牵小手"混龄交往，在"变学为教"的过程中同伴互助。学习活动开始前，先在大班孩子中进行"小导游"的海选，从语言表达能力、文明礼貌知识、区域游戏方法掌握等多个方面提出"应聘"的要求。大班孩子对这项活动表现得非常感兴趣，积极报名的人数远远多于规定人数。最后选出35名幼儿作为每次开放活动的挂牌"小导游"，其中30名是正式工作人员，5名是候补工作人员，这样可以保证每次结伴的顺利进行。学习中心开放前，对结伴的主导方——杭州市紫阳幼儿园的大班孩子进行细致的"岗前培训"，熟悉体验的路线，学习重点区域内容的操作方法等。通过积极的尝试，每次活动后的调整，孩子们在后续的结伴体验中，能自觉地与同伴互相协商、合作学习。随着体验活动的不断推进，本土文化中所蕴含的传统文化价值也成了学习中心最有张力的显现。带着孩子们前来学习中心体验学习的夏老师说："孩子们来到学习中心，穿上黄色小背心，挎上可爱的小书包，牵起了'小主人'讲解员热情的小小手，一起走进吴山文化的海洋。孩子们拿着紫阳币，自主地选择场馆，在胡庆余堂喝一杯菊花茶、状元面馆尝一碗片儿川、灯笼铺做一盏花灯、太庙小吃坊体验包馄饨……在真实的活动体验中增添了主动交往的乐趣；在欢声笑语中，中华传统文化也潜入孩子们的心灵。"

体验需要调动多种感官，打开身体，将身体融入学习。戏剧体验活动中心的老师们引领学生经由童话阅读进入故事戏剧情境，通过肢体律动、台词创编、配乐鉴赏、角色扮演等丰富的戏剧活动，用整个身体去深度阅读，去传达故事情境及体验人物性格心理，去勇敢而富有创意地表现自己！杭州天地实验小学王雷英校长认为，戏剧不是触摸不到的高端艺术，而是充满活力的人文精神交流广场。因此小学戏剧体验活动中心的学习是人与物的统一，人与戏的统一，人与世界的统一。中心的学习环境不是封闭的，而是全

237

开放的,以艺术的姿态,用同感和移情,让戏剧带着师生的体温,让每一个空间都拥有自己的性格与故事,每个人都尝试"从这里"看世界。

三、经验辐射,为学习中心建设提供了操作范式

从2018年至今,通过两批学习中心建设,从最初的10个到22个,均在实践的基础上对空间建设、课程建设、学教方式、评价方式、运作机制等方面进行了总结提炼(见表9-1),为新一批学习中心建设提供了可行的操作范式。

表9-1　上城区学习中心开放课程范例

序号	学习中心	课程名称	课程主要内容	学习地点	学习时间	招收对象	开放范围
1	云栖科学实验学习中心	STEAM创想家	水火箭、动力船、水净化器、私人定制灯等	杭州市建兰中学	每周一15:30—17:00	七年级,每节课15人,共两节课	面向杭州市建兰中学,后期面向区内六至七年级招生,每所学校最多招收2名学生,先到先得
2	STEM智慧生态学习中心	智慧农场	叶脉书签、植物标本的制作	杭州第六中学	每周一15:30—17:00	七年级24人	向附近小学生开放体验课程,先到先得
3	生涯探索体验中心	生涯规划之遇见未来	趣岛人生人生拍卖会	杭州市江城中学	4月20日、5月28日14:55—16:35	七年级15人	面向金都天长、抚宁巷、紫阳小学六年级学生
4	英语戏剧学习中心	走进戏剧	"The Little Mermaid"戏剧教学	杭州市勇进实验学校	每周五14:45—16:15	七年级30人	由于校区变动以及望江门区域拆迁,暂时仅对校内选修的学生开放

序号	学习中心	课程名称	课程主要内容	学习地点	学习时间	招收对象	开放范围
5	新型STEM学习中心	匠心创造家	榫卯结构、木制文创	杭州市杭州中学	每周五15:45—17:15	七年级,每节课15人,共两节课	面向上城区初中学生
6	创意智造学习中心	创意智造	Pepper机器人、激光切割造物、蓝牙智能小车、物联网灯光控制、智能电子电路设计、猜拳机器人、研发降落伞等	杭州市胜利实验学校	每月两次,隔周周三18:00—20:00	面向区内三至六年级亲子(学生+家长),每次8组(16人)	面向全区学生和家长
7	"未来科学+"探究厅	未来科学+	结构大力士、疯狂过山车、小小建筑家、蓝色星球、奇妙的力	杭州市抚宁巷小学	每周五15:00—16:30	五、六年级,每次24人	周边学校可集体预约,由预约学校负责学生接送
8	数学与科学创新研究中心	创新研究	创新研究室成果发布会,文献查阅与摘录、论文写作指导、演讲课件制作	杭州市崇文实验学校	3月26日创新研究成果发布会,4月至6月每月一次网上课程学习	四至六年级,40人	线下课程面向崇文与胜利小学学生,线上课程面向区内各校学生,直接登录"之江汇"进入学习中心课程报名

第九章 成效：学习中心带来了区域教育发展的新面貌

续表

序号	学习中心	课程名称	课程主要内容	学习地点	学习时间	招收对象	开放范围
9	数学绘本阅读体验中心	畅游数学绘本	数学绘本情境体验式阅读	杭州市胜利小学	4月23日、5月21日、6月18日15:00—16:00	一年级,每次10人	线下课程面向胜利小学学生,线上课程面向区内各校学生,直接登录"之江汇"进入学习中心课程报名
10	数学小实验体验中心	玩转数学小实验	玩转数字天平、彩珠连连串、模型穿框、挑战数字方格等;破解密码、小纽扣大花样、巧移汽车、奇妙的智慧片等	杭州市天长小学	每周二15:30—16:30	一、二年级各30人	面向上城区全体适龄儿童,周边学校可团队预约,由预约学校负责接送
11	戏剧体验活动中心	创意绘本戏剧	小故事屋、小道具坊、童话舞台	杭州天地实验小学	5月第一个周三9:00—10:00	幼儿园大班学生,共100人	由相关幼儿园教师带来本中心体验
12	中华传统文化学习中心	小学生传统文化体验	书院行走、茶香四溢、翰墨飘香、习射修身	杭州市紫阳小学	每周五13:20—14:55	三至六年级	面向紫阳小学及周边学校开放,由预约学校负责学生接送
13	新劳动实践力体验中心	梧桐花事	花圃种植劳动体验	杭州市凤凰小学	4月23日、5月14日、6月4日周五13:00—15:00	三至五年级	面向凤凰小学及周边学校开发,由预约学校负责学生接送

序号	学习中心	课程名称	课程主要内容	学习地点	学习时间	招收对象	开放范围
14	儿童艺术学习体验中心	好玩的篆刻	篆刻活动体验	杭州市娃哈哈小学	每月一次，周五 13:00—14:30	四至六年级，每次12人	面向天长小学、高银巷小学、杭师附小、回族穆兴小学、清泰实验学校
15	魅力击剑成长中心	日新剑客伴我行	击剑理论寻知、简单实战体验	杭州市大学路小学（大学路69号击剑馆）	5月14日、5月27日 16:00—17:00	四至六年级，每节20人	面向全区小学生开放课程，周边学校可统一预约，学生接送由家长及预约学校负责
16	民族游戏体验中心	民族游戏体验	壮族飞绣球与布依族枪挑第一担水体验	杭州市回族穆兴小学	每周一 13:00—14:00	四至六年级，每节课30人	面向杭州市回族穆兴小学及周边学校，由预约学校负责学生接送
17	生涯启蒙体验中心	玩转职业圈	认识自我职业体验	杭州市金都天长小学	5月线上课程发布	一至三年级	面向周边学校学生
18	博·悟学习中心	贝类王国	贝类养殖与研究	杭州师范大学附属第一小学	5月18日 13:30—15:30	一至六年级	面向周边学校学生，由预约学校负责学生接送
19	"小河坊"社会体验活动中心	趣玩"小河坊"	传统手工艺、传统小吃、特色民俗等	杭州市紫阳幼儿园	4月21日、5月19日 9:20—10:20	大班幼儿，每次20人	面向周边幼儿园，由预约学校负责学生接送

第九章　成效：学习中心带来了区域教育发展的新面貌

序号	学习中心	课程名称	课程主要内容	学习地点	学习时间	招收对象	开放范围
20	科学游戏体验中心	趣味实验小达人俱乐部活动	尼基丁游戏、科学小实验、AR幻镜游戏	杭州市喜洋洋幼儿园	4月、5月隔周周四14:30—15:30	中班和大班幼儿,每次20人	面向区内各幼儿园,每期一所幼儿园,先报先得
21	"Active Family"亲子共育学习中心	十二生肖亲子体艺游戏	小羊打棒球、跳跳兔、小黑马和足球、小小萌鸡去散步、小牛宝宝去旅游、聪明的小猴子、小龙游游乐园、爱拍球的小老虎、花蛇突击队、新年礼物、小猪宝宝滚泥浆、黄黄与花花的角力赛	杭州市上城区青少年活动中心"淘活动"平台	4月线上开放	学龄前儿童	通过上城区星级家长执照平台
22	绘本艺术体验学习中心	绘本艺术体验	眼镜公主、儿童剧体验等	杭州市天艺幼儿园	5月14日、5月30日	3至6岁幼儿,每次20人	面向周边幼儿

(一)"三阶段闭环"的运行范式

所谓"三阶段闭环"运行范式,是指学习中心从工作时间、工作内容上形成了课程发布、课程实施、总结评估的运作闭环(见图9-2)。每年3月、9月在区域范围发布每个学习中心开放的课程(活动),包括具体的时间、主题、报名方式等,4月至5月、9月至10月期间,各学习中心自主运作,按计划进行课程(活动)的实施。每年12月,开展学习中心年度工作总结,6月对各学习中心一学年来的运作情况进行综合评估,由上城区教育基金会给予专项奖励与支助。

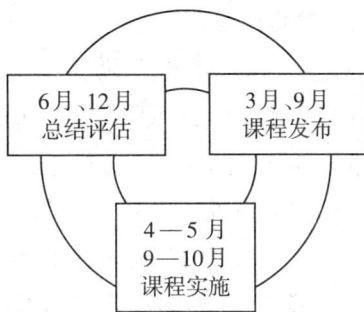

图9-2 学习中心的运行

(二)"三特性指向"的课程范式

1. 阶段性

课程已做到了全区中小幼全覆盖,课程设置充分考虑学生成长的阶段性特点,满足不同阶段学生的学习需求。幼儿学习中心主要以培养沟通与合作能力和艺术启蒙为课程目标,如科学游戏体验中心、绘本艺术体验学习中心等。小学学习中心内容包罗万象,如中华传统文化学习中心、博·悟学习中心、戏剧体验活动中心等,以兴趣培养、综合素养的提升为主。初中主要以STEM课程和生涯规划课程为主,如云栖科学实验学习中心、STEM智慧生态学习中心、生涯探索体验中心等。

2. 融合性

学习中心强调以学习者的经验、个体生活和核心素养为基础,打破学科界限,注重学科的融合共生。如数学与科学创新研究中心整合了两门学科知识的学习和应用,通过研究性学习,提升创新能力,获得探究乐趣。戏剧体验活动中心更是强调多学科、多能力的融合。

3. 实践性

学习中心通过一系列的项目设置、情境创设、合作探究,还原真实的学习情境,提升学生动手实践能力、问题解决能力、多元展示能力。"未来科学+"探究厅吸引了一大批孩子前来一探"科学世界"的奥秘,孩子们俨然成为"小小设计师";创意智造学习中心是STEM课程的实践基地,开展跨学科的项目化学习,培养创客精神。

(三)"研学教一体化"的推进范式

在学习中心建设过程中,我们形成了"研、学、教"一体化发展的运作模式。教师们在开展基于学习中心的"三课"(课程、课堂、课题)研究的同时,组织学生开展跨学科学习、项目化学习,形成了相互促进的学习共同体。正如杭州市胜利小学王司闫老师所说:"作为参与学习中心建设的一名教师,在与不同学科教师跨学科展开协同合作的过程中,深切地感受到围绕提升孩子核心素养,学科之间必须要打破壁垒,大家出谋划策自主开发课程,合作优化课程实践,运用多种手段将多学科的同一主题融合为整体,指导孩子开展综合学习活动。在这个过程中,我们觉得不仅能力提升了,职业的幸福感和获得感也增强了。"

四、优质均衡,助推了上城教育的高位发展

在区域大课程建设的基础上,我们以学习中心建设为载体,明确了区域大课程体系转型升级的基本思路,即重点解决好以下两个方面的瓶颈问题:一是解决好学校课程各自为政、品种繁多等纷乱无序的问题,区域层面优化课程的整体架构,建立新时期促进学生个性化发展的区域课程新体系,促进教育高质量优质均衡。二是解决好区域特色课程实施与现行国家课程实施"两张皮"的问题,研究国家课程与区域特色课程的有机融合。

杭州市上城区教育局副局长王莺在回顾上城区这几年的教育发展历程时说:"区域教学改革已经进入了深水区,要实现高质量的均衡,就必须加大优质课程共享共建的力度。在华东师范大学专家组的指导下,上城区秉承以学生发展为本的理念,不断深化学习中心建设,探索出了一条高质量发展时代城市个性化教育的新模式。"

教育的优质均衡发展是教育改革发展的目标指向,学习中心则成为撬动教育教学改革促进教育优质均衡的重要支点之一。在区域学习中心建设的推进过程中,教育局、教科研机构、学校三个层面齐发力,科学统筹、系统推进,形成了行政推动、高校带动、研训驱动、校级联动、标准促动等举措,促进了推进机制的不断完善、推进路线的不断清晰,促进了优质教育资源的进一步开放与共享,促进了学教方式的变革,使教育优质均衡多了一条实现的路径。

(一)整体规划,行政推动

作为教育局重大项目,教育局分管局长挂帅,教育局职能科室跟进,教科研机构全程参与,整体规划,创建机制,从宏观的顶层设计到微观实施,在政策上、经费上、专业上对学习中心给予多维支持及保障。特别在学习中心的整体布局上,按照规划先行的思路,学习中心及其课程建设着眼学生发展需求及目标,聚焦科技发展、社会发展的热点、重点,重视学科拓展、体艺特长、实践活动等。数学小实验体验中心、数学绘本阅读体验中心、科学游戏体验中心等学习中心基于学科核心素养,旨在拓展学生的知识面,激发学生的学习兴趣。戏剧体验活动中心、儿童艺术学习体验中心等学习中心基于学生的多元智能和兴趣爱好,旨在培养学生的体艺特长,养成良好的锻炼习惯、积极的生活态度和高雅的审美情趣。"未来科学+"探究厅、创意智造学习中心、新型STEM学习中心、中华传统文化学习中心、新劳动实践力体验中心、"小河坊"社会体验活动中心、数学与科学创新研究中心等学习中心以增强学生社会责任感、探究精神和实践能力为导向,引导学生体验生活、探究自然、了解社会,着重培养学生动手实践、科学探究、团结协作、服务社会的能力。

(二)互联互通,校级联动

为促进资源的开放共享,学习中心之间开展了有组织的"走校"。首先是结对建圈。学习中心所在学校与学生所在学校结对走校先行,并向周边学校建圈辐射。积极"联动",做好宣传,加强学生选"课"指导,引导学生根据自己的兴趣和爱好自主选择课程。学生所在学校积极创造条件,保证学生有时间能跨校选课,在"走校"途中有安全保障。其次是走校送教。有的学习中心采取教师主动走校的方式,为学生送教上门。同时,学习中心根据课程特点及学生跨校选课的实际,调整课时安排,采取分散与集中相结合、长课与短课相结合,为学生走校选课提供时间保证。

(三)专业引领,高校带动

引入华东师范大学高校智库深度参与,在建设方案的完善、课程体系的打造、教师队伍的培训、教学案例的分析等方面进行全程跟踪式指导。每个月开展工作坊式的教师培训,通过典型案例分析,为教师做基于学习中心的

245

协作学习等实操性指导并在实践的基础上,总结、提炼学习中心建设的典型经验,形成案例集,为学校深度推进面向未来学习的课程、课堂、资源等方面的研究提供范例。

(四)问题导向,研训驱动

上城区教育学院从事教研、科研及培训的研究员们也在各学习中心的课程建设与活动实施等方面提供多种助力服务。针对实践过程中存在的问题及实践策略,每月1~2次指导学习中心以研讨会、专题培训、案例研究等形式进行交流活动,开展跨学科联合教研。指导学习中心从各自不同的建设主题及研究角度申报课题,用科研的思路与方法去思考、实践、反思、总结,在不断的展示研讨中,共同研究,共同实践,走向融合。

(五)评价激励,标准促动

从2018年起至今,学校自主申报、专家评审答辩,从学校已有的课程基础、环境条件、资源储备、师资力量、前期实效等方面综合考虑,让条件成熟的学校先行,已确定了3批27个学习中心。学习中心建设的重点已不是硬件投入,而是课程建设、运作机制建设等。2020年12月,区域发布《深入推进上城区学习中心建设的实施意见》,完善《区域学习中心建设标准》,让学习中心建设更为规范。不断完善的学习中心建设标准是建设依据,也是考核评估标准。标准指明了一个方向,即评价一个学习中心是否优秀,不仅要看它是否建立健全了长效运作机制,是否有相关师资及制度保障,空间环境是否有利于学生开展探究、合作及个性化的学习,课程开发及实施是否科学有效,学教方式及评价方式是否基于学习中心,而且要看它对校外区域内学校的辐射,即对整个区域教育的贡献度。

为支持学习中心建设创新,全面推进区域优质教育资源的共建共享,为学生提供更多的成长服务,促进教育的优质均衡,杭州市上城区教育发展基金会特设立学校发展"春竹奖",每学年资助一批优秀的学习中心,相关经费用于学习中心的运作及奖励。

第二节　构想:区域推进学习中心建设的展望

学习中心建设所取得的成效表明了这是一条实现个性化学习的有效路径,可以给每位学生提供适合的教育。在学习中心建设的实践过程中,也带给我们一些思考。有关学习中心的探索还在路上,还需要进一步深入研究。

一、基于"教育4.0全球框架"的再思考

世界经济论坛于2020年1月发布了一份题为《未来学校:为第四次工业革命定义新的教育模式》,提出了教育4.0全球框架,并为未来世界需要的人才画像,指出未来学习应重点关注以下八个关键特征:全球公民技能、创新创造技能、技术技能、人际关系技能、可及性及包容性学习、基于问题和协作的学习、个性化和自定进度的学习、终身学习和学生自驱动的学习。那么未来,我们的学习中心将如何聚焦这些关键特征? 从培养目标到运作机制,从课程建设到学习评价,立足学生适应未来社会的能力培养,保障学生有更好的学习体验,促进高质量学习的发生显得尤为重要。

(一)进一步明晰建设目标,聚焦新能力培养

比起与升学关联度较高的课堂教学来说,学习中心的学习应该更开放、更自由。作为教育改革的试验田,作为学习理念的先行地,未来学习中心的建设目标应该更聚焦未来社会所需的新能力的培养。

重视创新创造技能培养。随着人工智能的发展,我们必须考虑培养学生那些无法被人工智能所代替的能力,如好奇心、自主探索的精神、创新意识和技能。我们以为,未来学习中心应该更多地创设各种真实场景,让学生在真实的场景中发现问题、解决问题,综合运用知识,重点培养学生复杂问

题解决、分析思维、创造力及系统分析等创新技能。

重视数字化技能培养。从环境的营造到资源和工具的利用,学习中心的建设要有利于培养学生利用数字技术进行学习、交流、生活的能力,同时具有数字安全、数字伦理的意识,学会负责任地使用数字信息及技术,在纷杂的信息面前学会独立思考,会判断和选择,提升批判性思维的能力。

重视全球公民技能培养。学习中心不仅要重视为学生提供中华传统文化的学习与体验,还要重视培养学生公民责任和社会参与,增强学生对更广泛的世界和可持续发展的认识,并促进学生在全球社会中发挥积极作用。

重视人际交往技能培养。学习中心的学习要有利于学生向内积极接纳、建构自己,提高自我认识和自我调控能力;向外理解、包容他人,培养管理和解决冲突的能力、与人合作共赢的意识和能力、领导力以及社会意识等。

(二)进一步变革学教方式,追求个性化定制

学习中心是一种新形态的育人场域。学习中心的未来形态,没有固化的课程,更强调面对不确定性的能力,更注重培养面向未来的关键能力。因此,学习中心需要进一步创建促进学生自由生长的学习生态系统,而这个生态系统中最重要的是有怎样的不同于传统的学教方式。从课程到学习活动的设计、从学习环境到学习场景的设计,不仅能满足学生随时随地的泛在学习,更能重视学习体验,促进学生开展高质量的学习。

首先,要强调自驱动学习。学习如果能从自我需求出发,则会增强其内生动力,提高学习效率。我们希望未来,每位学生都能在学习中心根据自身需求,持续获得新知识和新技能上的助力支持。由此,学习环境要从标准化的系统转向基于每位学生的多样化、个性化需求的系统。在学习中心,学生不仅能进行寻找答案的学习,也能开展寻找问题的学习。

其次,要强调自适应学习。每位学生想解决的问题是不同的,所以,学生对于学习目标需要自我导向,学习内容需要自主定义,学习进度需要自由安排。学习中心的学习完全是个性化的、自适应的。

与学习方式相对应,我们必须进一步创新教学方法,以促进学生深度思维,满足学生新能力培养的需要。如游戏化教学、体验式教学、技术融合的教学、具身化教学、多元文化教学等。

(三)进一步完善运作机制,促进可持续发展

区域教学改革已经进入深水区,要实现高质量的均衡,就必须考虑从教育治理角度去思考,如何通过机制的完善使学习中心获得可持续发展,怎样的机制可以加大优质教育资源共建共享的力度,通过走班、走校、走社会,让孩子在行走中寻找最适合自己的成长方式,怎样的机制可以让学生在学习中心方便地获得学习助力,实现时时、处处、人人可学。

首先,建立中心教师区域聘用机制。我们必须具备开放理念,不能只局限于部分教师参与学习中心建设。未来,校校都是学习中心,人人都是学习中心的教师。不仅教师是"教师",学生、家长也可以成为"教师",还可以积极引进社会资源。不仅局限于"本校"教师资源,还可以在全区范围内将教师资源打通聘用。

其次,建立线上线下立体"走校"机制。充分利用网络优势让优质学习资源发挥更大的作用,在更大范围内向更多的人开放,让学习中心成为一个真正意义上的没有围墙的学习场所。"走校"形式需要更多的机制做保障,需要更多的政策、经费等的支持,不仅要让学生"走"起来,更要鼓励教师"走校",不仅在现实中"走校",还要通过互联网实现不同学校的师生"链接"、生生"链接"。

最后,建立中心内外互相促进机制。学习中心先进的教学理念及学教评方式不仅要在中心内部生根落地,成为教学常态,还要以此带动学校课堂教学的变革、评价机制的创新,甚至撬动区域范围内的教育教学改革,为学生自由学习赋能。

二、打造学习中心未来形态的再行动

在学习中心建设过程中,我们希望能逐步凝练出学习中心未来形态的新标准、新方法,无论是从学习内容、学习方式、学习时空的形态还是教育服务的形态,都能和信息时代对人才培养的需求高度融合。

(一)凝练动态个性的课程实施新形态

课程内容是课程实施形态的内在基础,在未来学习中心,课程内容将更为动态、更为多维、更为融合,个性定制化学习内容将会成为课程形态变革

的新趋势。班级授课制式的统一规划的学习已不能满足学生个性化的学习需求。学习内容动态生成,学习方式多样,课程形态更重视批判性思维的培养,体现科学探究与跨学科,课程实施更重视学生从多视角去观察、分析与反思,更重视学生学习过程的展开及具有成长性的学习体验,为未来去解决多维度、多变量的实际问题做好准备。学习中心将最大限度地发挥其个性化的助学功能,联系生活,释放个人创造力。

(二)打造虚实交融的教育时空新形态

立足儿童本位,基于"以人为本"的教育初心,应进一步打造未来学习中心虚实交融的学习时空新形态,把一切有利的社会资源引入学习中心,让整个世界都成为学生学习的平台。特别是在人工智能快速发展的今天,传感技术、富媒体技术、智能技术等的支持,学习中心不仅要成为能够支持学生时时、处处、人人可学的学习场所,还要能为不同学生的不同需求提供个性化的学习支持,通过构建相互融通的学习场景,选择灵活多元的学习方式,支持学生开展合作探究学习,进行深度学习,促进学生高阶思维能力的提高。从技术角度分析,由传统的口耳相传到技术支持的多媒体教学再到融媒体、"互联网+",课程载体更加多元、立体,不仅有丰富的传统媒体支持学生的学习,还可以随时随地地获取来自不同媒体渠道的信息。

(三)提供智慧灵活的教育服务新形态

基于学生自驱动、自适应的学习,未来学习中心的学习是正式学习与非正式学习两者的共存,可以是有组织、有系统的活动,也可以是自发的、独立完成的学习。学习时间不一定是连续的,学习可以是时间较短、内容有一定局限的活动。因此,学习中心的管理将从约束走向服务,且这种服务形态具有智慧、灵活、开放等特点。建设学习中心大数据中心,为学生精准推送个性化的支持服务;建设丰富多样的学习资源,供学生自由选择。灵活、可组合的学习服务,使正式学习与非正式学习无缝对接。

后 记

砥砺十余载洗净无数铅华，落笔一季求凝练点滴岁月，《区域学习中心建设的上城探索》经过编著人员的努力，从落笔撰写到杀青出版经历数月，回顾编著过程，既是一次回顾和总结，又是一次重新学习和反思总结，这里包含着编者对未来教育的热忱和期待，更凝结了大家对未来教育的思考。

作为全国首批示范性县级教师培训机构，上城区教育学院依托信息技术助力，着力深化课程改革，推进学教方式的变革，为促进城市学生的个性化成长提供了强有力的支持。从2011年开始，上城区为丰富学生周末和假期生活，立足于各校精品课程，从实践层面率先对区域大课程体系开展了探索，经过多年推进，形成了一批区域共享的优质课程资源，为学习中心建设奠定了基础，同时也让我们对教育结构性变革有了一次又一次更加清晰的定位和思考。

2018年6月，上城区教育学院和华东师范大学教育学部签订了"基于学生发展核心素养的区域教育品质提升项目"合作项目，推动研究进入新阶段，学部副主任陈向东教授领衔的专家团队和上城区教育学院的研究团队一起，基于"为学生自由成长赋能"的理念，建构我区学习中心的整体布局，推进机制建设，各校以学习中心为载体，从空间建设、活动内容和资源共享等方面开展提升课后服务品质的成规模实践研究。在陈教授的引领下，上城区不断完善学习中心的组织架构和运行机制，打造学习中心网络社区，建设区域共享资源库，开展大规模线上线下的混合式学习，建立与学校、家长、企业、场馆等力量的协同机制，走出一条具有上城特色的区域学习中心建设之路。

　　上城学习中心的研究实践，取得了阶段性成果，并在省内外产生了一定的影响，《为孩子自由学习赋能——上城区基于新型学习中心建设的教研转型》被评为2019年浙江省教研亮点。以小学数学实验学习中心为代表的一批优质学习中心在教育教学变革领域中收获了令人瞩目的成绩，相关成果被评为2021年浙江省教学成果评比特等奖以及省市教育科研成果评比一等奖。

　　2021年，在陈向东教授的指导下，课题组认真总结、反思，并以此书整体呈现区域学习中心建设从概念解析、空间建设、课程体系、分类实施等多角度的实践过程，希望为全国各地探索"学习中心"建设提供经验和样本。本书由上城区教育学院副院长郑一峰、上城区教育学院原书记李敏主编，各章的作者分别为：第一章，仇星月；第二、三章，郑一峰；第四章，苗森；第五章，闻蓉美；第六章，张岚；第七章，宋德婷；第八章，金大鹏；第九章，李敏。杭州市教育科学研究所原所长施光明先生应邀为我们指导并审稿。

　　这一成果的形成得到了许多领导和专家的指导支持，浙江省教育科学研究院王健敏博士、浙江省教育厅教研室张丰副主任、浙江省师干训中心卢真金副主任、浙江大学刘力教授、杭州市教科院俞晓东院长等为本书的实践研究提供了大量的指导，陈向东教授全程参与实践并著作指导，并为此书作序；他的同事高丹丹副教授为课题组提供了大量的专业支持，他的学生仇星月博士与我们一起研究成长。在此，谨一并表示感谢。

　　本书内容源于对实践的提炼和总结，由于编者才学有限，难免有不当和错漏之处，敬请各位同行不吝指正。

郑一峰　李　敏

2022年1月19日

图书在版编目（ＣＩＰ）数据

区域学习中心建设的上城探索 / 郑一峰，李敏编著
. -- 北京 ：现代出版社，2022.2
ISBN 978-7-5143-9688-1

Ⅰ．①区… Ⅱ．①郑… ②李… Ⅲ．①地方教育－发
展－研究－杭州 Ⅳ．①G527.551

中国版本图书馆CIP数据核字(2022)第035121号

作　　者：郑一峰　李　敏
责任编辑：袁　涛
出版发行：现代出版社
通讯地址：北京市安定门外安华里504号
邮政编码：100011
电　　话：010-64267325　64245264（传真）
网　　址：www.xdcbs.com
电子邮箱：xiandai@cnpitc.com.cn
印　　刷：杭州万星印务有限公司
开　　本：710mm×1000mm　1/16
字　　数：245千字
印　　张：16.5
版　　次：2022年3月第1版　　2022年3月第1次印刷
书　　号：978-7-5143-9688-1
定　　价：45.00元